外贸 SOHO 创业

蔡泽民　著

中国海关出版社有限公司

中国·北京

图书在版编目（CIP）数据

外贸 SOHO 创业 / 蔡泽民著．—北京：中国海关出版社有限公司，2024．—（乐贸）．—ISBN 978-7-5175-0828-1

Ⅰ．F75

中国国家版本馆 CIP 数据核字第 20247AF886 号

外贸 SOHO 创业

WAIMAO SOHO CHUANGYE

作　　者：蔡泽民
责任编辑：吴　婷
责任印制：孙　倩
出版发行：中国海关出版社有限公司
社　　址：北京市朝阳区东四环南路甲 1 号　　邮政编码：100023
编 辑 部：01065194242-7532（电话）
发 行 部：01065194221/4238/4246/5127（电话）
社办书店：01065195616（电话）
https：//weidian. com/？ userid＝319526934（网址）
印　　刷：北京天恒嘉业印刷有限公司　　经　　销：新华书店
开　　本：710mm×1000mm　1/16
印　　张：18.5　　字　　数：341 千字
版　　次：2024 年 8 月第 1 版
印　　次：2024 年 8 月第 1 次印刷
书　　号：ISBN 978-7-5175-0828-1
定　　价：48.00 元

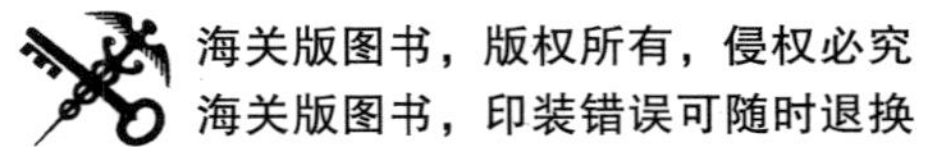

前　言

SOHO 是 Small office（and）Home office 的缩写，意思为居家办公或者自由职业者。而一般外贸 SOHO，是指外贸领域的人选择自主创业、小规模创业形式。对于从事外贸行业的很多人来说，其最终目标是自主创业，且外贸这个行业是最容易通过创业实现财务自由的，因为 SOHO 创业是有规律的，抓住了这些规律，外贸人能极大地提高成功率。这么多年来一直有很多外贸人向我咨询关于 SOHO 创业的各种问题，有些人的能力其实非常强，但在创业过程中一直找不到让自己充分发挥优势的方法，最后被迫放弃企业，这很可惜；同样有一些朋友毫无外销出口的经验，却在创业的路上走得顺风顺水。我们要找出这背后的深层次原因，这对于无论是打算走职场晋升还是 SOHO 创业的人来说，都是难能可贵的经验。

SOHO 创业面临的最大问题是生存，一旦度过了生存期，接下来就比较容易了。而生存下来最关键的是订单、客户。如何在脱离公司支持和背书下自己走出一条创业之路，如何以创业者的身份和国外客户建立信任，如何通过一己之力处理好采购、生产、销售等各个方面的事情——只有解决了这些问题，才能让客户放心地下订单。

本书内容围绕上述问题展开，共分为十四章：第一章介绍 SOHO 创业的定义、现状及各行业人员进行 SOHO 创业发展的可能性；第二章从货物、资金的流动等方面介绍出口流程；第三章介绍如何以 SOHO 的角色做好客户开发；第四章介绍 SOHO 获客渠道——自建网站的搭建要点；第五章介绍流量的重要性和如何做好线上推广；第六章讲解谷歌开发客户的方法；第七章介绍 SOHO 创业的报关退税；第八章讲解资金及人员投入；第九章讲解供应商管理；第十章讲解 SOHO 创业各个阶段的心态管理；第十一章介绍审美及如何提高审美；第十二章讲解 SOHO 的自我运营；第十三章讲解选品的策略及国外市场选择；第十四章通过案例深入分析和讲解推广的方法。

选择 SOHO 创业的外贸人大多数是行业里的佼佼者，所以本书除了讲解 SOHO 创业的具体方法外，更突出的是思路的转变、意识的提高。书中对 SOHO 创业者们在创业中遇到的常见问题进行深入剖析，并梳理出正确的思路和方法，其对于职场人的最大借鉴意义在于，与 SOHO 创业所需要掌握的知识、技巧和思维相比，职场人更应该未雨绸缪，不断提升自身的各项能力，不断提高自身竞争力。

再次感谢中国海关出版社为本书提供这样一个出版机会，帮助有理想的外贸人走上 SOHO 创业道路，帮助他们在积累更多创业经验的同时提升创业的思维，走好创业的每一步。感谢一直以来支持我的朋友们。

蔡泽民

2024 年 4 月

外贸SOHO创业

目录

CONTENTS

CHAPTER 1

SOHO 创业的定义、现状及发展

改革开放以来，外贸行业从最初的蓬勃发展到现在的稳中求进，从最初的国家扶持、民企崛起，到现在的小微企业、SOHO 一族、外贸自由人等各种形式遍地开花，外贸行业越来越向更灵活、高效的方向发展。究其原因，一部分外贸从业者因为业绩出色而遭遇到职场瓶颈，为了寻求突破，会走上外贸 SOHO 创业这条路，有些人拥有良好的国内供货渠道，想寻求职业的转型，有些工厂在国内市场趋于饱和稳定，想圆一个自营产品出海的梦。他们掌握着良好的外贸资源和成熟经验，是外贸领域不可或缺的一部分。

行业的蓬勃发展自然离不开国家政策的鼓励和支持，根据加入世界贸易组织（WTO）的承诺，我国于 2004 年就全面放开了外贸经营权。2004 年以来，我国外贸经营权长期采用备案登记制。这种备案登记是一种自动登记的方式，不对外贸经营者取得经营权构成任何障碍，只为政府的监管提供一定的信息基础。2022 年 12 月 30 日，《中华人民共和国对外贸易法》删除了关于对外贸易经营者备案登记的规定，即放宽了对外贸经营者的要求。大多数国外买家只要求卖家在诚信的基础上保证货物的品质、资金安全，对于卖家的存在形式并没有非常严格的要求，这就给 SOHO 创业者提供了很好的发展空间。

一、狭义的外贸 SOHO 和广义的外贸 SOHO

SOHO 存在的基础还是在于有客户，客户的订单让这一形式得以存在。在外贸爆发的那些年里，做外贸 SOHO 的那一批人更多的是熟知外贸规则、流程、收付外汇、生产、质检等的外贸精英，他们擅长挖掘客户的诉求并发展成为长期的合作关系，能帮助国外买家解决国内的生产、监督、付款等问题，赢得客户的信任，帮助客户节约时间成本并能按时出货，因此，客户不用每年前往中国洽谈采购计划。狭义的外贸 SOHO 指的是这一批以客户实实在在的订单需求为基础，以双方的信任为前提，帮助客户解决在国内的一切生产、出货事宜，并以挂靠、离岸等形式收取货款的自由创业形式。

随着中国的产品逐渐被世界广泛认可，中国产品品质更好地展示给世界，越来越多的人加入外贸 SOHO 创业的行列。国外绝大部分买家诚信度都是极高的，不会有赊账行为，卖家不会有资金压力，只要手上有足够好的产品或者能找到客户需要的产品，就有机会和客户进行深度长期的合作。这个时期的外贸 SOHO 由被动转变为积极主动，大家愿意潜下心来研究如何选择产品、如何用谷歌开发客户、如何用领英（LinkedIn）找到客户邮箱、如何主动和客户打电话、如何自建网站、如何做网站的引流和推广等，这个时候外贸 SOHO 的范畴更广了。因此，广义的外贸 SOHO 是指创业人士主动打造某个行业里的产品线，通过较为成熟的线上和线下营销渠道将产品向海外推广，从主动接洽、沟通、谈判到完成订单的过程。个人综合能力和个人对于产品、行业的判断能力起主导作用。相对于有订单再采购的模式，这种主动开发的模式更加适合当前的外贸形势。当主动开发的客户成为有足够黏度的老客户后，这种模式自然又包含了狭义的外贸 SOHO 里订单导向的情况，只是我们会发现，产品、渠道、营销推广、客户这几个环节都被打通以后，外贸 SOHO 可以向更成熟的团队化运营过渡了，这也是顺应时代发展要求的一种创业成功率极高的过渡方式。

二、哪些人正在做外贸 SOHO 创业

（一）外贸企业里的顶级销售员（Top Sales）

一般来说，外贸企业成长的关键拐点离不开业务团队里顶级销售员的业务爆发，这些销售精英的个人能力出众，能将客户开发里的不可能变成可能。也许是其出色的谈判技巧，也许是其独特的个人魅力，让整个团队的业绩、精神面貌、竞争力都得到了长足的发展和改善，企业的销售额也迎来了爆发式的增长。接下来就会涉及利润的分配问题——绝大多数外贸人的要求并不高，按劳分配、公平分配也就可以了。但是有些企业却有失公允，表 1-1 显示的是一个优秀的外贸人 A 辛苦奋斗一年后，公司为他算的一笔账，其计算成本的方式犹如合伙人一样进行分摊，分摊项目包含公司开拓客户渠道（阿里巴巴、直通车）、运营、展会的费用及行政管理费，这样一来公司的运营风险转嫁给业务员，这显然不合理，顶级销售员并不是合伙人，没有分摊成本的义务。从表 1-1 可以看出，2022 年，外贸人 A 创造的纯利润接近 15 万元人民币，但公司分给 A 的 2020 年年终奖只有 1 万元。即老板在计算成本时把外贸人当作公司的合伙人将所有公司的成本都分摊到个人身上，而在计算年终奖时却不按照利润来。外贸人 A 觉得自己努力白费了，一夜未眠，公司的态度让自己感受到了一种侮辱并彻底寒心。付出与回报不成正比，在时机成熟以后，A 索性选择了 SOHO 创业。

表 1-1　外贸人 A 成本支出结算表

单位：元

项目	2020 年度	2019 年度
一、外贸人 A 工资成本①	¥101 083.75	¥58 123.76
其中：月基本工资	¥3 500.00	¥3 000.00
社保	¥8 518.09	¥8 449.00
提成	¥50 565.66	¥13 674.76
实际到手金额	¥92 565.66	¥49 674.76
二、销售渠道、广告及管理成本②	¥122 399.13	¥116 598.61
其中：销售渠道-阿里巴巴	¥40 000.00	¥26 666.00
广告支出-直通车	¥20 956.12	¥21 576.34
销售渠道-展会	¥0.00	¥34 758.70
运营	¥37 698.77	¥16 256.57
管理费用-办公	¥8 544.24	¥2 941.00
管理费用-财务	¥3 200.00	¥2 400.00
管理费用-房租	¥12 000.00	¥12 000.00
一和二的成本总计	¥223 482.88	¥174 722.37
三、外贸人 A 年度总利润③	¥371 232.79	¥108 227.81
其中：主营产品	¥156 314.77	¥108 227.81
口罩	¥214 918.02	—
四、纯利润	¥147 749.91	-¥66 494.56

① 很明显外贸人 A 是业务人员而非公司合伙人，他的收入模式是最常见的“底薪+提成”。

② 在这些费用明细里，阿里巴巴指的是公司投资阿里巴巴平台的年度会员费；直通车指的是为了在阿里巴巴平台获取更多流量而支付的增值服务费；运营指的是第三方运营人员操作阿里巴巴平台的费用；展会指的是参加国内外展会的成本；办公、财务及房租是指相关管理费用。

③ 年度总利润为该外贸人 A 当年销售额扣除所有采购成本后的利润。

到手的收入和奖金变少不一定是这一部分优秀的销售精英转做外贸 SOHO 的主因，主要还是因为公司缺乏公平的奖惩制度和收入分配制度，归根到底是顶级销售员对公司的诚信丧失了信心，为了重塑诚信，也为了寻求更有挑战的事情，于是他们转做外贸 SOHO 创业。很多外贸企业并没有意识到，是这些优秀的顶级销售员默默地解决了公司里最棘手的问题，公司才会创造出佳绩，很多公司自信地认为是自己的管理手段高明、产品畅销为这些顶级销售员提供了机会。在这个过程中，顶级销售员承受了无尽的委屈、指责。一旦他们选择了离开，公司将会承受巨大打击。

（二）外贸团队管理者

外贸团队管理者大体上可以分为两种类型。一种是自身的业务能力非常出色，业绩占整个团队的50%甚至更多，因为他们手握公司大部分客户资源，有更多的话语权，所以顺理成章地成为团队管理者，我们可以称之为“业务型的管理者”。从业务员身份转变成为管理者以后，他们会接触到公司更为核心的信息——产品成本、核价、营销成本、利润水平，也会更多地以管理者的视角去理解客户资源、资源分配等，这也是外贸创业需要考虑的一项预算问题，他们走向外贸 SOHO 也是在行业积淀以后的结果。另一部分管理者可能以前有过骄人的业绩，后来转做纯粹的管理工作，将手里的客户资源释放给团队，自己全权负责团队的业务开发、人员考核、人员激励和奖惩、业务流程等，承上启下地进行团队管理。在这个过程中，其工作重心在于各部门间的沟通与合作，这种沟通和协调各部门资源的能力也是外贸创业的一个优势，能为管理者提供更全面的视角和思路。无论哪种类型的管理者，他们都在外贸行业里积淀了很长时间，也取得过拔尖的业绩，个人能力和综合素质非常强，能独当一面，深刻地理解某一个行业里外贸创业的核心因素，发现其中某一个痛点，利用一个合适的契机去解决这个痛点，就有可能获得 SOHO 创业的成功。这一类创业者进可攻——解决行业痛点；退可守——从产品出发，一步一步地积累客户，且有团队管理能力，可以为 SOHO 创业转为公司经营打下不错的基础。

管理者有这么多的优势和经验，那是不是意味着做到管理者以后，SOHO 成功的机会更大？答案是否定的。如今，SOHO 创业者大多数不是管理者出身，更多的是顶级销售员出身，究其原因，他们擅长在某一个领域里做到极致，比如开发客户、服务客户。这种极致更容易在 SOHO 过程中主动、有效地解决更多的问题，付出常人想象不到的努力。而管理者在管理过程中或多或少会弱化这部分“极致”的能力，更多地将重心放在管控风险、平衡需求、权衡利弊上，业务能力会转变成情商。对于买家来说，他们更希望看到自己掌控全局，更青睐也更支持一切都以买家为中心的创业者，在他们看来，这是一种真诚的表现。

（三）外贸企业里被大买家挖掘的服务型、采购型人才

外贸行业里一直都有采购力惊人的大买家，如商超、连锁店、大型进口商、行业巨头等，一到两个大买家完全可以改变公司的命运，但是大买家是可遇不可求的。大买家的开发、维护、售后等都非常考验外贸人的业务水平、服务水平、毅力和耐心，所以会看到有些外贸朋友为了维护大买家焦头烂额，翻译几百页技术参数文件、填写复杂的审厂资料、经历冗长的认证流程和不断提供样品。但前期工作的不懈付出可能会迎来大客户的赏识与青睐，一旦前期准备工作完成后，客户的订单也随之而来，有的总计高达百万、千万美元。作为买家的采购人员，他们的时间成本也很高，要完成每年的采购任务，往往需要绝对信任的国内供应商帮忙采购和询价其他相关产品。合作几次之后，这几个产品类目的采购也许就都从这里出货了，如果长期合作下来非常顺利，业务人员能及时解决客户的所有问题，这类大买家可能就会主动向对接人提出成立采购办、专门负责国内产品采购的事宜。在这个过程中为了维护这类大买家，负责对接的业务人员展现出来的诚信、责任心、采购能力、协调能力、沟通能力、适应大买家的能力，最后会转变成大买家的信任，独立进行外贸SOHO 也就水到渠成了。

以大买家作为着力点，会打下一个非常坚实的基础，因为这些大买家每年都有稳定的采购清单，合作得越久，对彼此的采购要求和标准就越熟悉，合作就越稳定，订单量就会越大。很多早期做外贸 SOHO 的人大多有类似的经历。

（四）因兼顾家庭放弃工作选择自由创业的外贸人

外贸这个行业里一直是巾帼不让须眉的，有很多优秀的女性外贸人在这个行业取得了很高的成就，具有自己独到的理解。企业是有统一的管理要求的，比方说考勤就是很多企业考核的一部分，上下班的时间相对固定，再加上行业的特殊性，非工作时间也需要及时处理工作中的事情。当一部分女性成为“宝妈”后，在时间的安排上就会想要采取更为灵活的处理方式，一边兼顾家庭，一边开始 SOHO 创业。细腻、耐心、沟通能力强是这部分人的强项，她们从擅长的产品开发或者个别客户的维护开始，慢慢地做一些营销，再扩大产品线，采取这种循序渐进方式的人不在少数，也更容易成功。

（五）验货员

外贸的发货是非常严谨的，如果货物发出以后出现质量问题，等货物到达买家手中后，会面临被退货的风险。国际贸易中，货物从一个国家出口要报关，进入另一个国家要清关、交税。一切顺利当然最好，一旦产品质量不达标，退货是一个烦琐的过程，不像国内的物流可以直接退回重做、补货等。更重要的是卖家的信誉会受损。为了确保货物质量，在货物的生产前和生产过程中，当然大多数是在生产即将完成前，会有专门的验货员对出口的货物进行全检或者抽检，以确保该批货物的质量符合买家标准。这些验货员可以由卖家指派，也可以由买家指派，还可以是双方约定的第三方验货机构，他们同样具备 SOHO 创业的条件。

国内很多城市、工业园区的产业链较为集中，同一个区域、产业园会生产相同的产品，比如服装、五金、电器、无纺布、竹制品等，这就吸引了很多行业内的买家常年在这些产业链集中的地方采购，有些甚至在工厂里设有专门的生产线，需要由其指派的验货员常年驻厂进行货物生产监督、工厂改善、货物出运前的验货等。长期下来，他们对各个工厂货物质量的实际水平、工厂的管理水平和生产能力甚至是价格都十分了解，但是大部分工厂对国外买家的采购流程、审厂流程、采购习惯等不甚了解。这样一来，验货员就成了中间的指导人、协调人，他们的验货报告能够决定工厂未来的订单量。所以长期下来，他们有两种 SOHO 创业的选择：一种是背靠大量的优质工厂货源，主动去联络寻求买家；另一种是主动揽下公司的订单，再将订单下发给各个工厂，扮演中间人的角色。

验货员的创业优势在于对生产线、生产环境、工厂体系、价格水平、买家的采购习惯都非常了解，更重要的是可以和一众行业内的工厂打成一片，稍加整合这些货源，创业即大有可为。有很多工厂愿意资助优秀的验货员单独成立工厂，一来可以保证稳定的订单，二来可以通过他们扩大产品线和渠道。

（六）货代

货代其实扮演的就是联系上游的出口商和下游的船公司，将货主的货装柜向船公司订舱的角色。在国际贸易中，有各种贸易术语（国际贸易约定俗成的规则），主要是对买卖双方费用和责任的划分，其中就涉及由谁负责货物运输，这时存在卖家负责运输和买家负责运输两种情况，买家运输同样需要由国内合作的货代订舱，订舱需要货物信息和买家信息，就会由货代的操作人员或者业务员直接对接国外买家，这个沟通机会给了货代展现自己的机会。

很多进口商、采购商在国内并不是进行单一产品采购或者单一工厂采购，往往需要在不同城市、不同工厂之间同时进行采购，这里会牵涉不同工厂的交货、拼柜、报关的问题，有经验的货代能够妥善处理好货物的后期出货问题。特别是相对冷门的航线，货物可能还需要转运，或者做“门到门”服务，运输的问题反倒成为这类买家进口的障碍了。如果货代能够让客户在运输方面无后顾之忧，客户除了愿意从这里订货以外，也许以后在国内的生意都会全权交给他们打理。

（七）外贸行业外人员

1. 工厂经营者的子女

有些工厂经营者可能对国外市场关注已久，通常把接班的子女送到国外学习企业管理、经济学等，这些子女有更多的自主性、资金支持、管理权限，也更能了解外国人的思维。如果这些子女有不怕苦的精神，他们走外贸和出口的这条路并不难。

从小的耳濡目染让他们更容易发现制造型企业的弊端，但超前的管理理念和技术可能并不适用于当前家族工厂的规模和需求，直接照搬还会适得其反，所以他们需要做的是真正了解并克服家族工厂里林林总总的弊端，探索更为贴合实际的管理之路。所以有很多工厂经营者的子女索性自立门户，独立负责工厂的外销生意，进行人力、财务、成本、收益等的独立核算。这也是一条符合这一批有梦想的年轻人的创业之路，家族工厂的调度能力、议价能力、支持能力得到了最大化利用，同时又能尝试自己的新想法。

2. 有稳定可靠货源的人

有很多人围绕工厂和货源寻找机会，比如亲戚家有工厂、朋友开工厂等，这一部分人并没有特别明显的优势，但善于把握和整合现有的资源，敢打敢拼，不断摸索、尝试、调整，从而发掘机会。

产品、货源对于创业者来说是创业初期至关重要的因素，销售一个好的产品对于创业者来说不至于有太多的挫败感，所以当前很多创业者将创业的重心放在寻找一个好上手、热门的产品上，从外贸的角度来看，中国产品中质量好的产品数不胜数，每一个产品都有不错的国际市场需求。然而我们不仅要看产品当前的热门程度，还要看产品在未来的增长潜力，才可以保证 SOHO 创业有持续、稳定的增长空间，否则一两年的产品强势期一过，就会步履维艰。所以在某种程度上有相对稳定的货源也成为创业的关键，接下来对这部分人的考验就是如何运营了。

3. 对国内某一领域市场非常了解的人

在 SOHO 创业的人群中有一部分人是不容忽视的，他们对外贸可能并没有具体的概念，更谈不上经验，但是充满热情，经常走南闯北跑项目，在项目开发过程中对国内某个领域的产品非常精通，吃透了产品的上下游，了解价格水平，有稳定的供应商渠道，遇到一个合适的契机，SOHO 创业就会水到渠成。

综上所述，我们可以发现走上外贸 SOHO 创业这条路主要围绕以下几个因素：

- 有实实在在的客户、订单做基础；
- 有不错的产品或者货源；
- 有不错的外贸综合能力和素质，特别是开发能力。

经过对每种创业模式的分析，我们发现选择创业的这一批人，完全发挥了自己的所长，但是很容易陷入瓶颈，因为他们对外贸很多内在本质的问题认识不够清晰，或者说缺乏某些方面的技巧和经验。就拿验货员来说，他们可以拿下客户的订单，但是自立门户以后可能对于如何做新客户开发、如何处理收汇问题等有疑问；哪怕是顶级销售员，也会对营销费用和推广的投放原则没有清晰的认识。创业应该发挥自己所长，但更应该补短，以更全面的视角投入这段新的人生旅途。

三、为什么要选择外贸 SOHO

很多人可能会有疑问：公司的运营更为成熟，资源更丰富，平台机会更多，可以迈向更好的职业未来，为什么偏偏要选择外贸 SOHO？

外贸本就是一个相对特殊的行业，因为有时差、语言不通、货币不同，让国际贸易中最简单的沟通方式都变得较为特殊，传统的企业工作方式和管理模式，甚至是作息时间并不完全适用于这个行业，而外贸 SOHO 不受时间和地点的约束，能更为灵活和及时地解决实际工作中遇到的各种问题，能实现工作自由并追求财富自由，这些正是一部分外贸人所追求的生活和工作目标。

从外贸人的收入组成、风险承担、公司对于其个人的业务支持来看，SOHO 创业的形式更加符合一部分人对于付出和回报的期望，因为很多时候外贸人在没有任何业务支持的情况下开展工作，并独自完成订单，要承担所有的业务风险。而外贸人的收入模式多为“底薪+提成”，在这种模式下，其收入更依赖于提成，一般订单的提成比例（收入的一部分）可能不到 1%甚至是 8‰，付出远远大于实际回报，且克扣、延迟发放提成的情况时有发生，所以 SOHO 创业的形式更加适合这些想改变现状和改变未来的人。

公司会成就一部分职场人，但同时外贸这个行业里优秀的人才也会成就一个公司，当公司满足不了个人的发展诉求时，这一部分外贸人愿意去尝试更多的可能性。在执行一笔外贸订单的过程中，无论是出于主动还是被动，有一部分外贸人都是属于单打独斗型的，除了公司提供的有限的询盘资源以外，抛开实际操作的层面，他们个人经历并解决了从客户开发到订单履行过程中的一切问题，既然如此，他们不如 SOHO。

四、找到自己的优势，人人都可以做外贸 SOHO

外贸有一个对口的专业——国际经济与贸易，这个专业的人会学习外贸的流程，比如国际贸易实务；会学习外贸函电、单证、国外的商务礼仪等。

从专业课的安排来看，这些课程确实和外贸这个行业息息相关，但外贸是一个讲究实际操作的行业，理论知识只会告诉买卖双方整个流程下来会遵循什么规则，却无法处理外贸环节中的各种实际问题，就好比带兵打仗，执行方案、行军路线和目标可以提前制定好，一旦上了战场，形势瞬息万变，那个时候考验的不是理论知识，而是临场反应、生存能力了。商场和战场大体上没有分别。

所以我们在实际的工作中发现，任何专业的人都有可能做外贸，比如说英语、材料、化工、机械、市场营销、电子商务、计算机、物流或供应链、制药工程等专业，这些专业人士和外贸的关系越来越紧密，让外贸的队伍越来越庞大，机会也越来越多，行业和行业间的交叉也衍生出来更多的可能性。我们来剖析下这些专业人士是如何在外贸中发挥所长的，这样每个行业的人都能更准确地找到自己在外贸 SOHO 这份事业中的机会。

英语专业人士的优势比较明显。语言优势能让外贸人与客户之间的沟通更顺畅，海量的词汇、句型及对俚语的理解和使用能让买家觉得亲切，更容易拉近与客户的关系。除此以外，很多英语专业人士会选修第二门外语，无论是西班牙语、德语、法语、葡萄牙语，还是日语、韩语，对于深度开发使用这些语言的市场都是极为有利的，因为生意的关键在于沟通，而沟通的必要因素之一是语言。学过语言的人都知道，语言里包含着一个国家（地区）、一个民族的文化和品格，这些是理解一个国家（地区）客户的关键。所以，英语专业人士需要把沟通能力、翻译能力等发挥到极致，再通过产品等载体进行外贸活动。

材料专业涵盖的范围很广。与外贸出口紧密相关的有金属、塑料、瓷器、木材、石材等，这些产品出口时通常会加工成半成品或成品，在这个过程中，材料的物理性能及化学性能的变化会直接影响到客户对于品质的要求、终端客户的使用等。如何改变性能、稳定性能，如何满足客户对于材料的特殊要求，如何设定生产设备的参数等，每一个建议都会影响到最终客户的订单。国外的买家会关心材料的硬度、弹性、抗拉伸能力、光滑度、平整度、涂层厚度、导电性、绝缘性等，这些属性正好是材料专业人士所擅长的专业知识。要知道，不同材料的成本差异可以高达成千上万倍，如果找到了更好的材料，更好地解决了问题，并运用到大规模生产中，这就是价值体现。我们并不需要像解决新能源汽车的续航问题那样，花费大量的时间和金钱去钻研改变这个行业的新的电池材料或技术，但我们会发现，随着越来越多的国家对于产品品质、环保、生态、社会责任的要求日益提高，对环境破坏力小的材质，尤其是可降解材料、可再生材料越来越受到青睐。理解这些在变化中产生的需求并能抓住趋势，就是国际贸易给予这个专业的机会。

化工专业的运用其实也很广泛。市场对日用化工产品的需求一直居高不下，口腔用品、洗涤用品、护肤用品、止汗剂、除臭剂等一直是欧美国家采购的热门产品。因为这些产品与人体直接接触，所以国外对产品的安全性要求非常高，产品准入需要提前做好备案和注册，产品的有效成分、标签注册、美国 FDA（食品药品监督管理局）和 GMP（良好生产规范）认证或体系等都会关系到产品在国外的准入和零售，而化工专业人士在这方面自然驾轻就熟，在市场开发阶段往往能更清晰地把握买家对成分的要求、对实际效果的质疑、对产品安全性的担心，从而更容易对症下药。我国这类产品的出口仍然有很大的发展空间，欧美客户倾向于更能理解西方思维的供应商，理解他们所需的认证、准入条件，以及所需的成分，甚至是设计风格。如果供应商能改变欧美客户对于这类化工产品的印象，市场潜力无疑是巨大的。

机械相关专业人士的可塑性在于中国出口到国外的机械设备类产品一直处于出口产品的前列，而这类产品的出口优势在于物美价廉。机械产品做得出色的国家，比如德国、日本等，它们一套机械的价格可能要 100 万美元外加每年 30%的维护费，中国同质产品的价格可能只要十几万美元甚至更低。

一旦国内的机械制造厂商重视售后及维护，客户黏度会更好。在国内，机械做得好的除三一重工、徐州重工等企业外，还有千千万万在各个机械和设备行业打拼的企业，从外贸出口的角度来看，机械产品的利润高、退税高、营销成本低，只要克服开发周期的问题，机械行业的前景是很乐观的。而对于机械专业人士来说，生存和发展的空间在于机械产品的技术深度、客户的使用体验度、售后及时响应度，要用专业赢得创业的机会。未来的全球数字化、工业物联网的发展和应用势必会带来新的行业机会，那个时候可能会让机械的使用、保养、维护、售后变得更加快捷方便，行业会迎来新一轮的爆发。

市场营销专业人士要抓住两个核心词——市场和营销，并思考相关，如，国内市场能供应什么产品，这些产品的质量处于世界范围内什么水平，这样的水平适合突破的国际市场是欧美、日韩、东南亚、非洲还是南美，如何进行定向开发，如何打造海外品牌，如何做线下和线上的推广与营销，国际市场是什么情况，各个国家（地区）需要什么类型的产品，这些产品的供应来自哪些国家（地区），中国的竞争对手有哪些，竞争对手的价格处于什么水平，等等。随着国际贸易的发展和市场的透明化，越来越多的企业开始注重营销，但如何精准营销、如何让营销转变成实实在在的订单，是每一个外贸企业头疼的问题。但是有困难就有机会，只要我们将营销的知识和理念与产品属性完美结合，一定会在外贸这个行业里找到自己的路。市场营销专业从表面上看知识较为宽泛，所以一直难有准确的定位，但是一个好的营销思路遇到不错的产品，能有效提升产品的形象，再碰上全球这个市场的无限空间，非常值得尝试。

快速发展的电子商务爆发出惊人的力量，这股力量反哺外贸行业，让外贸产品的推广和运营在近几年获得了长足的发展。当国际贸易交易形式从传统的展会转变为线上 B2B 或者 B2C 以后，越来越多的外贸企业意识到，如何通过电子商务平台获得更多、更优质的流量成为获取订单的关键，于是“关键词”“排名”等一系列由电子商务衍生出来的新生词汇推动了电子商务的发展，这也让外贸生意变得更加“简单”。但简单的背后是企业为争取到优质流量而花费的巨额推广费、代运营费用等，谁能有更加成熟有效的运营方式，谁就能抢占更优质的流量。在电子商务专业与外贸结合的有效性方面，外贸企业除了要加强自身对电子商务平台的运营、流量的理解，对营销推广的投入外，更应该注重加强对产品知识、行业、客户习惯、市场趋势等的理解，只有将买家的习惯灵活运用到实际运营当中，才能真正做好运营。同时，在电子商务运营基础上结合产品思维和客户思维，才是通往外贸这条路的关键。

计算机专业人士的优势也很明显。国外有几家高市值企业，比如谷歌、脸书（Facebook）、亚马逊等，市值高的原因在于用户的认可度高、知名度高，也就是其用户群体广泛。谷歌是全球最大、最常用的搜索引擎，在全球搜索市场的占有率最高，同时也是外贸人开发客户最常用的搜索工具和营销工具之一。外贸企业在产品的推广中，如何打造自己的网站、如何让用户进行有效的搜索、如何对自己的网站进行搜索引擎优化（SEO）和搜索引擎营销（SEM），这是计算机专业人士最容易理解也是最擅长的。同样，脸书和亚马逊分别是全球最大的社交媒体和美国最大的电子商务平台，这些媒体和平台上面有海量用户群体，对于外贸企业来说就意味着无穷的客户开发空间，单纯通过谷歌或者脸书开发出一年千万美元订单的例子也屡见不鲜。每一家公司都有其独特的互联网思维、运营法则、算法技巧等，所以最重要的是要能理解这些互联网公司的理念、思路和规则，通过灵活地运用规则去找到外贸需要的信息，并转化成实际的订单，这就是计算机专业与外贸很好的结合方式，且计算机专业人士做外贸的机会一直存在。

物流与供应链在零售、商超里的运用较为广泛。采购、仓储、配送、上架销售等，有一套完整的体系，在外贸中我们可能要把物流与供应链分开。首先，国际贸易的货物流动依靠的是空运、海运、铁路、多式联运等，这里的关键大多在于货物的归属权、物流费用的计价、保险、报关等，所以外贸领域有一个专门的行业——货代，由他们去沟通和协调物流出货事宜。货代除了对接出口商、货主以外，还会对接各个船公司，负责订舱、配舱、出货。很多情况下货物运输到目的地港口，客户也会要求做“门到门”的运输，由货代清关缴税后直接将货物送到客户仓库，完成物流工作。就拿上海来说，这样的货代公司有几万家。其次，外贸 SOHO 里的供应链通常是以买家的需求为导向形成的产品线，再由产品线上的各个产品去推动形成完整的供应链。显然这种供应链的方式不会造成产品的积压，相当于在外贸 SOHO 的背后有无数生产线、生产设备在等待，一旦有新的订单确认，就可以采购原材料，开动机器进行生产。这些订单一方面让工厂的机器设备维持正常运转，另一方面也帮助工厂了解和认识海外客户对产品品质的要求，弥补这些工厂在海外市场的空缺。

制药工程专业看起来与外贸毫不相关，但越来越多的实验室人才转行到外贸领域，原因是医疗设备、仪器等产品近几年一直是热门出口产品，客户对蒸馏设备、色谱分析仪器等这些产品的品质要求很高，对参数的理解、使用方法、使用习惯、售后等问题是决定订单成功与否的关键因素，这些因素本身就赋予产品一定的附加值，能创造出额外的利润。但产品相对来说更专业，就需要相关专业的人士以技术型销售人才的身份为外贸企业弥补技术沟通上的不足。专业思路也足够解决在外贸开发过程中遇到的绝大部分技术难题。我们发现，从实验室走出来的外贸人才更擅长利用谷歌等搜索引擎找到国外行业内的相关数据、理论研究成果、技术参数等。专业的术语除了能够精准定位客户群体外，还能帮助国内产品进行升级，这正是外贸从模仿转变成超越的关键点。

其他专业人才在外贸创业中的可能性不再一一列举。专业和行业其实并不是跨入外贸行业的障碍，专业人士只要从自己的专业、行业经验中提炼出竞争力，再找到与外贸的产品、营销思路、推广方式相结合的方法，就一定能创造出属于自己的外贸事业。

CHAPTER 2
出口流程

要做好 SOHO 创业，需要全面地认识外贸，首先要理解外贸的整个流程。理解外贸流程的重点在于实操，哪怕是外贸专业的“学霸”，如果没有实际操作过、没有完整经历过订单过程、没有实际接触过全球不同市场，那么对于流程的理解也是不够全面的。对流程的理解要从实际操作过程中的需求出发，我们试着从国际贸易的本质、货物和资金的流动、常用贸易术语的角度，以最通俗、最容易理解的方式来帮助理解出口流程。

一、国际贸易的本质

国际贸易的本质是由于全球各个国家（地区）的生产力水平不同，为了满足不同国家（地区）的生活、生产需要，不同国家（地区）之间进行贸易、通商的过程。发达国家科学技术先进、生产力先进，工业化生产远比发展中国家或者不发达国家领先，一般来说，它们输出的是高水平生产力的技术密集型产品或者服务，用来交换基本生活物资。而发展中国家输出的主要集中在日常生活用品、生产生活物资、工业生产原料、部分高技术产品等。

这样一种产业链互补、互通有无的方式成为国际贸易发展的基础。

人类的发展离不开物资和资源，如果更深入地理解国际贸易，其实就是不同国家（地区）之间商品的交换。既然是商品的交换，不同国家（地区）对于资源、产品的定义或者表达不同，以及税率、语言、货币、计价方式、买卖签订的合同条款都不尽相同。如何克服这些因为不同国家（地区）之间的各种差异而产生的障碍呢？列举以下几个国际贸易里通用的要素。

（一）《商品名称及编码协调制度》

《商品名称及编码协调制度》（HS）是由世界海关组织主持制定的一部海关、统计、进出口管理及与国际贸易有关各方共同使用的商品分类编码体系，简单而言是一种在全世界通用的商品分类目录。打个比方：假设无人机的 HS 编码为 1234，那么可以简单理解为 1234 这个编码在全世界范围内的商品里的定义就是无人机，一般会精确到材料、用途等信息。编码的统一，解决了不同国家（地区）对于商品的表述差异。除此以外，HS 编码还确定了税率。我们知道，从中国出口的商品有退税，这里的退税就是以 HS 编码来确定税率，同时商品出口到境外，进口国家（地区）也会以该 HS 编码的税率征收关税、消费税、增值税等，所以 HS 编码让全世界国家（地区）都有了参考、执行的标准。全球贸易总量 98%以上的货物都采用 HS 编码，但还是有个别国家有自己的商品编码体系，比如巴西等。

（二）英语

买卖双方进行交易需沟通、谈判和斡旋。国际贸易中的沟通不仅仅是报价与还价，更多的是在沟通中寻找信任，如果在语言上都无法沟通，这种国际买卖的信任是很难建立的。英语作为国际通用语言解决了国际贸易中的沟通问题。

（三）货币

贸易的最开始形式都是商品的交换，但国际贸易里不可能全部都是这种易货贸易，因为随着交易形式、数量的增加，需要有货币对商品的价值进行衡量。又因为不同国家（地区）使用不同的货币，需要有一个第三方或者说通用货币对每种货币价值进行计算，在交易时进行结算。美元是当前主要的结算工具，也是目前流通供应量最大的商品货币。货币的通用使国际贸易中的结算、价格核算等变得相对容易，不会产生太大的差异。两种货币之间的兑换比率称为“汇率”，或者可以称之为一种货币兑换另一种货币的价值，这个价值一直在波动，大多数以美元作为付款货币时，很多国家（地区）会先用本国（地区）货币购买外汇美元后付款，也会考虑在本国（地区）货币相对于美元升值时进行采购。

（四）贸易术语

除了在商品信息、沟通、结算等方面有通用的规则和方式以外，商品交易中必然需要对很多细节做出约定和说明，比如商品的交付、运输、风险货权的转移、付款期限、交货时间地点等，这些是完成一项国际贸易的交易必须明确的条款。于是国际商会在总结长期国际贸易的合约、交易习惯以后，制定出国际贸易术语。国际贸易术语对国际贸易中几乎所有交易方式进行了总结，并归纳出几种常用的贸易条款，对买卖的细则、条款、风险划分、货权归属、运输保险等各个方面进行了清晰的判定，并被各国（地区）承认和遵循。

以上是国际贸易里最本质的几个要素，也是国际贸易得以稳定发展的必要条件。

二、货物的流动

在了解以上国际贸易中的要素以后，我们就以货物的流动来理解出口的流程（见图 2-1）。

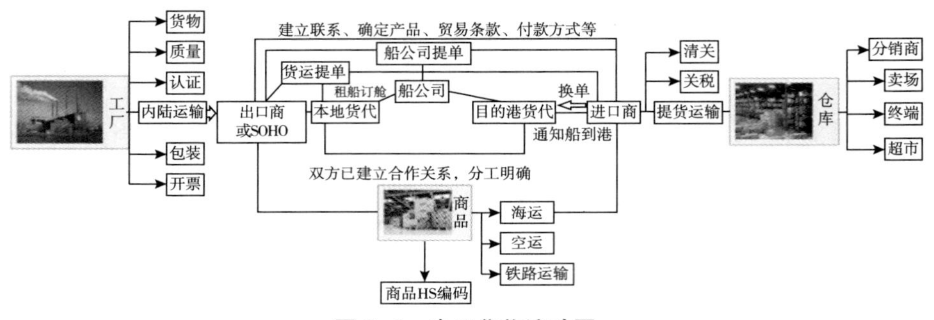

图 2-1　出口货物流动图

对于大部分出口的货物，流动需要经历的几个环节或者流程是：工厂—内陆运输—出口商或 SOHO—本地货代—船公司—目的港货代—进口商港口到仓库运输—仓库—分销商、卖场、终端、超市等。

在这个流动的过程中，为了更方便理解，可以将货物从装运港口发出作为出货前的分界线，而货物到达目的港则作为收到货物的分界线。下面来看看每个阶段要完成的事情。

（一）出货前

1. 生产、质量与认证

工厂的首要职责是生产，俗话说“机器一响，黄金万两”，作为供应链的源头，工厂这个角色一般意味着商品最初形态及不掺杂任何附加值的纯粹价格，所以外贸谈判里经常会用到“factory price”（意为工厂价）。工厂的成本在于厂房、设备、机器、工人、物料等，输出的是产品。这个产品该如何界定质量，怎么才能证明工厂生产的产品是符合基本的出口标准的，这就需要工厂做一系列的体系认证或者产品安全认证，比如 ISO 9001 质量体系认证，从生产环境、设备水平、员工素质、管理水平等各个维度对工厂进行审核。当然对于部分国家（地区）或者部分类别的产品有其特殊的认证需求，比如欧盟的 CE（欧盟安全）认证、RoSH（电子电气设备中限制使用某些有害物质指令）认证等，美国的 UL（产品安全和经营安全）认证、FDA（食品药品监督管理局）认证等，这些准入的认证条件是工厂所生产的商品想进入这些国家（地区）的必要条件，也是 SOHO 创业前期对供应商考察时重点考察的内容，毕竟认证的对象一般为产品或者工厂。

货物的生产、质量和认证我们放在一起便于理解，质量是工厂制造水平的结果，产品认证是工厂制造水平的核准，质量水平的把控是打开境外市场的基本条件。

2. 3 种常见出口生产加工方式

（1）OEM（Original Equipment Manufacturer，原始设备制造商），一般被称为 OEM 代工或者贴牌生产。国外买家看中了工厂的生产制造水平和产品质量，委托工厂生产，但生产完成后需贴上国外买家的品牌。

（2）ODM（Original Design Manufacturer，原始设计制造商），这里的“Design”（设计）的意思很明确了，ODM 指为买家出设计图样，由工厂按照图样出生产方案、选择材质、安排生产线等，以买家品牌的名义出售。

（3）OBM（Original Brand Manufacturer，原始品牌生产商），为工厂有自有品牌的模式，生产、设计、销售等都由工厂独立完成。

这 3 种模式依次可以看作是一种简单的递进关系，在有一定的生产制造水平以后，国外买家会考虑借产品但不借品牌，这就是所谓的 OEM 模式；而当你的 OEM 能力受到国外的一致认可后，买家会选择将他们核心的设计图样交付给你，让你按照图样生产，要知道图样意味着其核心技术，涉及产品材质、原理等，这就是 ODM 模式；而当工厂有足够的能力去做不同买家的 ODM 了，能够自由应对各种复杂的生产设计情况后，可能会迈向更高级的 OBM 模式，创立自有品牌出口，通过品牌产生产品附加值。

目前我国很多产品出口的模式还是以 OEM 贴牌代工或者无品牌模式为主，这里的品牌并不是像大家耳熟能详的世界知名品牌，而是各个行业里的各个公司的品牌，无品牌模式的目的是抢占市场，也作为一种营销手段，这种模式对于技术的要求不会太高，要求的技术水平不会高于工厂现有的技术水平。就目前国内工厂的竞争情况来看，这种模式能保证工厂有源源不断的订单，不用投入过高的研发成本，能让工厂的设备一直处于运转的状态。因为工厂一旦停产，损失巨大。当然很多行业里头部企业或多或少地会接触到买家的 ODM 要求，但多会考虑投入和回报比，即使是头部工厂，没有实实在在的订单，也很难推进 ODM 的开发。而 OBM 模式、有自有品牌是每一个企业的奋斗目标，每个企业家都希望自有品牌“出海”，自己的品牌响彻全球，形成品牌溢价。

当然也正是以 OEM 为主、ODM 为辅的方式让 SOHO 创业有了很大的发展空间，SOHO 创业者开发出国外客户，再寻找到符合要求的工厂生产产品就可以了。如果所有工厂都是自有品牌“出海”，那留给 SOHO 创业者操作的机会就不多了。

在完成产品设计、生产、出厂检验、验货、包装入库后就可以安排出货了。至此如果以 SOHO 创业者的角色与工厂签订购销合同，相当于对商品进行买断，同时需要工厂开具增值税专用发票以备后期出口退税用。

3. 订舱及海关申报

因为价格便宜，优先考虑海运，大部分商品内盒、外箱包装完成以后由出口商向货代订舱，目的是预订舱位安排船运。货代的作用是承上启下地将承运人的货物进行收集装箱，再凭装运港、目的港、件数、毛重、体积等信息向船公司订舱出运。集装箱大体上分为 20 GP、40 GP、40 HP 3 种规格，不同规格的内装尺寸和限重不同。这里就会出现两种情况，一种是有一些出口商的货物并不能装满一个集装箱，于是多家供应商拼货装满一个集装箱，这就是拼箱；而另一种情况就是一家出口商的货物装满一个集装箱，即整柜。船公司只接受整柜出运，所以货代的职责就是将出口商的货物装箱运到港口堆场，通过报关行向海关报送相关的出货资料，通关完成后出货。常规的海运来说，拼箱会由工厂将货物运送到货代仓库，再由货代安排不同出口商的货物拼成整箱后送到码头等待装船，而整柜会在工厂完成装柜后发货至码头等待装船。无论哪种形式，货物离开工厂后都会送至码头等待最近的船期出运。

出口商品经过一国（地区）海关时，需要向海关申报信息，我们要结合实际理解申报的作用。

（1）保证出口商品的合法合规。有很多商品的出口是有配额限制的，有配额限制的稀缺或者限制的商品出口会导致国家资源流失，所以商品出口的种类会进行管控。

（2）对知识产权的保护。通过申报信息对部分品牌商品予以保护，如果任何商品都可以贴上知名品牌商标，知识产权就会形同虚设。

（3）对换汇成本的把控。海关对出口产品总量的登记会让国家的出口详情、数据有清晰的记录，从而国家对于商品出口的换汇成本、数量、实际竞争力有准确的判断，及时通过对产业、退税率进行调整，提高出口产品的竞争力。

所以在出货前，除了安全地将货物装船，还要提供好报关资料向海关申报。在这里一定要形成一种固定思维，在外贸出口的流程里，货和货物资料的关系就像鱼和水一样，缺一不可，货物的相关资料也要同货物一起流动。

（二）出货后、到达前

通关完成并如期开船后，出口商需要尽早和货代确认提单，拿到正本或者电放提单，剩下的就是等待和追踪货物到港，由货代与船公司就货物的情况进行货权的再分配。而在国际贸易里最敏感的事情当属付款了，对于没有一定信任基础的新客户，出口商会担心货到了款没收到。提单是物权的凭证，提单在谁手中，货物就是谁的，提单的作用是即使货先出运，但货权凭证在出口商、船公司手中，哪怕货物到港，没有提单也无法提货。除此之外，海运单据的归属，也是信用证付款、信用证融资的前提条件。

在实际运输过程中，提单是如何发挥作用的？为什么通常是货代给客户提单，客户就可以凭提单去提货？到港后客户是如何提货的？货代说的“目的港代理”是谁？

在这个流程里大多数人只知道卖家与买家之间的关系，但对于货物的流动，有必要弄清货代在这中间起到的作用。先来看看货代公司内部的组织结构。前面讲到的货代将不同的货物拼箱或者整箱装柜，这部分由内部操作人员、负责开拓和联系货代合作的海外货代的商务人员、单证人员、货主开发的业务人员等共同完成，结合图 2-2 会更加容易理解。

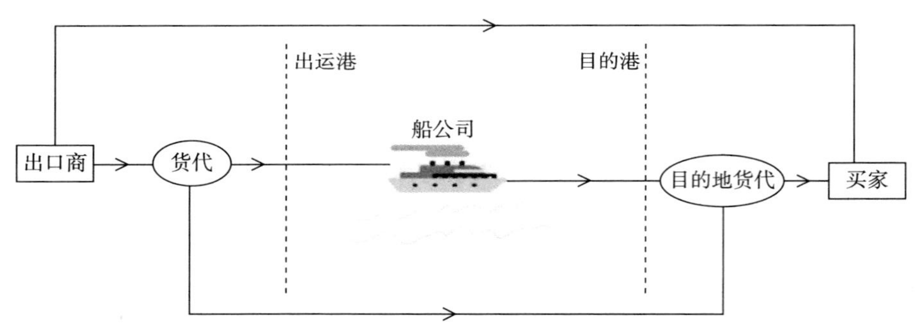

图 2-2 出口商、货代、船公司流程简图

货代大体上要做 3 件事：向货主（出口商）揽货、向船公司订舱、开发国外合作代理。前两件大多数人都比较清楚，第 3 件其实就是国内货代开发在货物到达目的港后，帮助进口商处理在国外的货物换单提货、清关等事宜的目的港合作货代。

所以从客户关联来看，出口商直接关联的是国外买家，而货代关联船公司及合作的目的港货代。再来看看提单在这个过程中所发挥的作用。

1. 提单里的船东单和货代单

船公司会签发提单来证明货物已经正常发货，这里签发的一般叫作船东单（Master Bill of Lading，MBL）。这份船东单的意思是我们已经接收这批货了，并保证什么时间送到，这才是真正的物权凭证，而对于所有拼箱货物及部分整柜货物，货代会另外签发一套更为灵活的提单——货代单（House Bill of Lading，HBL），来为拼箱的各出口商一一签发。前面说过，船公司不接受拼箱货物，所以在 HBL 的情况下，船东签发的收货人其实是货代公司，再由货代公司的目的港代理分箱提货。欧美很多航线会出货代单，对于部分到付货物，货代单能够保证资金的相对安全。在签发 HBL 的情况下，货物出运以后，严格意义上来说货权其实在货代手中。

2. MBL 和 HBL 下提单的使用

如果出口商直接拿到的是 MBL，在确保货款可以安全到账以后，可以直接将提单快递给买家，由买家换取提货单提货。这个操作方式是绝大部分外贸人容易接受的形式。

如果出口商拿到的是 HBL，这里的正本提单其实是 HBL，HBL 快递给国外客户后，目的港代理的作用就发挥出来了，货临近到港前，目的港代理主动联系国外客户准备提货，国外买家需要缴纳一笔换单费换取 MBL 后才可以提货。这里的费用是由目的港货代决定的。所以，有经验的外贸人在向货代核算运费时会让他们报出目的港费用，因为总费用是恒定的，即费用里的“能量守恒定律”，出运港收低，目的港就会收高。在这种情况下，卖家与买家之间其实是一条沟通线和提单的流动线，而国内货代与国外目的港货代之间又是一条沟通线。

无论是船东单还是货代单都可以作为议付单据使用，银行都可以接受，所以目前出口货代单也越来越多。在了解了货物出运后出具提单的过程以及提单本质以后，就会对付款条件、付款时间有更从容的选择，对货物和提单的流向有更好的理解和把控，能灵活应对更多的问题。

（三）货物到达后

货物到达目的港口以后，买家会根据卖家发给他们的相关文件进行清关、交税提货。当一国商品进入另外一个国家，要对货物明细进行申报、查验、征税过海关，而这里关税的作用多是调节进口商品的价格，让进口商品以更加符合当地基本国情、经济水平的价格进入该国进行销售。如果目的国产业集中在高精尖产品，对于日常生活物资需求很高，为了满足基本需求，这类商品的关税征收不会太高；如果进口国大力发展新能源产品，但成本还无法下降，这个时候从其他国家进口成熟的新能源产品，会采取增加关税的策略保护本土产品的平稳发展等。所以关税除了是部分对外贸易发达国家财政的主要收入外，还是不同国家因商品及产业发展不均衡用来调节市场需求的一种手段。除了关税以外，有些商品还会相应地征收消费税、增值税等，所以商务谈判时客户经常会算账，有时得到“产品价格+运输+税”的价格已经超过了当地同类、同质产品的零售价格的结论，这种情况也是部分存在的，比如客户的竞争买家会从邻国进口，而该邻国产品关税税率较低，运输也更便宜；又或者国内其他卖家为了抢占市场，已经在该国家设立了办事处、海外仓等。

清关文件里除了物权凭证提单以外，还有关于产品金额、件数、毛重、体积、箱数的商业发票及装箱单，这些单据相当于货物的身份及货物明细。除此以外，大部分国家会要求卖家制作原产地证明随清关文件一起发送，原产地证明的主要作用是在证明原产地的同时，减免、减少进口商的关税。我国与很多国家（地区）签订了自由贸易协定，协定里对于从我国进口的商品给予一定的税收减免优惠，税收的减免会刺激当地的采购需求，加大对我国商品的采购。

产品完成清关缴税放行后，就会运到客户仓库，入库以后就可以等待发往超市、卖场等进行上架销售了，这是较为完整的出口流程。在实际的货物流动过程中，货物到达港口后除了安排本地物流运到仓库以外，可能还存在需要进行内河运输，发到第三方仓库重新包装和货物到了仓库进行组装等各种因产品而异的情况，但只要了解了从工厂生产到最终消费经历的几个重要环节，基本上可以掌握出口流程的核心，同时卖家对于买家各个环节可能遇到的问题可以做好预判，把握好售后及返单的节奏。

除了货物的流动，我们再来看看资金的流动。

三、资金的流动

如果把商品出厂价看作是商品最原始、纯粹的成本，则有必要先了解该商品在整个过程中产生增值的部分和环节。原始的商品出厂价其实包括最初的原材料、研发、设计、生产、机器损耗、产品损耗、包装、印刷、库存、劳动力、认证、水电气、环保等成本，在这些成本之上加上一定的利润；货运到码头后，有相应的境内运输费，货代报关环节有相关的文件费、操作费；海运、空运、铁路运输部分包含运输费及保险费；待货物到达港口后有清关费用、关税、目的港操作费等；商品运输到客户仓库有物流费；商品上架销售有人工费、操作费及营销费用。

买卖双方对采购商品达成一致意见以后，卖家会将具体的采购要求、数量、金额等通过形式发票（PI），也就是国际贸易中的合同发送给买家，买家会把 PI 打印出来签字盖章，向卖家所在国的银行购汇付款。而这笔外汇通过电汇等形式付款给卖家后，卖家可以结汇成人民币购买原材料进行生产或进口设备优化生产和加工。外汇的进账不仅增加国家 GDP（国内生产总值），还可以通过进口国外的原油、粮食、芯片等满足国内的生产、生活需求。

在货物流动的环节中，SOHO 可以监督整个出口流程，在工厂能保证保护客户信息的情况下，没必要增加货物流动过程中的环节（可以增加的环节也只有工厂到港口这一环节，比如说安排进自己仓库，再由自己安排订舱）。而在货款的流动环节，如果 SOHO 有自己的收款方式，为了阻断客户与工厂之间的联系，有必要让客户将货款打进自己的账户，在结汇后再将货款付给工厂进行生产，这样就可以在形式上形成 2 笔交易：一是国外客户和 SOHO 之间进行的 1 笔国际贸易的交易，二是 SOHO 和工厂之间进行的 1 笔国内采购的交易。

四、常用贸易术语

（一） FOB

在买卖双方长期经历类似的出口流程以后，一方面，双方开始有意遵循这样的流程，能让货物更快速、安全地到达收货人手中；另一方面，货物的运输、交付过程中难免会发生意外，比如装货过程中货物遗失、浸水、损毁等，于是大家开始为买卖双方承担的风险和责任进行划分，以便在费用和理赔方面能进行有效界定。这种约定俗成的国际贸易准则叫作“国际贸易术语”，其最新的版本为《国际贸易术语解释通则 2020》（Incoterms® 2020）。版本虽然在不断迭代更新，但实际上常用的术语只有其中的几个。虽然贸易术语明确了买卖双方承担的责任、义务范围，但在实际的生意中，责任和义务是没有办法界定的，试想如果真的发生了问题，即使责任完全在买家，卖家也不可能全然不顾，也会积极向买家提供人力、物力、财力的帮助，原因是买卖双方如果想保持长期的合作关系，卖家必然要付出更多的精力去维护，主动去解决买家的问题，如果问题完全按照贸易术语处理，对于责任划分、索赔等是能界定清楚的，但很有可能就没有下次合作了。

所以面对贸易术语，我们应该弄懂整个流程中各方应尽的义务，尽量以卖家的立场去保证货物安全送达，除此以外，更应该关注交易中很多问题的灵活处理，以便让交易更顺利进行。

1. FOB 的定义

FOB 是“Free on Board”的缩写，即船上交货。此术语是指卖家在约定的装运港将货物交到买家指定的船上。

（1）卖家义务。

①在合同规定的时间或期限内，在装运港，按照习惯方式将货物交到买家指派的船上，并及时通知买家。

②自负风险和费用，取得出口许可证或其他官方批准证件。在需要办理海关手续时，办理货物出口所需的一切海关手续。

③负担货物在装运港越过船舷为止的一切费用和风险。

④自付费用提供证明货物已交至船上的常用单据。

（2）买家义务。

①自负风险和费用取得进口许可证或其他官方批准的证件，在需要办理海关手续时，办理货物进口以及经由他国过境的一切海关手续，并支付有关费用及过境费。

②负责租船或订舱，支付运费，并给予卖家关于船名、装船地点和要求交货时间的充分通知。

③自费办理货物运输保险，负担货物在装运港越过船舷后的一切费用和风险。

④接受卖家提供的有关单据，受领货物，并按合同规定支付货款。

2. 如何理解 FOB

（1）风险转移临界线。

国际贸易专业课里会遇到这样的特殊案例：装满货物的集装箱在装船时，如果空中绳索断了，货物损失，此时责任在哪方？答案是看绳索断裂的时候，货物是否越过了船舷，即船舷作为实际风险责任划分的临界点。

“Free on Board”里的“Board”指的是“甲板”。越过船舷以后，货物会到达甲板，这里的“Free”我们可以理解为“自由、松了一口气”的意思。再结合图 2-3 里的关于 FOB 的描述，我们暂不考虑货物的归属问题，仅仅考虑货物从一国流通到另一国。当国际贸易中一批货物未越过船舷时，货物的生产、风险、境内运输等都由卖家负责，而越过船舷以后的一切都由买家负责。商品买卖中货物发生物权转移的实质往往是交货的完成，所以 FOB 称为“船上交货”。

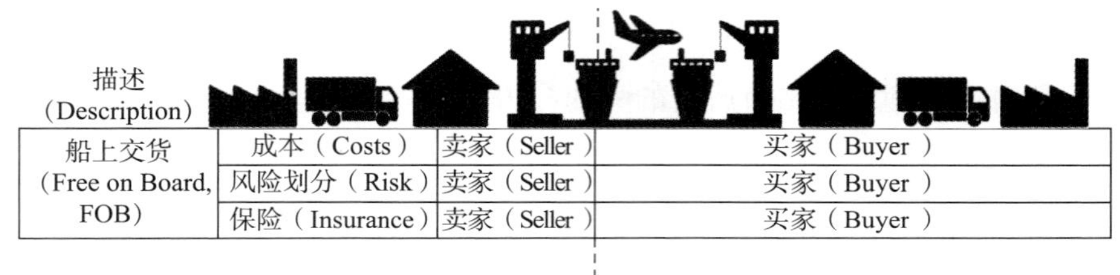

船上交货 (Free on Board, FOB)	成本（Costs）	卖家（Seller）	买家（Buyer）
	风险划分（Risk）	卖家（Seller）	买家（Buyer）
	保险（Insurance）	卖家（Seller）	买家（Buyer）

图 2-3　FOB 的责任和义务图

（2）报价条件。

缺少货物运输风险和责任的划分，卖家是无法向买家提供精准报价的，我们都知道所有的报价都是以成本为基础的，自商品生产完成出厂以后，货物每新增一个流通点或者完成一个手续，成本就会相应增加，只有诸如船舷这类临界线的确定，才会锁定价格好进行核价。而所有贸易术语其实就是在对实质的交货做诠释、对风险和责任进行划分，价格也由此而确定。所以贸易术语后通常会带上相应的港口、地址等，意思即报价为包含到此港口或地址费用的商品单价。这样一来“FOB SHANGHAI”的意思就很清晰了，即卖家把商品发到上海港口的产品价格，成本核价思路也很简单，将货送至港口的费用除以数量再转换成美元就可以了。

（3）买卖双方风险与责任的大小。

如果把货物的运输从一国到另一国的风险看作是一个定值 1，由于卖家的货物在船上即完成了交货，从图 2-3 来看，卖家似乎承担了这个风险值里

30%的部分，但在实际的交易中只存在 10%甚至是更少的风险。从国内出口的城市来看，内陆城市可能会因为内陆运输增加部分风险，但大部分沿海城市就近出货从工厂到港口的风险是很小或者可控的，买家则承担了剩下的 90%的风险。这样一来，很多人可能会想到一个卖家责任最少的贸易术语“EXW”（工厂交货），但其实在实际的贸易谈判里因为各种原因，EXW 应用得并不是很多，且对于 SOHO 来说，EXW 意味着买家可以直接越过 SOHO 联系工厂，SOHO 生存空间受到挤压，因此 SOHO 更倾向于将交货往 EXW 的下一环节顺延，FOB 无疑是一个不错的选择。

在实际的商品交易中，付款时间、预付款、尾款比例也会让卖家在心理上有一种风险感。虽然在 FOB 下，买家承担了 90%的风险，但大部分卖家接受的预付款比例为 50%或 30%，所以买家手中剩余的 50%或 70%的尾款足以让卖家积极配合直至收货；而买家通过付款时间和比例在心理上给卖家施加了压力，卖家则手握物权凭证——提单，以控制货物的归属，一来一往相互制约彰显国际贸易中的博弈，买卖双方心照不宣，互利共赢。所以撇开不可抗力的因素，在实际的国际贸易中的风险大小取决于双方的信任和诚信度：双方的诚信度越高，彼此的风险感越低；诚信度越低，风险感越高。

我们可以把 FOB 看作是所有其他贸易术语的基础，CFR（成本加运费）是在其基础上加运费，CIF（成本、保险费加运费）是在其基础上加运费和保险费，DAP（目的地交货）、DPU（目的地卸货后交货）、DDP（完税后交货）是在其基础上加运费及目的港的关税等。就好比一个产品，把生产完成当作 FOB 的状态，加上颜色、标志（Logo）、包装，每增加一道工序就相应地变成 CIF、CFR、DAP 等。如果能够吃透 FOB 这个基本的条款，其延伸性、可塑性是很大的。

（二）DDP

如果说 FOB 对卖家（SOHO）的风险是最低的，则 DDP 对买家的风险是最低的。卖家的义务直至货物运送到目的地，如图 2-4 所示，很多情况下，目的地就是买家仓库。

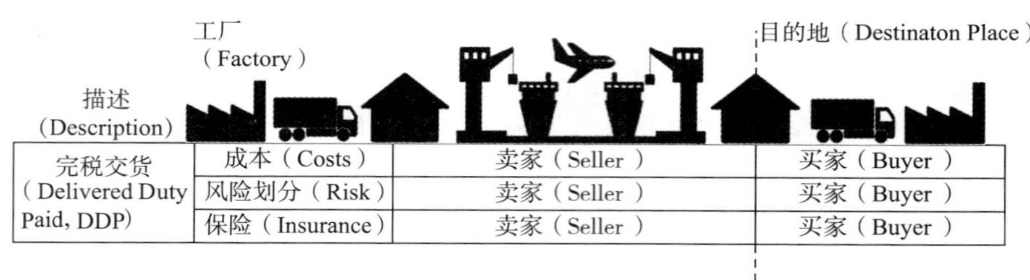

完税交货（Delivered Duty Paid, DDP）	成本（Costs）	卖家（Seller）	买家（Buyer）
	风险划分（Risk）	卖家（Seller）	买家（Buyer）
	保险（Insurance）	卖家（Seller）	买家（Buyer）

图 2-4　DDP 的责任和义务图

DDP 为“Delivered Duty Paid”的缩写，从英文字面意思理解，这里的“Delivered”和“Paid”可以认为是完成时态下的过去分词，即运输和关税已经完成。在理解贸易术语时，从卖家角度理解会更透彻一些，FOB 的意思为卖家在甲板上自由了，DDP 的意思则为卖家迫不及待地告诉买家运输和关税已经完成了。所以 DDP 的定义，是卖家在指定的目的地，办理完进口清关手续，将在交货运输工具上尚未卸下的货物交与买家，完成交货。卖家必须承担将货物运至指定目的地的一切风险（包括办理海关手续的责任和风险）和费用（包括在需要办理海关手续时在目的地应交纳的任何费用，如手续费、关税、税款和其他费用）。

DDP 后不是接港口，而是接具体的目的地，也就是说在买家所在国（地区）的运输，也会由卖家负责，由卖家安排目的地的运输和清关，这样的报价肯定会比本地高出很多。买家知道 DDP 成本过高，但仍然选择 DDP 的原因如下：

1. 买家的清关能力

清关能力指的是货物进入目的国（地区）时，进口商的清关水平及应对各种政策风险的能力。例如，在国际快递中，DHL（国际快递公司敦豪）在全球的清关能力遥遥领先，因此，DHL 的快递价格虽然高，但也一直受大家欢迎。所以清关能力是重要的，各个国家（地区）的清关政策、严格程度都不相同，在国际贸易的货运中，卖家会一直考量客户的“清关能力”，视客户的清关能力给出相应的建议。清关能力强的客户在解决棘手的进口准入时优势非常明显，但是遇到清关能力不强的客户，其对于产品顺利过关没有十足信心，又或者刚刚开展国际贸易，对于进口手续不熟悉，会直接将其目的地进口部分的事宜也交给卖家。新客户是国际生意的增量所在，这也是 SOHO 的一个切入点。

2. 产品特殊，进口过程存在风险，将风险转嫁到卖家

很多买家认为可以将跨境货物运输的风险转嫁到卖家，卖家具有丰富的产品出口经验，这些经验足以应付各国（地区）清关要求和清关习惯。除此以外，卖家需承担产品送至客户目的地的所有费用、风险，特别是对于部分特殊产品，买家唯一的要求是将产品安全送到指定地址，对费用并没有太苛刻的要求，他们将重心放在市场销售、品牌推广上，也更倾向于选择 DDP 条款。虽然 DDP 包含从出口到进口一系列的费用，但卖家往往也不会将整个过程里的风险值附加到报价里，报价大多数在合理范围内，买家是完全可以接受的。由于国际贸易从产品开发到最终货物安全到达客户仓库整个周期较长，如果卖家没有明显的操作失误，买家并不会轻易更换供应商，原因是每一次更换供应商意味着双方的产品需求、工作风格、订单节奏等都需要从头再来，这会增加买家的采购成本，所以卖家清楚地意识到每一次货物的安全抵达，都直接影响到未来的合作，哪怕是做 DDP，无论从交货时间、费用等方面都会为买家严格把控，让买家在供货端放心。

虽然目前 FOB、CIF 等贸易术语使用较为广泛，但随着国际贸易的发展，DDP 的方式越来越受到买家推崇，越来越适用于更多的国际业务场景，特别是对于 SOHO 的角色，面对越来越多并没有太多国际采购经验的新手买家，DDP 能最大化地节约采购成本；越来越严重的订单碎片化趋势让更多的终端采购、终端消费者能够有机会接触到供应链的源头，DDP 的方式能更好地为这些买家提供服务。

贸易术语在于理解而非死记硬背，我们要理解的是这些术语要预防什么问题、解决什么问题，所以在透彻了解 FOB 和 DDP 这两种贸易术语的流程后，结合货物的流动方向，FOB 与 DDP 间的关系是，在 FOB 的基础上不断做加法就是 DDP，而 DDP 不断做减法就是 FOB。

对于很多不了解外贸这个行业的人来说，最困扰的应该是货物怎么漂洋过海到达客户手中，但了解这其中的每一道流程的本质和变化的规律，配合动手实操，再回头来理解每个流程的实质，对于国际贸易的理解就更深了。而对流程的熟悉只是 SOHO 的基础。

CHAPTER 3
客户开发

客户开发无疑是最重要但又最容易被忽视的。事实上在国际贸易这个学科的专业课里，学习的内容是买家的订单确认以后的事情，比如卖家如何收款、控制风险、结算、制作单据、审证等。这些虽然是国际贸易里不可或缺的事情，但这些后续事宜都有一个重要的前提——有订单。订单自然来源于客户，即意味着脱离了客户，后面的这些事情都没有意义。面对目前国际市场复杂的环境，怎么找到客户拿下订单才是重中之重。在我们了解出口流程以后，大部分人迫切地想知道客户从哪里来，怎么找到目标客户，特别是作为 SOHO，怎么做客户开发。这里不排除一部分 SOHO 是先拿下了实实在在的客户订单，再决定自主创业的，但客户永远都不嫌多，客户群体越多越广，创业抗风险的能力就越强。外贸 SOHO 一旦运作就好比“开弓没有回头箭”，只能前进，没有后退。把希望都寄托在一个客户身上是非常危险的，最好的方式应该是在与现有客户稳定合作的基础上不断争取开发新客户，在扩大业务的同时，也能防患于未然。

一、与工厂的关系、角色定位

知己知彼百战百胜，对客户是如此，对工厂同样如此。我们先要弄清楚工厂的诉求、工厂最迫切需要解决的问题，才能更好地定位自己的角色。

工厂首要的任务是保证生产机器不断运转，一旦停滞，损失不可想象，不仅仅是机器的损耗问题、原材料和仓储等费用问题，最棘手的是一旦生产停止，工人不断流失更替，技术、操作得不到沉淀和改良，产品质量很难得到保证，会造成一系列的恶性循环，所以只要机器转起来，一切都不是问题。外贸出口的工厂都以将产品打入国际市场为奋斗目标，一来外销订单可以稳定“军心”，二来外销出口是对产品品质的最好证明和背书，三来出口订单付款及时、利润可观且很少有账期。一个优质的客户基本上就可以养活一家工厂，所以每家工厂迫切需要解决的问题是拿下大客户，这里又存在一个矛盾：工厂的重心在生产，但是大客户的开发考验的是综合素质和能力，且周期很长，前期没有实际的订单做基础，大部分工厂很难有耐心去服务好这些优质客户。有问题的地方就是给外贸 SOHO 机会的地方，但 SOHO 在这中间的角色是什么呢？

正好有位即将 SOHO 创业的外贸人遇到这样一个问题：

“有个工厂想找我合伙做外贸，出资比例为 2∶1（我为 1），我负责运营阿里巴巴国际站、领英、脸书等，找客户签订单和后期创建外贸部门，工厂负责采购发货（只有两个产品工厂自产，其他都是外购）。前提是：我不要底薪，社保我自己交。我会带客户资源入伙，您觉得这种情况，可以做吗？如果可以的话，分红比例多少合适？”

通过这个例子可以看到工厂亟须解决的问题：需要一个在外贸上有丰富经验的人，全权负责国际贸易平台的搭建，比如阿里巴巴国际站、领英、脸书等，主要职责就是开发客户签订单，顺便帮工厂建立外贸部门，最好这个人能自带客户资源且不需要付工资，自己能带资金以保证其全力投入这项事业当中，但资金只能占比 1/3，没有绝对话语权，工厂有绝对的把控权。

从案例的实质来看，就拿出资比例 2∶1这一点来说，这位朋友就无法对未来的事情进行决策，更何况背后还有一个最重要且容易被忽略的情况：产品在工厂手里。控股权、团队、产品都是工厂的，这位朋友带客户资源和资金帮工厂打造外贸出口，很显然他的利益存在很大的不确定性，无法保证。在我极力反对他合伙以后，他妥协地说哪怕后期带出团队以后只拿分红也愿意，但在实际合伙里，轻松拿订单分红的事情基本上不存在。

所以大部分工厂想做的事情是：没有风险或者以最低风险把外贸打造起来，最好能开发出几个优质客户。这样来看，SOHO 没有必要把自己与工厂捆绑在一起，定位自己在做外贸这件事中的价值所在——充分利用好中国商品，整合一切可用的产品资源做好供应链从而服务好客户。

我们来看看目前比较常见的几种 SOHO 与工厂的关系。

（一）相互独立，互不干预

工厂给 SOHO 足够的支持，双方达成一致，在面对外国客户时，SOHO 可以名正言顺地介绍自己为工厂的外贸部人员，甚至可以工厂名义参与和组织展会帮工厂拿下外国客户，帮助工厂弥补在外贸客户开发能力上的空白和盲区，订单确定以后，顺理成章地由工厂生产，SOHO 拿下该有的利润，并付货款给工厂。在早期的 SOHO 中，这种方式又被称为“挂靠”，那个时候甚至完全以工厂的名义进行收汇、报关出口等，不像现在可以完全独立经营。

（二） SOHO 以外贸公司的名义和工厂合作，将工厂看作是外贸公司设立在工厂的生产车间

外贸公司（SOHO）将工厂产品分类整理后进行运营推广，适当隐藏生产厂家的信息，以外贸公司的名义和客户直接联系，获取客户以后，如果客户有验厂需求，提前和工厂沟通好，双方配合拿下客户，客户完全归属于 SOHO。对客户进行工厂介绍时可以将其说成合作的工厂（Cooperating Manufacturer）。这种关系对于 SOHO 来说，后期独立发展、开拓新的产品线的潜力巨大，不太会受制于某一家工厂。

（三） SOHO 对工厂进行投资

目前很多出口公司为了保证生产的排期或者为了给客户打造“生产商”的印象，会对工厂进行少量投资。SOHO 同样可以借鉴，以投资入股的名义向客户介绍身份来增加信任，具体的投资视自己的能力而定。在目前国内以品牌输出的形式出口较少的情况下，大部分工厂只在乎这些说辞和做法是否能带来实际的订单，更何况他们同样也需要通过高标准的外贸订单对工厂进行升级改造。

SOHO 如何选择自己的角色定位，要综合考虑产品的属性、价格水平、市场需求情况。对有些产品来说，工厂已经小有名气或者工厂的角色对于买家的吸引力远远高于其他，比如该工厂意味着质量水平、设计水平、模具水平等远高于其他角色，这种情况下 SOHO 不妨向工厂的角色靠拢；对于成熟的产品，整合能力、沟通能力远大于产品本身的价值，可以适当地强调自身“工厂品质、卓越服务”的优势；对于终端用户的价格远高于工厂的出厂价的产品，往往进口商或者中间商更看中产品出厂以后的附加值，SOHO 完全可以强调自身的服务和沟通能力，减少自身的工厂角色印象。

除此以外，创业者的性格或多或少会影响到对 SOHO 的定位，但要想这条路走得更成功，不能过于妥协行事，特别是性格比较随和、不够强势、容易被工厂牵着走的这部分人，要及时调整到用生意和利益的思路去思考问题，完全站在产品、客户需求、市场需求角度去找到客户需要的那个角色。该有的气场和魄力一定要有。

SOHO 自身并不像工厂那样有机器、物料、库存，需要不停运转的压力，工厂的诉求和痛点是能用国际化的思路和理念打开、拓展国际市场——这恰好是 SOHO 的优势。国际贸易与传统内销不一样，更注重步步为营地打造一个持续、稳定的获取客户渠道。而相对闭塞的环境导致工厂并没有那么长的触角去接触到各种各样建立渠道的方式。相互独立、互不干预、相互合作的定位下，渠道的建立成为 SOHO 开发客户的生存关键。在渠道的建立上，SOHO 应该首先明确自身的定位，解决根据产品及客户情况灵活设定和工厂的合作关系等问题，因为作为 SOHO，该以哪种身份、角色面向客户是在客户开发中逃避不了的问题。

二、出口目标市场的优先级

每个 SOHO 的情况各不相同，有的人适合从供应端、行业、产品着手定位到相应的目标市场，而有的人更适合从需求端，从擅长的目标市场开发出相应的产品需求，再回过头来找产品供应商，这两种情况都比较常见也都有做得非常成功的案例。但既然是创业，并没有给 SOHO 很多时间和机会去试错和调转方向。当自己引以为傲的优势发挥出来后发现市场反馈并没有我们想象中那么好，打击是巨大的。也许几个月甚至半年没有什么成果，心态好的人一开始内心可能毫无波澜，但时间再久一点就会开始怀疑当初的决策。其实 SOHO 应该向大环境“借势”。

从众多 SOHO 的主打市场总结出的成功率来看，以欧美市场作为主打市场的成功率较高，而以美国市场为主要市场的成功率更高。根据 2023 年的出口数据，中国对欧盟出口总额约为 5012 亿美元，而对美国的出口额约为 5003 亿美元，SOHO 从 5000 亿美元里“分一杯羹”并不是难事，无论是买家的诚信度、灵活性、订单数量还是付款条件，美国作为目标市场的潜力都是巨大的。我们以美国市场为例，对比其他国家市场来分析目标市场对于 SOHO 成功率的影响。

（一）诚信与灵活

诚信是生意的基础，也代表着资金的安全，对于初期资金有限的 SOHO 来说，诚信能让 SOHO 省去对付款方面的担忧，专心将重心放在产品供应及服务环节上。除此以外，很多国家对于诚信的理解和执行还是以合约、条款进行约束的，比方说欧洲很多国家的生意风格是什么都提前约定好，出了问题按照事先的约定处理，该赔偿的赔偿，该退回的退回。从生意的契约精神上来说无可厚非，但 SOHO 对于货物很难做到 100%的全控，一旦有一些微小的变动，哪怕是完全不影响最终的使用都会让欧洲买家出现很强烈的反对情绪，买卖双方的心理上总会有一定的距离感，这种距离感在澳大利亚等国家的客户上表现得也很明显。相比之下美国买家比较灵活，包容性会更强一些，他们更强调商品的实用性，对实际使用没有任何影响的变动，不会有太激烈的反应。两种不同的态度在关键时刻可以决定 SOHO 的成败。

（二）资金压力

欧美的订单多有预付款，甚至是全款，这种付款方式一定程度上可以缓解 SOHO 的资金压力。有部分 SOHO 选择的目标市场为非洲，该地区买家除了对价格非常敏感、追求低价以外，大型买家可能倾向于赊销或者货到付款，甚至是在当地销售完回款以后再付款。这种付款方式带给 SOHO 的麻烦是前期需要自己进行垫资（国内大部分工厂都是款到发货），后期的回款也存在风险；万一客户经营不善，后期的回款将存在巨大的风险。所以对于部分非洲客户，国内的出口企业会外派专人在当地监督管理，以便及时回款，而 SOHO 两头跑的可能性不大，处境就很尴尬了。

除此以外，相对于常用稳定的货币美元、欧元等，其他国家客户在进行购汇付款时多少会考虑到汇率的影响和购汇的成本，SOHO 随之而来的业绩和资金压力就会增大。

我们来看一个付款条件让 SOHO 倍感压力的案例。美国客户 A 信任一位 SOHO 的供应链整合能力，打算通过该 SOHO 采购一系列产品，但是付款方式只接受 NET60 days（发货后 60 天付款），这意味着 SOHO 在发货前必须将一大笔货款垫付给工厂以安排发货，这个资金压力可能让他就此放弃这笔订单。该 SOHO 求助到我以后，我帮他修改了一封对付款方式斡旋的邮件，顺利说服客户同意 50%T/T 预付。我们看看客户 A 同意预付的这封邮件，同时也尽可能多地了解 SOHO 在客户开发中遇到的不同状况。

Hi,

Let's take the risk part of the discussion off the table. I can create a supply agreement that guarantees that your makers will never be stuck with products they are making for us.

This leaves the issue of cash flow. I understand these maybe small factories, and that Estall may not be in a position to carry the costs.

Here is my proposal: I will make a 50% pre-payment upon acceptance of my order. The balance will be paid upon receipt of the goods. This arrangement will continue for all orders placed in 2023. For the order placed in 2024, I will pay prior to shipping and the balance upon receipt. In 2025 and beyond we will use standard NET60 terms.

I hope this will be acceptable, your makers have done a great job developing the parts. We are looking forward to kick off this project.

Thanks.

A

从 NET60 days 转变为预付 50%意味着 SOHO 的资金压力瞬间减少 50%，SOHO 重拾对这笔订单的希望。客户甚至期待 2024 年及 2025 年的订单，这无疑会掀开 SOHO 创业的新篇章。

（三）消费需求

除了满足日常的基本生活需求以外，文化会创造新的消费需求，而消费需求恰好是 SOHO 赖以生存和发展的关键。美国是一个文化多元国家，不同文化和观念能够激发出新的想法，这些想法付诸实践就能产生新的需求。比方说美国有一家专做鸡翅的连锁店，同样的烤翅能做出 20 种不同国家的味道适应不同客户的需求，生意火爆，这一种融合全球风味的做法，在平平无奇的食物中创造了商机。

除此以外，从本土文化中一样可以发现商机：美国一直都有汽车改装的文化，这种特殊的文化必然会创造出对于改装车相关配件的需求，只要 SOHO 能理解和熟知这种特殊文化，找到改装车这个圈子的客户群体，开发出他们的购买需求，再找到配合好的供应商选好材料和模具、做好设计等，仅这一项产品足以打好前期坚实的基础。我们拿一个规模为 10～20 人的成熟公司举例，每年的改装车配件出口额有 7000 万～8000 万元人民币，加上自定义产品的利润较高，部分配件的利润率可以达到 50%～70%，收入是很可观的。SOHO 如果能从诸如此类的特殊市场里寻找到一个突破口，前景就有无限的想象空间，当然对于文化创造出的消费需求，全球每个国家都有机会，前提是能充分挖掘和理解这些文化和需求。

（四）稳定性

国际形势瞬息万变，有些突发事件会给相关的出口企业带来无法挽回的损失，带给 SOHO 的损失相对来说更大。虽然这种不稳定的因素是小概率事件，但创业初期的 SOHO 本就没有多少容错空间，不建议在不可控、不稳定的因素上冒险，毕竟一些细微的波澜也会带来一些不利影响。虽然财富险中求，越是危机四伏的国家越容易产生机会，但 SOHO 不是碰运气，全球市场是无限的，只有稳打稳扎，就有可能规避和把控风险。

在实际 SOHO 的操作中，目标市场的选择很大程度是与自己擅长的产品性质有关的，一个健康、有潜力、稳定的市场会在创业初期看到更多的机会。目前有些 SOHO 面临的问题并不是找不到客户，而是习惯性地坚持在自己擅长的行业里，选择了擅长的目标市场。如果能够打开思维去接触更优质的市场和这些市场里的需求，会有一种豁然开朗的感觉。很多 SOHO 在意识上存在一个误区：SOHO 创业的过程一定是经历艰难、克服万难的过程。其实并不完全如此，当我们深入剖析外贸创业者的经历时，会发现并不是每个人都是困难重重的，相反很多人一直很顺利，当他们打好了创业的基础，自然而然地就有优秀的人加入帮他们解决有可能遇到的最难的事情了。所以存活下来是最重要的，要找到那个足以让 SOHO 存活的目标市场，在最开始就进入一个有优势的赛道。

从 SOHO 成功率来对目标市场进行优先级排序的话，欧美排在第一梯队，加拿大、南美、澳大利亚排在第二梯队，日韩、非洲、东南亚、中东排在第三梯队。这个排序综合考虑国家背景、人口、消费能力、国家采购体量、国际买家综合素质、利润水平等。

在梳理出目标市场以后，可以结合产品属性有针对性地搭建开发渠道。

三、线上平台选择与搭建

SOHO 一般是单打独斗，从有限的人员配置上来看，并不适合主打线下参展的方式。再加上对于部分技术型行业来说，线下参展的展品可能与原工厂展销的产品冲突，所以线上渠道更为合适。

我们来看看下面这位 SOHO 创业经历里和工厂的合作细节，再深入思考 SOHO 到底适不适合参展方式。

“Chris，你好，我目前比较深度合作的一家工厂，规模很小，在刚合作的时候，它连基本的一些图纸、流程都没有，但是产品做得确实可以，而且他们只做国内市场，厂内没有业务员。所以我最开始和他们合作时，他们的资料准备、流程建立、工厂环境管理和样品间都按照我的要求来，默认的合作方式是外销我来负责，国内展会由工厂承担费用，客户也带到工厂去。我和工厂约定好不找第二家工厂采购，今年我接了一个欧洲大客户的订单，这个订单可以占工厂订单的 50%以上，但是最近工厂老板告诉我，国内展会的欧美客户都给我，而中东客户如果价格谈不下来就直接给它（工厂）做。原来工厂跳过我直接和客户联系了。我在考虑这次展会要不要发邀请函给中东客户。”

SOHO 一手培养的工厂，打破了最开始的默契，越过 SOHO 和客户直接联系，将所有计划都打乱了。SOHO 内心必然很愤懑，但又对工厂没有任何约束能力，骑虎难下。如果说 SOHO 有自己精心打造的线上渠道，很多问题就简单了。

线上渠道说到底就是吸引有价值的流量，而目前流量的成本越来越高。在创业初期，SOHO 没有像一般出口企业那样有充足的资金去做全方位的广告投放，唯一的出路是找准最适合自己主营产品的平台、找出背后最匹配的市场进行针对性的推广，以这些平台作为展示产品的窗口，获取客户询价信息，再凭借自己的客户开发能力和供应链的整合能力拿下优质客户。这就要求对平台的外在、内在规则有充分的理解，我们从实际使用效果分析以下几个主流平台适用的产品及目标市场。

（一）阿里巴巴

阿里巴巴（以下简称“阿里”）目前占据国内传统 B2B（企业对企业）电子商务平台 80%以上的流量（市场份额是浮动的），处于 B2B 平台的绝对优势地位，网站知名度高，产品种类丰富，但每年在谷歌、社交媒体上投的广告费约是 6 亿元人民币。阿里创立于杭州，背靠义乌小商品市场，小商品可以算是阿里灵感的起源，所以阿里最开始是从小商品、日常用品品类着手的，而这些商品恰好是发达国家需要的，因为国际分工里欧美已经过了劳动密集型的工业时期。虽然阿里后面做成了综合型的平台，但平台的灵魂还是小、精的产品，只是近几年开始往亚马逊风格转型，一部分开始转向 C（消费者）端。所以如果 SOHO 做的是大众商品、日常用品、消耗品、新奇产品，将阿里作为首选平台会是一个不错的选择。阿里的知名度让其在全球市场都有不错的覆盖率，其优势市场遍布在欧美、南美、东南亚、非洲。从实际的使用情况来看，也正是阿里的知名度和 B2B 平台的绝对优势导致供应商众多，竞争激烈，都想争取好的排名，导致推广费用较高。虽然询盘数量相对可观，但质量参差不齐，垃圾询盘也很多。

（二）中国制造网

中国制造网的定位是 B（企业）类客户，就平台使用经验来看，大型采购商的机会还不错，特别是早期做机械设备、工业产品等，再拓展到其他品类，询盘更靠谱一些。所以中国制造网更适合做机械设备、工业产品，也适合一部分日常用品。而中国制造网从实际效果来看，在南美、非洲、欧洲、澳大利亚等地区和国家的效果不错，从目标客户群体来看，正好与阿里的优势市场做了补充。中国制造网询盘的质量很高，但数量不多，与阿里的询盘数量差距较大，前者追求的是询盘的“实”，后者追求的是询盘的“量”。B2B 平台如果以结果论，最重要的是转化率，意思即为由流量转化成为最终订单的效果。从这方面对比，中国制造网的转化率要高于阿里，一来是垃圾询盘较少，二来由于中国制造网的优势产品专业性较强，询盘内容的专业性和指定性也更强，专业内容和专业术语更多，这就让询盘过滤了很多虚假询盘的成分，也正是产品的属性让询盘看起来更实。相比较阿里在全网的广告投放，中国制造网的投放每年大概为 2 亿元人民币。

（三）谷歌

传统外贸获取流量的入口除了 B2B 这类电子商务网站以外，还可以通过谷歌广告设定产品关键词来推广自己的产品页，这样一来所有通过谷歌或者谷歌相关联的公司在搜索栏里搜索产品关键词时，投放谷歌广告的公司产品页、公司网站都会出现在搜索结果的首页前排。如果访问者恰好是行业买家，有购买意向，会进入产品页面留下询价信息，一条有价值的询盘就此产生。相对来说，B2B 平台网站是纯粹的商务信息交换网站，其访问者几乎都是商务人士和有精准采购需求的买家。而谷歌毕竟是搜索引擎，搜索引擎的使用者是全网用户，商务人士只是其中一部分，当我们展示出关键词、产品以后，点击进来的可能只是想了解这部分知识的人群，但每次点击就会产生相应的推广费用。所以谷歌广告推广面临的问题是如何通过关键词筛选到相关的行业买家，事实上如果产品是大众消费产品、日常用品，行业买家是不可能被完全筛选出来的，所以谷歌推广最适合的是小众产品、精准关键词产品和新兴产品，越是小众产品，了解的人越少，关键词越精准。打个比方来说，现在新能源汽车的电池技术用的是无模组（Cell to Pack，CTP）技术，如果我们的产品正好与这种电池技术相关，设定 CTP 为产品关键词，基本上点击进来的访客都是对该技术或者产品感兴趣的人，其中至少 80% 是行业人士，未来开发成行业客户的概率很高，原因是这项技术并不被大众所熟知，花在谷歌的推广费用不会耗费在大众的无效点击上。对于工业产品来说也是同样的道理，方法同样奏效，当前采用的一项新技术、运用的一项新材料，在推广时直接作为关键词，排除掉竞争同行，剩下的基本上就是客户了，这类行业产品的推广无论是放在阿里还是中国制造网都不会有很明显的效果，况且从流量来源来看，这两大 B2B 平台公司每年也需要向谷歌缴纳推广费用来获取流量。这样一来，新兴、小众产品及一部分工业产品更加适合在谷歌做推广，原因是流量精准，指向性很强。

（四）环球资源

环球资源其实是一家比较老牌的 B2B 平台网站，在外贸早期，年费和各项推广费每年达到几十万元，且对出口企业的规模和实力有要求。随着阿里后期将会员年费大幅降低，环球资源的 B2B 市场份额一步步被瓜分，网站也走向没落。但如今其以线上 B2B、B2C 平台与线下展会结合的形式，专注在电子产品、智能产品上，对出口到欧美国家的产品而言是不错的选择。

综上，SOHO 可以结合自己想要开拓的产品、想要开发的目标市场，选择一个平台或者多个平台进行组合推广。

四、将广告推广效果最大化

SOHO 的广告推广策略是在短时间内达到推广效果最大化，这一点不同于一般出口企业，因为一般企业可以循序渐进地运营平台，哪怕平台半年、一年没有很好的效果也不会有太大的压力。但 SOHO 在创业阶段，不可能在投放了广告以后等待一年以后的询盘“开花结果”。况且每个新开的账号、店铺对于新加入的会员只会有少量的流量扶持，并不会给太多流量，这就要求 SOHO 必须采取一定的策略去打造初期的客户开发平台。在制定策略前，我们有必要知道在开发客户渠道方面较为常见的 B2B 平台里有哪些隐藏的核心规则和本质，这些本质其实也是各个线上渠道的流量本质。

（一） B2B 平台的流量本质

如果有信心通过开发信达到开发客户的目的也是很不错的，也有成功的 SOHO 案例，只是开发信成功开发到客户的周期一般都比 B2B 平台要长，因为需要花费很多时间让客户相信 SOHO 的身份和角色。B2B 平台对供应商真实性有一定的背书，出了问题，平台可以追溯。B2B 平台的规则无论怎么变，最终的目标都是将它们从各个流量联盟里获取的询盘流量细分化，再匹配给相应的卖家，比方说他们从谷歌等流量入口获取流量的成本是 6 个亿，通过算法进行细分、匹配，再翻倍转卖给卖家，由卖家买单，这是整个流量的传递和消耗过程。所以流量本身是有成本的，而 SOHO 做推广要想获取相对优质的询盘资源，也是需要付出成本的。选择借助 B2B 平台流量还是自己主动出击，需要考量时间成本。如果选择 B2B 平台，就要顺着流量成本的思路去寻找一个可以让 SOHO 产生最佳效果的投放广告方法。

（二）买家的体验度

如果我们站在 B2B 平台的角度，会发现它们最担心的问题，其实就是买家体验感变差，买家的黏度就会变低，网站对于买家的吸引力变差，导致来询盘数量减少，反过来供应商心态动摇，减少平台投入或者干脆抛弃平台。这个本质是 B2B 平台设定所有新规则都无法改变的核心要素，但是 B2B 平台的体验度并不全是因为网站做得多么华丽、颜色搭配多么绚烂等外在因素，而是在网站里的这些供应商的产品质量、服务能力、服务态度，即有些控制权还是在供应商自己而非平台方手中，只是 B2B 平台并不希望供应商去了解到这些本质。比方说 B2B 平台规定上传产品图片背景颜色浓墨重彩更容易获得流量，于是供应商纷纷更换背景图，这就明显背离了重视客户体验度的本质，有些产品的风格根本不适合浓墨重彩，客户体验度骤降，哪怕你的排名因为规则暂时靠前了，但让客户觉得失去了行业该有的特性，得不偿失，到最后产品无人问津，排名还是会靠后。B2B 平台擅长的是搭建平台、拉流量，但并不擅长于理解各个国家、各个行业产品客户的情绪。所以 B2B 平台的搭建，在不违反平台规则的基础上，还是要尽量地去照顾客户的体验度、观感和商务习惯。在注重产品信息质量的同时，多注意对客户询价信息的及时反馈，服务态度好，效果会更好。

（三）卖家的活跃度

任何平台都需要平台的使用者不断更新内容，这些更新的动作会对产品的信息质量加分，如果更新以后能获得明显的曝光与点击的提升，那自然会被认为是有效的更新行为，这会加深产品的权重。对同样的产品，一个经常更新、有活跃度的账号比一直没有任何动作的账号获取询盘信息的能力要强很多，这同样是任何算法规则都无法改变的事情。除此以外，卖家活跃度除了在 B2B 平台这个小的流量空间里获得更好的推荐，在搜索引擎里的推荐也是不容小觑的，特别是当产品是当下的新兴产品时，良好的活跃度会让产品在全网有惊人的曝光量。这里的卖家活跃度除了日常的更新等操作以外，当然也包括卖家积极参与平台举行的各项线上活动，这些活动会给卖家制造更多的标签和曝光，从而提高推广效果。

（四）最大化推广的方法

在理解了 B2B 平台的这些本质以后，我们着重看看 SOHO 如何让推广快速出效果，大体上分为三步。

1. 广泛引流

为了最大化推广出效果，初期的广告投放策略是将平台范围里的流量吸引到自己的店铺，不要认为只要自己的店铺上线，平台里的流量都与我相关。对于新加入平台的供应商，应该把自己的店铺理解成独立的个体，并没有享受到平台内部流量的资源。就好比你是一个转校的学生，在进入班级时，面对的是一排排、一列列按行业分好类别的“同学”，而广泛引流的含义是你需要积极地去参与平台的各项活动和热点，让这个独立的个体贴上更多的标签：有体育特长，会绘画、乐器等。你可以结合自己的产品购买一些当下热门的关键词，这些关键词把自己的店铺与热门行业进行捆绑，虽然通过这些捆绑获取的流量并不完全和自己的产品匹配，但是你的店铺开始有了人气，你与体育特长、绘画、乐器有交集，这个班级才对你有初步的认可，产生了初步的印象和认识。这里的认可就是平台所谓的“权重”，从最初的独立个体融入了平台，才能够获取全平台的流量，在实际的运营中，如果能结合所在行业的热点，效果就更好了。

虽然花费了一部分的广告投入，但初期的权重积累了，后面的策略就更好发挥作用了。

2. 找准主推产品作为流量窗口

广泛的流量吸引进来以后，店铺的权重和网站的各项数据有很明显的上升。SOHO 需要做的是开始让自己的标签清晰化，开始将投放的重心放在主推产品上。主推产品要能够代表未来一段时间里买家对你行业的认可，一眼就能看出你的主营产品。对于工厂来说，主推产品是比较好确定的，毕竟生产线在那里，做什么产品一目了然，但 SOHO 不应该像工厂那样进行定位，不应该花费大量的推广费去做和工厂一样的事，因为这种推广方式并没有很明显的优势。最好是差异化思维找到一个合适的产品，让 SOHO 与平台其他供应商、工厂面对客户时能站在同一起跑线上，比如说一个新的技术革新产品、一种新型材料。当其他人都停留在传统产品上时，SOHO 将重心放在有潜力的新型产品上，能在很短时间内将这个新型产品与自己的公司、产品紧紧地捆绑在一起，这种推广的效果是很好的，一来新的技术竞争者相对较少，产品热度低，推广费会更少，仍然会抢占最多的流量倾斜；二来无论是平台也好，国外的买家也好，对于新技术、新兴产品都是没有抵抗力的，仅仅是出于好奇也会让店铺聚集大量的流量，哪怕新的产品没有带来实际的订单，也会将大量客户请进来再“顺便”看看其他产品。平台的集聚效应是非常强的，一旦你的某一个产品积累了无数的曝光，会源源不断地为你带来流量。

3. 更换产品

主推产品的热销，无论是否成交实际订单，最后一定会引来同行的模仿与竞争，相应的竞价会上升，但这个时候店铺的整体权重有了很明显的提升，需要有针对性地将主推产品的投入降下来，分散到其他产品的投放中去。虽然这种方式与平台盈利的规则相冲突（平台不提倡减少投入降低热度），暂时会降低主推产品的权重和热度，但买家会有先入为主的概念，原有的主推产品还是会有相当的权重，能保持一定的热度，最重要的是在平台之外的流量里会有不错的效应，该主推产品仍然会被搜索引擎的爬虫抓取。当前期店铺的整体权重升高、有主推产品的热度，再将推广重心转移到传统产品、经典产品上去自然就会做到全方位的覆盖了，而且全方位的覆盖反过来又会增加店铺整体的权重，从实质上提高广告的投放效果。

虽然目前各大平台对于产品的排名都有其内部的规则，但一直都在使用这些平台的人是能看清哪些是表面哪些是实质的，比如说 B2B 平台网站本身也需要不断进行优化，才可以被各个搜索引擎更好地抓取和推荐，又或者订单从线下转为线上是为了防止买家和卖家线下交易后降低对平台的依赖性，平台失去用户黏度。

无论规则和思路再怎么变，我们都应该围绕上面讲到的 3 个核心，抓住这些变化中最实质的东西灵活地进行转变，整体思路是先将自己的店铺预热，通过对产品的理解制造出“点燃”店铺流量的关键产品，再将流量转移和覆盖到全产品，只有这种方法才能以最低的投入在最短时间内获取最高的流量收益。

五、主动出击、免费开发客户的方法

有一部分 SOHO 的客户很稳定，运营平台会浪费精力，所销售产品不太适合参加展会，线上广告推广费用又越来越高，有没有其他主动开发的方法？答案当然是肯定的，SOHO 也有免费开发客户的方法，也可以主动出击开发客户，我们来剖析几种开发客户的方法及这些方法对于 SOHO 的适用情况。

无论是付费推广还是主动出击，目标其实只有一个——获取客户的联系方式，比如邮箱地址、电话、公司、住址，只是付费推广更为直接地获取了实时询价内容。对于主动出击和免费开发客户，缺少了平台的背书和展示，我们需要花费更多的时间和精力去主动向客户介绍自己的公司及产品。主动开发客户的方式也很简单，一般有谷歌搜索、经济商务（参赞）处、免费 B2B 平台、社交媒体等途径。

（一）谷歌搜索

通过搜索引擎找到进口商的联系方式是 SOHO 最常见的客户开发方法之一，外贸早期用谷歌搜索客户寻求合作就是其中一种比较常见的开发客户方法，只是随着行业的发展、采购习惯的改变，谷歌开发的效果也在改变，我们会在后面章节详细演示和讲解谷歌开发客户的各种方法，在这之前我们来看一个十年外贸人转做 SOHO，完全通过谷歌开发客户的案例，来了解一下 SOHO 真实的开发状态。

“Chris，你好，因为跟原公司签了竞业协议，而且我对原来那个行业也没有很大兴趣了，所以选择出来创业。我现在做 3 个不同系列的新产品，我的强项是谷歌开发，半年来自己开发的有回复的客户有 100 多个，不过有意向的并不多，给 2 个客户寄送了样板。其实开发客户我并不害怕，只是客户没有进一步的交谈才觉得心慌。”

“回复我的客户有很多，不过有些感觉是为了了解产品，还没到报价阶段，发了 Catalogues（产品目录册）后都没有回复了。我有做精准的批量开发，客户是经过筛选的，每天都坚持搜固定数量的精准客户，也会同时向多个客户群发邮件，我以前在老公司都是靠这样走过来的，坚持七八年了，直到我自己出来创业，也一直有这个习惯，但是觉得效果好像达不到我的预期，所以心有点乱！”

“我做了10年外贸，以前我们公司大部分客户都来自谷歌，我们不依赖阿里，我在以前公司从零做起，一直都是通过谷歌开发客户，做了七八年，我做到业务的最高职位时选择了离开，我算是老公司的‘开荒牛’吧，但是我内心渴望自由。在老公司是新成立的贸易公司时我就进去了，当时客户开发从零开始，一直是我带领下边的人开发，做到公司现在有15~20人的业务团队。出来以后，我也会关注不同的人用的不同的开发方式，但我始终不会抛弃我自己那么多年的开发方式（主动谷歌开发），以前在公司，总是自己指导下边的人，其实自己也需要别人指导一下。”

在我看了实际开发过程中她与客户的来往邮件以后，我发现她急需解决的问题不在开发能力上，相反开发的节奏、客户背景分析能力、产品的推荐、样品的跟进节奏等各个方面她都是不错的，这显然得益于这么多年在业务一线主动开发的良好功底。问题在于对无论从广泛开发还是精准开发里获得的客户，她总会下意识地将意向强烈的客户标记为“即将下单客户”。对客户意向形成标签是个很不错的习惯，但是当这样的客户因为种种原因没有回复或者打破了原有的跟踪节奏后，她感觉对于客户下单的意向和节奏判断失误了，就会有很强的挫败感。比如说客户在7月7日回复，在这个月会下单。当她跟进了以后，客户没有及时回复，过了一段时间回复告知下订单的时间在8月前，她的心里就会很失落。

当客户开发临近下单时，客户一个细微的反常举动或者下单规律的打破都会引起SOHO的极大焦虑，这也是职场与SOHO心态上的最大区别。因为通过谷歌从零开始进行开发在初期所积累的客户群体不够多，而客户开发周期越长，SOHO越容易将希望完全寄托在意向很强的客户身上。希望越大，失望越大，越是会对现有的SOHO产品、模式、开发方式等产生怀疑，这在SOHO创业过程中是致命的。在分析完客户的来往邮件后，我告诉她按照这个进度应该快下订单了，果然在8月22日她告诉我连续两天出单了。这两个订单是 SOHO 这条路上最重要的两个订单，因为它建立了通过自己的努力走通了 SOHO 这条路的创业信心。

谷歌开发客户的潜力是很大的，但当 SOHO 主动出击向客户进行产品推介时，客户心里多少会对邮件对面这个人的真实性、诚信产生疑问。要解决信任问题，一方面可通过自建网站、产品目录（Catalogues）、公司介绍（Presentation）等展示 SOHO 的专业性和正规，另一方面也要通过 SOHO 对于行业、产品的理解证明自己的专业能力，以此和客户建立贸易的基本信心，同时也需要时间让客户慢慢认可这样一位供应商，欲速则不达。这并不意味着通过谷歌开发客户的难度有多大，而是国际贸易这种形式需要时间去建立信任，一旦这种信任建立了，只要不发生难以解决的问题，这种合作关系会一直持续下去。

（二）经济商务（参赞）处

很多人对于经济商务（参赞）处没有什么概念，经济商务（参赞）处全称为中华人民共和国驻某国大使馆经济商务（参赞）处，其是中国商务部派驻该国的代表机构，是中华人民共和国驻该国大使馆的组成部分。它的主要职能：贯彻执行我国内外贸易和国际经济合作的发展战略和方针政策，对外宣传我国经贸形势和法律规章；发展两国经贸合作，管理指导我国在该国企业的经贸活动，协调我国企业在该国参展、办展等；为两国企业间互利合作牵线搭桥，促进我国对该国出口；维护我国国家利益和经济安全，为我国企业开拓驻在国市场服务，为我国对外经贸事业的发展服务，为促进多、双边外交关系服务。

我们来看看怎么通过官方的网站进行客户开发，先打开一个中华人民共和国驻波兰共和国大使馆经济商务处的网页，再打开“商情发布”栏目，下面是波兰企业寻求中国供应商的合作信息（见图 3-1）。

首页 | 经贸新闻 | 商情发布 | 经贸调研 | 展会信息 | 贸易促进信息 | 波兰概况

首页 > 商情发布

商务风险提示 2020-02-27 15:41:02

革但斯克港务局发布中央港投资计划 2019-05-22 19:33:29

波兰拟制定中央交通港项目多年度计划 2019-03-29 19:31:24

中央交通港项目将聘请国际战略顾问 2019-03-29 19:29:55

关于警惕对中国外贸企业网络诈骗的安全提示 2016-05-25 22:49:45

安全提示 2016-01-12 17:36:43

波兰电子元器件企业寻求中国合作伙伴 2016-03-28 20:20:42

波兰企业寻求中国家居照明产品生产企业进行合作 2016-03-03 22:14:08

波兰宠物食品企业希望与中国企业开展合作 2016-01-05 16:48:04

波兰物流公司希为中国企业提供服务 2014-07-21 17:29:28

参展注册 | Register

参会报名 | Register
展品范围 | Exhibit Categories
重要新闻 | Top News

图 3-1 中华人民共和国驻波兰共和国大使馆经济商务处网站上的商情发布

我们选择一个商情发布信息打开，会显示图 3-2 所示信息。

波兰FLOKO Sp. jawna公司欲扩大产品范围，寻找中国家居照明产品生产企业进行合作。具体信息如下：

公司名称：FLOKO Spółka jawna

公司地址：ul. Stargardzka 1b, 54-156 Wrocław, Poland

税务注册号码（NIP）：898-101-57-48

联系电话：+48 71 351 62 66, +48 601 72 33 68

传真：+48 71 351 62 41

图 3-2 商情发布信息详情

这样详细的采购信息和联系方式，足以让 SOHO 和客户进行直接联系洽谈订单。

除了及时更新的当地企业信息以外，我们还可以通过该网站另外一个页面找到对客户开发有用的信息——企业名录。拿中华人民共和国驻俄罗斯联邦大使馆经济商务处来举例，可以找到俄罗斯相关企业名录，如图 3-3 所示。

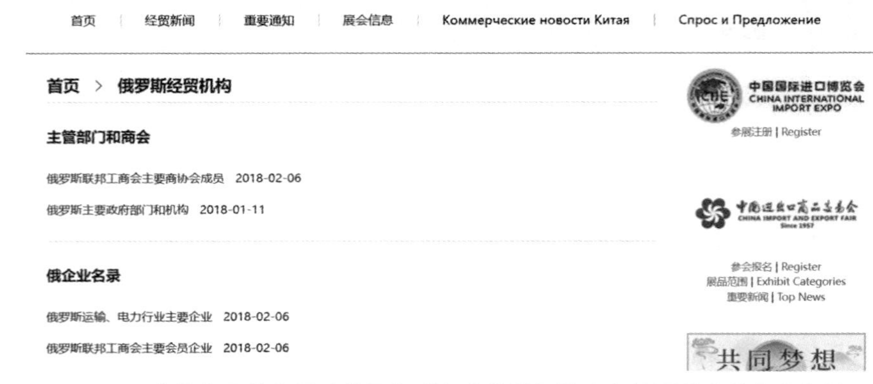

图 3-3 中华人民共和国驻俄罗斯联邦大使馆经济商务处网站上的企业名录

当我们打开企业名录时，会显示企业的信息如图 3-4 所示。

俄罗斯运输、电力行业主要企业

序号 企业名称 经营范围 运营情况 地址 网址 联系方式

运输行业

1 ОАО "АК "Транснефть" 管输石油 7万公里石油管线，5个泵站，承担俄罗斯93%的石油管线运输 107996, Москва, ул. Стромынка, 18, корп.13 тел. (495) 771-73-35

(495) 771-73-36

факс (495) 771-73-34

2 ОАО "Российские железные дороги"

铁路客货运输 85200公里铁路线，4.31万公里电气化铁路 107174, Москва, Новая Басманная ул., д. 2

тел. (499) 262-99-01

факс(499) 262-90-95

图 3-4 俄罗斯运输、电力行业主要企业

在图 3-4 中我们可以看到俄罗斯运输、电力行业主要企业的信息，如果在页面上显示的信息不全，我们可以再通过搜索引擎找到这些客户的详细联系方式进行开发。

（三）免费 B2B 平台

很多人了解外贸这个行业都是从几大付费 B2B 平台着手的，所以习惯性地认为外贸就是这几个平台，其实不然，我们前面讲过这几个付费 B2B 平台的流量和知名度比较高，所以它们能够聚集大部分国际贸易采购的流量，但并不是全部流量。在互联网上还有大量的免费 B2B 平台，它们可能在部分垂直领域里有较好的流量，或者在某些国家有一定的知名度，会有部分询价。有很多网站会搜罗这些免费 B2B 平台（见表 3-1）并且及时更新，方便出口企业利用所有流量的入口。

表 3-1　全球免费 B2B 网站

全球免费B2B网站（截至2024年5月）				
Abiztime	Lightinthebox	Diytrade	Tpage	Tradekey
Tradewheel	Eworldtrade	Ecplaza	Ofweek	EC21
Ecrobot	Toboc	Esources	China AseanTrade	Tradeboss
Goldsupplier	Exporters	Made-in-china	Tradeindia	Bossgoo
Hisupplier	Allproducts	Exportpages	Ecvv	Tradebig
Tradeford	Asianet	Exportbureau	Fibre2fashion	Tradeeasy
Foreign-trade	Golden-trade	Gobizkorea	Tradebearings	—

每个免费的 B2B 平台打开以后，会提供给出口企业注册和展示商品的窗口，而每一个商品的展示都能带来询盘机会。

（四）社交媒体

社交媒体（Social Media）对所有人来说应该都不陌生，这是通过人与人之间的联系而产生出的新媒体形式，每个人或组织在社会网络中，同时扮演着信息传播者与接收者的角色。外贸里常用的社交媒体，比如脸书、照片墙、推特、领英等。谷歌这类搜索引擎或 B2B 平台带有很强的搜索目的性，社交媒体可以理解为一种新的互联网休闲、消遣的方式，相对来说并没有很强的目的性。社交媒体从博客的形式演变而来，博客最初的功能是发表观点、分享信息，所以我们可以看到社交媒体在没有进行垂直化的细分前，分享的信息是包罗万象的，而观点里包含的内容必然会包含商业信息、产品信息、企业信息等。当用户达到一定数量，社交媒体成为流量入口以后，越来越多的个人和企业才会在社交媒体上注册账号。随着移动互联网的发展，有着发表个人观点、情绪功能的社交媒体成为人们移动生活的一种方式。拿脸书来说，月活跃用户为 24 亿人，从这样一个用户群体里去挖掘生意机会也成了外贸一个重要的方式。来看看 SOHO 如何通过社交媒体去开发客户。

1. 社交媒体里的买家公司官网

社交媒体里会有企业账号，企业账号对应官网页面，而官网页面里大多数企业会展示公司网站、联系方式、地址甚至商品等信息。通过这些信息，SOHO 可以直接联系寻求合作。

2. 站内信

对于某些企业网站没有详细公司信息或者当我们确定个人账号就是我们要开发的买家在社交媒体里的私人账号时，可以用站内私信的方式进行联系，大致地介绍自己公司、产品等并留下邮箱等待他们的回复。也有一部分人直接在公司发布的信息评论下毛遂自荐留下联系方式。

3. 官方页面推广

除了主动寻找买家的官方页面，还可以在社交媒体里设置自己公司的官方页面，持续地发布和更新产品信息并做相应的社交媒体广告推广，有很多买家会直接在评论里询价。

4. 话题下的商机

社交媒体里的话题通常会以“#”这个符号和其他内容进行区分，如果

SOHO 的产品是宠物用品（Pet Supplies），在“#宠物用品（#Pet Supplies）”这个话题下可以寻找所有该产品的相关讨论信息，包含公司、个人、品牌、商品等。同样，如果 SOHO 产品较为新颖，自己也可以创立一个关于产品的话题，并发布话题下的信息，一旦有行业用户搜索该话题，自己发布的所有该话题下的相关内容都有可能被展示，这是一种一劳永逸的方法。

5. 官方商店

社交媒体最开始是人与人的连接编织的一个关系网，但随着企业的加入，在社交媒体下增加了企业商品展示的信息，于是很多自带巨大流量的社交媒体会直接在官网下开放商店的产品上架和下单的功能，相当于把商店从线下搬到了线上。SOHO 可以对比不同卖家之间的商品终端销售价格，同样可以自己发布相关产品，这是可以利用的渠道。

（五）挖掘个人资源

相对于线上的各类主动开发客户的方法，很多 SOHO 容易忽视挖掘个人资源进行客户的开发，比方说对工厂的开发，在确定好 SOHO 的模式和客户归属后，可以考虑和工厂一起参加国内外的行业展会，获取订单以后再来对利润进行划分；又比如带老客户看过厂、带客户来中国旅行过，这些客户可能在某个领域里有一些沉淀和需求，一旦 SOHO 以创业者、公司的身份去和他们沟通时，会碰撞出一些生意的可能；又比如同学或者朋友在国外读书、生活，可以相互联系开发出国外当前的产品需求，在他们不影响正常学习和生活的前提下，把公司、出口产品推介出去，这些线下的资源发掘在关键时期能够产生奇效，比如这位朋友的问题：

“Chris，您好，我最近比较迷茫，想麻烦您从专业的角度给点意见。先介绍下我的基本情况，我大学本科学的是护理学专业，毕业后在国内一直做托福培训，去年移民美国了，拿到了美国的护士执照，如果一直在医疗方向发展，以后的收入在一年 20 万美元左右，可以当稳定的中产者，但是不会有更大发展了。我内心一直对贸易比较感兴趣，大学就自己批发过衣服，但是家人和朋友都没人做这个，我一直没有入门的途径。前几天逛街，发现了一些瓷器尾单，感觉非常符合美国人的口味，而且价格非常便宜，就想也许可以借这个机会入行做国际贸易。”

所以很多人都在寻找外贸的机会，他们也在寻找合适产品作为生意的方向，只要挖掘出共同的合作点，大有可为。创业本就是打开门做生意，如果这件事能够为其他人解决问题，就是一件值得开发和有意义的事情。

六、主要渠道和次要渠道的时间、精力比例安排

大多数企业老板每天想的是要发多少工资出去，而 SOHO 没有这样的压力，同时 SOHO 的盈利模式也相对简单和固定。在了解了各种客户开发的渠道后，我们结合自己的产品特性可以获取到客户的联系方式，并开发出实质的客户，但是每个方法都需要花费时间和精力，如何合理地安排时间和投放精力成了关键，一般来说 70% 的精力和重心放在付费渠道，30% 的放在免费渠道。

（一）付费渠道的询盘和客户采购意向较强

无论是 B2B 平台、谷歌还是社交媒体等付费渠道的推广，推广的意义都在于获取精准、有实际需求的客户，在这个前提下，从付费渠道获取的客户资源和询盘信息，相对来说采购意向更强也更明确。除去比如机械等谈判周期较长的产品，其他的传统产品从获取询盘到最后客户成交一般为 1~3 个月，较长的为 3~6 个月。1~3 个月成交的订单里，客户开发的时间安排通常是：第 1 个月完成样品和型号的确定，第 2 个月完成价格、产品技术、付款等的谈判，第 3 个月完成包装、交货期等的谈判。如果在 3~6 个月中间能够有持续、规律和充分的谈判往来，是可以建立不错的信任度的。所以获取询盘后

的 1~2 个月是最为关键的，因为这个时候买家在货比三家，我们需要投放更多的精力和时间去服务好最初的这个阶段，才有机会将其转化成合作的客户。付费渠道的价值性是毋庸置疑的，只是我们需要有足够的开发和谈判能力去把渠道的价值转化成订单。我们再来算算为什么大多数是 3 个月的谈判周期。举例来说，一般为了准备圣诞节（12 月 25 日）的采购，美国客户希望 11 月底货物能到港，这样在 10 月底货物就应该生产完成，而国内大部分产品的交货期都是 20~30 天。因此为了赶上圣诞节，通常 7~9 月的采购需求会增多，之后沟通 1~2 个月，生产约 1 个月，运输和清关约 1 个月。

（二）建立 SOHO 信心

从前面介绍的通过谷歌开发客户的 SOHO 开发过程可以看出，在能力等各方面都很优秀的情况下，信心显得至关重要。在纯粹用谷歌开发的过程中有一个问题尤为明显：客户推迟了采购计划或者客户没有回复时，SOHO 的内心就比较焦虑了，毕竟客户的真实意向、是否从中国采购过商品、是否近期真的有采购需求等只通过买卖双方的单线联系是无法准确判断的。如果在所有的潜在客户中，在第 2~3 个月就有付款的，这种心理上的认可对于尝试期的 SOHO 来说是一针最有效的强心剂，SOHO 完全可以借助这股劲头去开发那些需要 8~10 个月周期成交的客户。可见前期的信心在一定程度上左右了 SOHO 的走向。

（三）开发周期短和开发周期长的互补

付费渠道的询盘信息采购意向较强，开发周期相对较短，而免费渠道的客户资源开发周期相对较长，正好在精力投放上有一个互补。周期短、意向强的客户谈判节奏是前期紧、后期缓，原因是前期客户迫切地需要确定对方是否是最合适的供应商，因为这些采购商大多数从当地需求着手，有了明确的采购数量、产品上市时间，再去做对应的询价。而通过谷歌等免费渠道开发的客户一般是前期缓、后期紧，因为前期也许客户原本没有这些采购需求或者客户没有从中国进口产品的需求，是我们的主动态度说服了客户愿意尝试我们的产品，这个开发更加偏向于开发出客户的购买意向，所以针对前期并不明确的采购意向，节奏只能随着客户的兴趣缓慢地加快，而到了确定订单细节时，会不自觉地加快。这两种开发周期里的谈判节奏正好形成了互补，更容易形成持续和稳定的订单。

CHAPTER 4

自建网站

通常找到客户的联系方式后，下一步 SOHO 需要拟定一封开发信向客户进行公司及产品的推介。开发信简单来说是以商务的风格和邮件的形式向潜在客户进行产品购买需求的开发。向客户进行公司介绍和谈判往往需要 SOHO 自建一个产品展示的官网，大部分自建网站的板块包含公司介绍、产品展示、联系方式、公司动态等，主要作用是让客户了解到 SOHO 是一个产品专业、资质齐全的公司形象，增加信任的同时可以让买家自由地访问网站，查找自己所需的产品。自建网站是 SOHO 一个必要的配置，哪怕是以帮助客户采购为主的 SOHO 模式，为了后期的发展，通过自建网站开辟客户开发渠道也是必要的，它是 SOHO 的形象展示。SOHO 并不要求一定要会敲代码去制作网站，也并没有那么多时间去制作网站，但要明白建一个网站的要素，如何结合自己的产品来做网站，面向国外的网站要注意什么问题，网站的基本 SEO 问题等，弄清楚自己的需求以后再把编写代码的事情交给专业网站制作公司或者通过建站模板自己搭建网站。

一、域名

域名是自建网站的一个要素，我们可以简单地拿手机来举例：域名相当于手机品牌，比如华为、苹果、三星这些品牌，品牌名让网站的访问者可以找到他们想要的产品，空间、服务器决定网站所承载的最大容量和网站的反应速度。本节主要了解下购买域名通常会考虑的几个因素。

（一）产品关键词

产品确定以后，公司名称或者域名都可以围绕商品来确定，这样会更贴近这个商品或者行业，比如做食品，域名可以包含食品的英文“FOOD”，经营理念可以围绕食品行业的要求：安全、健康、环保等。比如“CHINA-FOOD”，这个域名会让买家看到公司标志及开发信的邮箱地址等就马上联想到我们是做什么产品的，这也是一种专业的呈现方式。除此以外以产品关键词作为域名后进行关键词推广，各搜索引擎上关于“FOOD”的曝光概率是很大的，如果网站信息质量较高，网站的信息被网络爬虫猎取得更多，权重也更高，更有利于产品的推广。

（二）简单好记

简单好记同样是域名设定的一个重要原则，就拿苹果的域名“apple”来说，apple——以字母 a 开头的水果是一个简单好记的域名，虽然域名的含义为水果，与电子产品不相关，但域名下的水果形象很直观、有立体感，再加上其公司标志的经典设计，让人印象深刻也很容易记住，这就是域名要达到的效果。SOHO 最开始的域名设置也可以选择较为简单好记的域名，不过这样的域名通常都会被抢注、价格不菲。能够让客户轻易记住，也是营销能力的一种体现。如果考虑更深远一些，在后期和客户进行邮件，特别是电话沟通时，简单的域名可以让客户轻易地喊出，更有亲切感，或者在信号不佳的电话里向客户留下网址、邮箱时更方便、准确。除此以外，如果对于品牌化运营要求很高，在后期可以通过域名衍生出相应的品牌名，形成公司名—域名—品牌名的一致，更容易打开产品的知名度。

（三）**有特殊意义**

域名也可以结合自己对未来的期许，对人生意义的追求来设定，比方说比亚迪的英文名为“Build Your Dreams”（中文意思是成就你的梦想，从汽车上升到梦想，意义非凡），其域名就是简单的 byd. com。SOHO 里的域名也可以根据产品解决了什么问题的发散思维进行考虑，比如说眼镜行业——明亮你的世界，LED（发光二极管）行业——照亮你的世界，打印机行业——打印人生的蓝图，工具行业——推动自然、利用自然、改造自然。如果从特殊意义上去选择域名，相信每个 SOHO 创业者都有自己未完成的目标，把这样的目标设定成域名，既是对自己的鞭策，也赋予了域名更多的灵性。

网站建成之后，要购买一个网站空间（虚拟主机或服务器）才能发布网站内容。选择网站空间时，主要考虑的因素包括：网站空间的大小、操作系统、对一些特殊功能如数据库的支持、稳定性和速度，网站空间服务商的专业水平等。网站空间是用来放置网站内容、文件和详细资料的空间，也就是可以囊括网站所有网页、文字、文档、图片、数据库等大量文件的地方。所以，空间的选择要随上传产品的图片、视频数量来决定，一个粗略的计算方法是 100M 的空间可以放置大约 1000 张图片，当然网站的程序也会占很小比例的空间。因此，对于外贸 SOHO 网站，一般最初阶段占 300～500M 空间就可以，后期视数据情况可以进行扩容。

很多 SOHO 使用的是虚拟主机，对于有限产品、视频等资料上传和处理更方便、成本低。而服务器就是一个独立的主机，把一个服务器划分成多个部分，设置成统一的配置给不同的网站使用，每个部分就是一个虚拟主机，这就是空间。除了存储作用外，服务器还可以进行数据运算和数据分析。而

SOHO 的网站面向的几乎都是境外用户，在选择服务器时最好使用境外服务器，因为境内服务器面向境外用户时，网页加载速度慢，会影响到产品信息展示体验。

二、网页设计

除域名、空间、服务器这些网站的要素以外，SOHO 建站的重心是进行网页的设计，因为域名、空间、服务器只是网站的配置，可以增加买家的使用和操作体验度，但网站设计风格和水平很大程度决定了买家对网站甚至公司的认可程度，直接影响到成单率。境外买家特别是欧美客户对于网站的设计风格要求是很高的，如果 SOHO 的网站难以被客户认可，哪怕在开发及客户谈判技巧上的能力突出，客户对 SOHO 印象分也会大幅降低，并且网站的水平也会成为某些新客户的担忧——“网站设计感这么差，他们到底行不行?”目前针对外贸建站，大部分建站公司提供的都是通用的模板，基本的栏目里包含主页、产品、关于公司、联系公司等网站通用的几个模块，再配合上醒目的横幅（Banner)。如果面向国内市场，这几个栏目按部就班地进行信息上传可能还可以接受；但面向国外市场，这些模板型的网站就稍显敷衍了。要知道 SOHO 线上对外展示的机会除了付费的 B2B 平台，剩下的就是自建网站了，因此很有必要在网站上多下功夫，提升优化网站的设计水平使之更接近客户的审美。那到底怎样的设计才是优秀的外贸网站呢?

（一）有符合产品气质的色调

网站的色调很大程度上反映出制作人的用心和审美水平，而且色调很容易影响到访问者的心情和购买欲。苹果公司每次新产品上市，大家最关注的是新产品的颜色。同样，从网站的色调给人的第一印象，通常就能观察出设计者对于产品的理解和个性，是大气还是内敛含蓄。网站的色调如果能和产品本身的气质一致，一定会让人印象深刻。SOHO 未来的潜力除了自身运营能力、客户开发能力以外，也与 SOHO 自身综合素质所表现出来的魅力紧密相关，一个对生活充满热情、时刻思考和感知生活的人，在颜色运用方面一定有其独到的理解，这种理解必然会通过网站的设计对外诠释。

（二）有符合产品属性的灵性设计

自建网站的作用除了进行公司的形象展示以外，最重要的是进行产品展示，而产品展示的高级感要以产品属性为基础，产品属性的设计感指的是产品的用途、产品工艺、产品特点通过设计形式展示出来。打个简单的比方，如果产品是齿轮，众所周知它的特性是连接和转动，而网站各个板块或者栏目之间也正好需要连接和跳动，正好可以形象地以齿轮转动来表达，既是网站自身的功能也是产品的用途；又比如外贸里有很多化工产品，传统的网站更多的是展示产品的结晶体等，如果要结合化工的主题，可以直接勾画出分子结构，再通过动态图立体地展示出分子结构的全貌。每个产品都有其特定的设计思路，SOHO 需要发掘出客户最关心的产品特性，如专业性方面、功能性方面、市场应用方面。总会找到几个让客户产生兴趣的点，把这个点放大到设计里，会给客户眼前一亮的感觉，这就形成了设计的高级感。

（三）符合使用习惯的设计

符合客户的使用习惯表现在一般客户能够快速查找到他想了解的信息，而一般买家的一次浏览网站的行为主要包括：网站概览—公司介绍—产品类目—产品详情—搜索产品—发送询价信息—公司介绍二次浏览—联系方式—发送广泛询价或者请求帮助。

导航栏目是否足够清晰，重点是否突出，一级类目、二级类目是否划分清晰；在自建网站上直接投放询盘的提示是否自然，信息是否清晰，是否有强迫访问者的访问行为等；是否能预判买家在浏览产品时可能会产生的疑问，这个疑问如何转化成对话或者留言，如何锁定出买家在哪个浏览节点产生的疑问等；产品的搜索、搜索的联想、搜索推荐等信息是否能贴合客户的心中所想——这些都是在设计上需要全面考虑和解决的问题。尽可能地让客户停留更多的时间，除了对公司产品有更深的了解外，也能理解我们在设计上的用心，最终引导客户发送询盘。

除了前端设计以外，越来越多的人会注重网站后台设计，目前在外贸的后台设计上有很多相对成熟的后台管理系统，值得借鉴的功能有统计境外客户的来访记录，通过 IP 地址（互联网协议地址）统计访客的来源国家（地区），统计客户的询盘记录、网站停留时间、操作路径、网页热图、着陆和跳出页、感兴趣产品页等。这些后台的数据会辅助我们对网站和产品线进行优化升级，筛选出目标市场进行重点推广，对跳出率较高的页面或者功能进行优化等，从而将自建网站改造成获取客户询盘的主要渠道。

三、网站的意义

了解了网站要素及网页设计后，我们来深入地理解网站对于 SOHO 的意义。

（一）推广获客

从 SOHO 最终的目标——谈下客户、拿下订单来看，一切的前期投入都是为此服务的，网站的作用就是获取客户资源。作为卖家来说，实际上对外推广的是产品，但 SOHO 的特殊性要求产品要从线下销售转为线上销售，所以网站成了一个向客户推介产品的载体。毕竟单一的产品无法进行有效的展示，所以对自建网站的推广就相当于做了一个在全球的网络里长期存在的展示（Presentation）。我们都知道外贸里的展示包含了公司介绍、产品介绍、联系方式，在和客户的商务谈判以前，往往会从客户看到展示开始，双方再对公司的产品、市场等做深入的沟通。所以如果客户正好看到了网站这个展示，会主动进行联系，所以 SOHO 需要主动地去推广自建网站，找到对它感兴趣的人群并将其发展成为目标客户。

（二）独立性和私域流量

网站有一个重要特点是独立性。在介绍付费的客户开发渠道时，我们了解到这些 B2B 付费平台的重要性，但这类渠道建立在别人的平台上，会受到平台的规则制约，会不断地需要上传公司信息供审核及投入广告费用。虽然在一定程度上确实从 B2B 平台这类流量入口里获取了关键的询盘信息，但其实这些费用只是为他人做了嫁衣。B2B 平台公司会拿着我们的推广费用去从互联网的各个流量入口以更低价格的费用获取流量，这样一来，出口企业要想获取更多的曝光和点击率只能不断地投放更多的广告费用。自建网站的作用是推广自己的网站，慢慢地在行业里建立以自己域名为入口的私域流量。如果擅长运营 B2B 平台就会发现，虽然头部的几大 B2B 平台流量巨大，但卖家与买家大多数是点对点的，巨大的 B2B 平台流量能够转为自己行业相关的有效流量其实是极少的。所以如果自建网站运营成熟，在行业里形成一定的客户群体，效果不见得比 B2B 平台效果差，更重要的是自建网站的广告投入费用是会逐年下降的，原因是网站本身已经具备了吸引流量的权重。除此以外，对于部分产品的推广，谷歌、社交媒体等渠道所推广的对象只有自建网站，不可能去推广平台上的店铺。

（三）长远发展

国内做商品交易，淘宝、京东等平台模式可以解决流量的问题，所以没有必要去开一个自建网站获取客户，但是做国际贸易完全不一样，有很多成熟的企业并不通过电子商务平台获取客户，一来电子商务平台的客户群体并不是精准的目标客户，二来电子商务平台多少会将公司的信息公开展示，这些企业并不希望自己的行业及产品被过分展示。越来越多的外贸企业都有成熟的自建网站的运营团队（进行设计、美工、网站运营、广告投放等工作），他们推广和运营的对象就是自建网站（和 C 端独立站）。推广的渠道有各大搜索引擎、头部社交媒体等，这样的运营方式能够让自建网站变得越来越有价值，源源不断地获取行业内的客户。我们都知道 B2B 平台的流量来源也是谷歌等流量入口渠道，这些擅长运营自建网站的外贸企业索性直接找到流量的源头进行流量获取，当然对 B2B 平台也会进行投入当作一个辅助的获客渠道而已。这样一来，自建网站的意义才真正体现出来了，有更多的自主权，可以自定义网站的风格、产品展示方式、行业动态等。长远来看，这种自建网站会成为非常有价值的行业标杆网站，会源源不断地创造获取询盘的价值，且通过自建网站获取的询盘质量远高于一般的付费平台，因为直接在自建网站上留下询价信息的买家很有可能就是看中了网站里的某一款产品。SOHO 完全可以通过自身对于网站的设计感、行业的感知、客户市场风格和习惯的把握创造出属于自己的流量天地，创造属于自己独一无二的获客渠道。

1. 展示公司形象

国外买家和国内卖家不能面对面交谈，也并不是每一个买家都会来中国进行拜访。而能让买家了解 SOHO 的公司情况、产品信息，最好的方式就是自建网站了。我们知道 SOHO 是一种居家办公的方式，但实际上 SOHO 与公司的关系不是一成不变的，SOHO 可以包含很多家公司，也可以挂靠某一家公司。从对国外买家的展示和认可来看，SOHO 的网站代表着公司形象，正好弥补了无法面对面交流和拜访产生的信任问题，公司形象会更有专业感并更容易获得信任。外贸建站的服务商之所以可以为外贸 SOHO、外贸企业提供外贸建站模板的原因是 SOHO 建站的诉求很简单——以公司形象去展示自己所经营的产品，既然是以产品展示为主体，自然就有针对产品展示的各种网站模板了。但是建站公司只是将自建网站流程化、简单化、程序化，所制作出的网站质量参差不齐。我们应该更加注重公司形象展示的机会，在第一印象分上争取拿高分。

2. 体现细节

外贸是一个追求细节的行业，在产品同质化时代，细节往往决定了成败。和客户的谈判固然是一个很好展示外贸人细节能力的过程，也需要更多相配套的实力来验证这些细节能力。SOHO 可以带客户参观合作的工厂，但工厂所有权并不是自己的，生产环节里体现细节的机会并不会太多，再加上 SOHO 的定位应该是以工厂为基础，但又有超出工厂的服务能力。最好的机会就在于对自建网站里细节的把控了，大到网站的整体布局，小到每一个字的字体、用色等都应该追求完美。这些细节的展示同样会增加客户对于产品的信任，与实际的谈判建立信任形成补充，相得益彰。打开网站后，客户有眼前一亮的感觉，网站还能处处彰显细节和服务，客户更放心把订单交给这样关注细节的供应商，订单成功的概率自然会高很多。网站细节的设计风格可以向欧美网站学习，SOHO 假如能够把这些新的想法和思路融入细节设计里，会很大程度上增加客户的认同感。

四、网站 SEO

网站建成以后，在互联网中就像一个独立的点，SOHO 需要将其与其他网站发生关联，让其从不活跃的状态变成活跃的状态，这个过程给网站增加了权重，也增加了生命力。我们确实有看到很多自建网站从建站完成以后就一直没有网站运营的操作，始终处于不活跃状态，始终都是互联网世界里孤立的一个点，这样的网站实际上带来不了任何流量。长期下来，在比如谷歌等搜索引擎的抓取规则下，因为网站长时间没有增加曝光和点击，从一个维度证明网站的质量不够好，网站的存在感会被淡化。所以网站建成以后，通常会做一些网站 SEO。SEO 指的是利用搜索引擎的规则，通过对网站进行内外部的调整和优化，提升网站的自然排名，主要是通过技术手段来获取搜索流量。

简单来理解，每一个站点的激活，都会被搜索引擎收录，但搜索引擎会对网站进行一个综合评分，如果网站质量很高，受欢迎程度很高，被搜索引擎推荐的概率自然就更大，反之被搜索引擎给予优先排位的可能性就越低。SOHO 创业从时间和精力的安排上可能并没有很充裕的时间去做网站 SEO，但一些随手就可以完成的 SEO 运营是可以办到的，而且做得越早，产生实际的流量价值的效果就越好。那么对于以产品展示为主的外贸网站，有哪些 SEO 运营会增加网站的评分呢？

（一）外链导入

独立的自建网站在互联网里是孤立的，外链的意思是将网站的链接尽可能多地导入（关联）其他网站，这个导入动作的目的是让孤立的点与其他网站发生关联，并且借助外链的成熟流量向自己的网站引流，通俗一点来说就是“借流量”。单纯的外链导入的对象是 SOHO 自建网站的网址、锚文本或者图片等。结合我们前面提到的域名的设定方法可以发现域名并不完全是产品关键词，有可能是我们认为有意义的域名。在增加外链的过程中，就需要人为地将主营产品的关键词与网站域名进行捆绑，除了发布网站链接以外，最好绑定主营产品的关键词进行发布，久而久之，域名会被贴上关键词的标签，在网站整体的热度上升以后，能够定位更精准的客户群体。

外贸 SOHO 能有效地进行外链导入的网站比较明确，主要包含两大类：一类是外国人流量较多和普遍认可度较高的网站，另一类是与行业相关的平台或者网站。可以从以下几个方面进行外链导入。

1. B2B 平台

付费 B2B 平台自带巨大流量，在平台上搭建的店铺里的卖家联系方式上一般都有公司的自建网站地址，我们很难揣测客户在浏览店铺时的行为轨迹或目的，但从结果来看，仍然有相当一部分客户在浏览完店铺以后会习惯性地点开我们的自建网站，绕开 B2B 平台，看看自建官网上的产品、公司介绍、公司历史、资质等信息。我们会发现在自建网站上收获的询盘内容偶尔和 B2B 平台上的询盘内容完全一样，买家在 B2B 平台上发布信息后，再到官网发布同样的信息，这个动作就是典型的通过外链导入价值流量的过程，而且导入的是非常精准的流量。

在客户开发章节里，我们有介绍到免费 B2B 平台注册信息获取询盘的方法，同样的，这些免费 B2B 平台是非常好的外链导入通道。不同网站所服务的买家有一定比例是某一个国家或者地区的进口商或者中间商，他们采购的商品并不是某一个行业的单一商品，可能是综合性的，这能产生一定的采购机会，所以在免费 B2B 平台的外链导入上是越多越好。

2. 社交媒体

社交媒体导入外链的方法很简单，无论是个人账号还是企业账号都可以在个人和企业信息栏里导入网站的地址，一旦有国外公司对产品感兴趣或者无意间搜索到产品，一定会找到联系方式栏，再通过网站地址点击我们的官网。除此以外，在账号日常发布的内容、相关产品话题下也可以发布网站链接或者直接发布网站里的产品详情页面，这些链接是永久保存的，如果发布的内容优质，有人评论、转发，就会形成更多的外链，能长期获得社交媒体的推荐吸引流量。

3. 论坛

论坛（Forum）的形式对于很多人来说是陌生的，但它们是形成外链的最好方式之一。论坛是行业、相关人群讨论和分享专业知识、信息的地方，所以如果在行业（产品）相关的论坛上发布内容和链接，是可以源源不断地通过论坛网站进行外链引流的。我们看看渔具相关的论坛，比如美国钓鱼论坛（FISH USA FORUMS），该论坛页面如图 4-1 所示。

FISH USA FORUMS（美国钓鱼论坛）

Sitemap（网站地图）

Forum description（论坛描述）	Posts（发布数量）	Last post（最新发布）
Conventional Fishing & Tackle（常规钓鱼和钓具）	6 582	Docks in presque（人名：普雷克斯的多克瑟）
Kayak Fishing（皮划艇钓鱼）	89	Anchor（人名：安克）
Fly fishing & Fly Tackle（飞钓）	13 648	Neshannock（人名：内少诺克）
Fly Tying（飞钓绑钩）	11 076	Spawn（人名：斯潘）

图 4-1　行业论坛页面

当我们打开该论坛的一个帖子后，看到的详情页见图 4-2。可以看到发布帖子以后，顺带导入链接，在右侧还会有分享到脸书和推特等社交媒体的按钮，这也是一个增加外链的方法。类似这种行业的相关论坛也有很多，找到与自己产品最相关的论坛进行外链的发布也是一个 SOHO 进行网站 SEO 的长期方法。

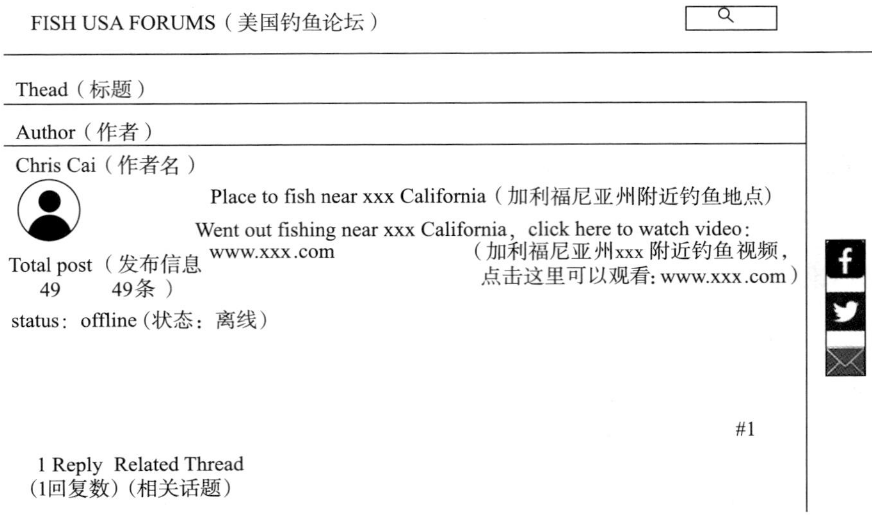

FISH USA FORUMS（美国钓鱼论坛）

Thead（标题）

Author（作者）

Chris Cai（作者名）

Place to fish near xxx California（加利福尼亚州附近钓鱼地点）

Went out fishing near xxx California，click here to watch video：www.xxx.com（加利福尼亚州xxx 附近钓鱼视频，点击这里可以观看：www.xxx.com）

Total post 49（发布信息 49条）

status：offline（状态：离线）

#1

1 Reply Related Thread（1回复数）（相关话题）

图 4-2　论坛帖子详情页

4. **视频网站**

例如，油管（YouTube）是国外较受欢迎的视频网站，网站里除了日常娱乐视频内容外，有很大一部分内容是关于产品、产品常识、产品介绍的，我们可以针对产品的特性做一个简单的视频介绍和讲解，视频上传以后可以在简介里插入产品关键词、网站链接，当视频有了一定的播放量和被视频网站推荐后，网站链接引入的流量也会增加。事实上，国内很多外贸企业在很久以前就已经使用这种发布产品视频增加外链的方法，翻开早期发布视频的评论会发现不断有人主动询问产品的链接。

5. **谷歌地图（Google map）**

谷歌地图有地址收录的功能，如果SOHO有自有办公室（或者挂靠地址），在谷歌地图里添加办公室地址是一个非常好的增加外链方法。在地图里添加办公室地址必然会添加相应的公司网站地址、经营产品信息。这样一个增加外链的动作，一来可以增加一部分客户的信心——有谷歌地图上的地址做保证；二来谷歌地图自带巨大流量，买家在输入产品关键词时，有一定的概率跳转到公司办公地址，进一步链接到网站，起到引流的作用。

在谷歌地图里我们输入“Led Light Company in Guangdong”（广东LED照明公司），跳转出来相应的搜索结果。我们再打开任意一个搜索结果，里面会显示公司名称、网站地址、电话等信息。

采取逆向思维，买家在谷歌地图里输入相关的产品关键词进行搜索时，跳出来的信息很可能就是SOHO提交到谷歌地图的信息。

（二）网站内容质量提升

网站信息内容的质量也是影响SEO效果的重要因素。如果网站自身的质量并不高，各个方面给访问者的体验感很差，我们通过各种渠道、各个网站增加曝光量带来的访问者跳出率很高，买家对网站整体观感很差，那么这样的曝光就是无效的，它并不会给网站带来询盘。所以网站的内容质量同样是SEO 至关重要的因素。主要体现在以下几个方面。

1. 内链

内链是同一域名下不同页面进行链接，也可以称为站内链接。最简单的理解是网站的导航栏把不同页面内容做好收录，访问者在浏览网站时可以根据导航提示进入想浏览的内容页面，这种导航的形式可以提高访问者的浏览体验，从而提高网站的权重。又或者是某一个页面浏览完成后有下一页、上一页等指向标识，加强内页之间的权重传递或者制作站点地图方便爬虫抓取网站页面等。合理的网站内链构造，能促进搜索引擎的收录和提高网站权重，原因是网站给人的印象是有条理，指示和标识清晰，能引导访问者进入想了解的信息内容网页。

2. 网站设计和风格

一个网站打开以后，整体给人的印象是非常关键的，它的设计是混乱还是有序的，带给访问者的浏览指引是清晰的还是模糊的；是否考虑到访问者的浏览习惯、访问者可能产生的疑问；是否融入了最新的网站设计元素、是否能表现产品的特性和气质，是否能同时表达产品抽象和具体的概念——这些都是一个访问者对一个网站第一印象的评价因素，都是衡量一个网站质量的核心因素，模板形式的外贸网站自然不会有太高的网站评分，在技术层面上并没有任何创新和技巧。所以现在很多做 SEO 的服务里将网站的打开速度作为网站质量较为重要的因素其实失之偏颇，网站打开速度固然很重要，它影响到客户访问的效率，虽然一个包含设计元素、精心设计的网站，综合下来不会在网页加载和链接速度上占优势，但是总会获得客户的青睐，这是一种态度，网站的精心布置需要这种态度，产品同样需要这种精心打磨的态度。除此以外，外贸网站更为特殊的是如果网站的设计较为粗糙，国外买家对于产品的品质最开始就不会打高分，也会影响到后期的报价水平和谈判进展。就好比一个优质的产品外包装却粗糙、简单，会影响客户进一步探索的意向。

（1）图片质量。很多外贸网站建站时提前考虑到了 SEO，所以会在网站的每个栏目、产品详情页面代码里嵌入产品关键词，或者在页面下方增加产品标签，以增加产品关键词在搜索引擎里的抓取机会，同样也可以优化网站内的搜索结果，进行更好的搜索匹配，这是从代码层面增加关键词曝光的机会。图片也是一样的，在上传产品图片时，除了上传产品清晰、多角度图片外，也可以对图片以关键词、域名进行命名，以方便搜索引擎对于这些图片的关键词、属性的抓取，如果产品是新型产品，图片曝光的概率是很高的，甚至在某一个时间段内会聚集所有的流量，完全可以通过搜索引擎里抓取到的图片为网站带来流量。

（2）视频质量、播放量。除了文字、图片以外，视频的表达方式更为直观，也慢慢成为网站不可或缺的内容之一，单纯从衡量视频质量来看，视频的格式、清晰度、大小、时长、拍摄角度、拍摄手法等都是决定视频质量的关键因素，但视频的播放量相对于视频本身的参数更为重要，因为视频的播放量直接反映出视频的受欢迎、受认可程度，并且播放量还可以进行数据沉淀。因为 SOHO 面对的都是国外客户，可以将产品视频上传到 YouTube，再将视频嵌入自建网站。这样一方面可以通过 YouTube 的方式屏蔽国内竞争同行，另一方面可以通过外链引流和累积播放量。

（三）网站更新

网站内容充实以后，很多人认为从此一劳永逸，就坐等询盘了。但是互联网是提倡“新”和“变”的，网站基础内容一直保持更新成了 SEO 的重要考量因素，从众多买家的网站访问习惯来看，如果买家对产品非常感兴趣，会多次访问网站，原因可能是在某个细节上来回确认，可能是回过头来看看公司资质，可能仅仅是看看网站是否有新的产品上传、价格更新、消息页面的更新等，因为网站的更新说明公司正常运营，在很多谨慎的客户看来，付款前再次浏览网站也很有必要。

1. 网站更新的频率

一般来说，SOHO 外贸建站完成后，最初通常是从主营产品、公司信息开始上传，次要产品或者次要信息可以作为后续更新内容进行补充来保持网站的更新率。这样既可以突出公司的主营业务或产品，优先上传一级类目产品，给客户一个基本的轮廓印象，又可以保证产品覆盖的全面性。

后续的新产品、次要产品可以相应地补充到次级类目，形成对产品完整度的补充，又可以保持一定的网站更新频率，不至于因为频繁的更新让网站的主营产品得不到突出。对于产品本身更新换代频繁的行业来说，网站更新是一个常规操作，但是对于部分款式或者型号相对固定的产品来说，更新的频率可以每个月保持微调、每年更换一个网站风格，过于频繁的更新反而会与产品的特性相悖。

2. 外链更新的频率

在每个平台上拓展外链成为 SOHO 的一个固定网站 SEO 方式后，外链的更新也成为一个需要注意的事情。在众多网站上发布外链后，比较好的习惯是对这些外链进行表格记录，以便后期跟踪更新。有可能遇到的问题是外链被一部分引流平台所屏蔽或者因为信息没有充分展示被新的信息覆盖，这个时候就需要及时地更新或者补充，补充的内容也很简单，比如，对新的产品、价格、优惠、技术的发布；找新的角度铺设外链，外链更新的重要程度要次于网站更新，更新频率为 2~3 个月 1 次即可。

3. 更新 B2B 论坛等

网站信息可以按照主次顺序上传，在免费 B2B 平台上的产品上传同样可以采取先上传主要产品来增加外链，再通过后期不断的更新补充其他产品保持更新的方式。论坛、社交媒体里的产品、内容发布等也需要不断地进行更新，因为所有网站的优先级肯定是给新发布者、新发布内容的，以新的发布时间来保证文章的热度，间接地给网站导入流量。

随着外贸的发展，有很多提供网站 SEO 的服务公司涌现，通过研究搜索引擎、社交媒体等排序规则，单纯从技术层面让网站的域名或者产品能够进入谷歌收录的前排，把产品、网站的整体质量放在一旁，这样的 SEO 方法对转化率并不会有较大提高，最关键的是网站质量并没有得到很大的提升。SEO 应将产品与网站相结合，突出产品优势。

五、网站付费推广

即使从各个方面对网站进行 SEO，新建网站在很长一段时间内都不会有太好的流量效应，毕竟是互联网的新加入者，还无法被各个平台所认可并抓取，需要一定时间的运营以后才会有一个综合评分。而 SOHO 很难去等待网站发挥作用，因此很有必要去做一些谷歌广告、社交媒体广告等，在较短的时间内给网站积聚流量，这些广告的投放所产生的效果也会影响到网站的综合评分。一般情况下，网站的质量越高，付费推广的费用投入就会越少。前期通过付费推广给产品、网站带来的权重会长期存在，哪怕后期减少投入和停止投入网站都会有持续的流量。

CHAPTER 5

流量与线上推广

随着对外贸易由线下慢慢转变到线上，越来越多的国家意识到中国有很多好的产品，也有顶尖的生产、制造、研发的人才；对于卖家来说，关键的问题在于这些好的产品如何展示给全球这个巨大的市场，如何展示给客户，所以越来越多的人认识到流量的重要性，开始学习引流、学习如何推广。SOHO 尤其如此，因为角色的特殊性，对个人综合素质的要求更高，在流量和线上推广的理解上更应该领先于同行业竞争者，也应该比工厂有更全面的认识。如果在认识上都落后于工厂，客户寻找产品时先入为主地看到工厂的信息，那对于 SOHO 来说会产生无尽的麻烦，毕竟 SOHO 的生存建立在工厂之上，价格必定比工厂的高，难以向客户做出合理解释。所以，只有在对流量的理解和发掘上有绝对的优势，在网络推广的触角比同行、工厂更广，才能让 SOHO 立于不败之地。

理解流量，应该从根源上思考互联网的用户使用网络的目的是什么，无外乎是进行网络社交和获取信息、知识、新闻等。而这些都是通过文字、图片、视频来展示的，我们简单地把它们叫作互联网内容的载体，所有的互联网行为都离不开这 3 个载体。再来看看当前外贸的几种流量入口，即链接到我们的产品上来的流量来源及其构成（见图 5-1）。

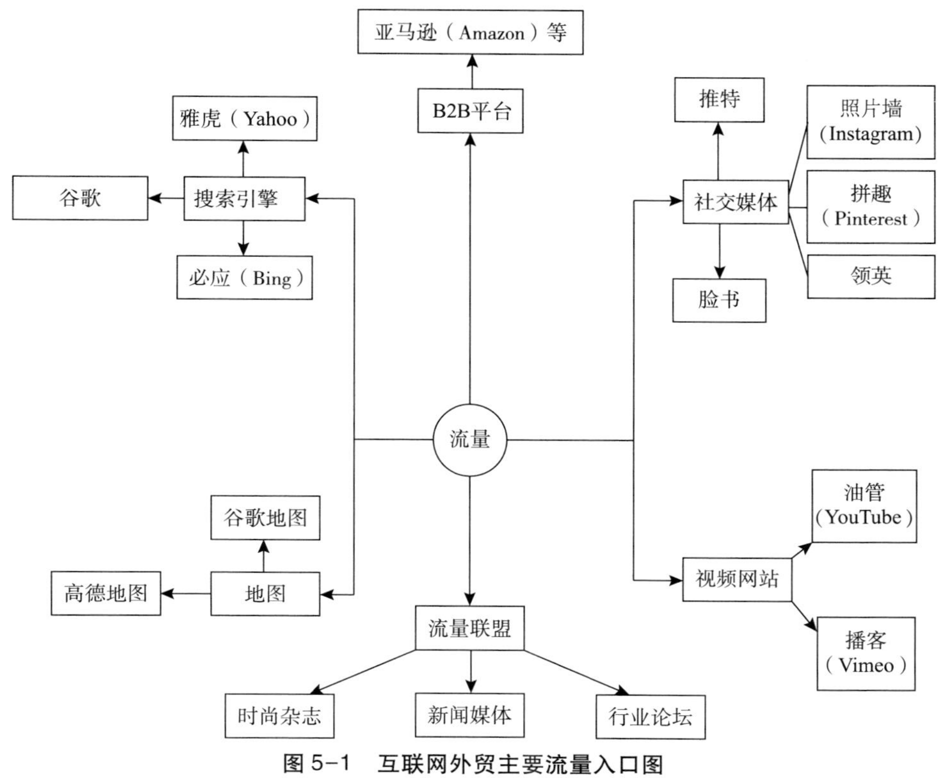

图 5-1　互联网外贸主要流量入口图

外贸流量入口主要分为这几类：搜索引擎、B2B 平台、社交媒体、视频网站、地图、流量联盟（论坛等）。

一、搜索引擎

搜索引擎对于外贸来说并不陌生，通过搜索关键词，找到与关键词相匹配的网络数据库里存在的内容，这些内容的展示形式也无外乎就是文字、图片和视频。全世界有很多种搜索引擎，每个国家（地区）又有其专有的搜索引擎，这些搜索引擎分别适用于不同的人群，就好像国内用百度（Baidu）搜索信息，其更适合本土市场的语言、搜索习惯。正因为每个国家（地区）的搜索习惯和使用语言不同，谷歌针对全球国家（地区）分别注册了不同子域名，分别有专门的站点，比如巴西谷歌域名为 google. com. br，阿根廷为 google. com. ar 等。搜索引擎不仅能够充分考虑到不同国家的语言、风格、文化和需求，又能兼顾各个国家（地区）的搜索习惯和信息，必然会抢占互联网里流量的巨大份额，所以仍然是目前最有价值的流量入口之一，它的信息涵盖和信息检索的数据库是非常庞大的。我们来看看 2017 年的数据，谷歌的月独立访问者为 18 亿，雅虎的月独立访问者为 4. 9 亿，必应的月独立访问者为 5 亿，这些访问者数量更加验证了搜索引擎目前仍然为全球最有效的流量入口。培养用户的浏览访问习惯成为流量入口的一种保证，其搜索遗留下来的搜索痕迹、搜索数据也会让这个流量入口变得越来越有价值，无限增加访问者的黏度。从外贸的角度来看待搜索引擎，它的强大在于国际买家只要在互联网上有过任何的使用、注册痕迹，通过搜索引擎都可以查找到这些买家的基本信息、采购详情，而任何一个蛛丝马迹都会成为卖家开发客户的突破口，找到这个突破口就是和客户展开合作的契机。

在互联网这个巨大的流量池里，很大一部分是生活、资讯的内容，这些与 SOHO 的产品真正需要的流量关联不大，因为产品所需要的流量是与行业相关的，如与行业相关的客户群体等。所以 SOHO 要做的是在广阔的流量池里区分出产品相关信息，找到产品信息较为集中的流量，再将这些流量引到自己的产品上来。SOHO 需做到两点：一是将自己的产品推广出去，让产品信息在这个巨大的流量池里形成数据沉淀，产生痕迹，痕迹里包括产品标题、产品关键词、图片和视频，让需要这些产品信息的意向客户能够从有限的痕迹里找到他们想要的产品；二是将行业客户引进来，仅有产品的展示信息是不够的，还要从各个渠道将潜在客户吸引过来。如果精通谷歌搜索方法和算法，通过谷歌的算法找到相关地区、相关行业的优质客户就并不难，但找到这些客户是搜索引擎的增值服务，会产生成本。对于 SOHO 来说，通过对行业的深层次理解来取代或超越谷歌的计算方法寻找到有效客户，才可以最大化地节约成本。

二、B2B 平台

（一） B2B 平台将搜索引擎的流量进行精准引流

在搜索引擎技术的基础上，因为商务需要，电子商务诞生了。B2B 平台的内容载体也是文字、图片和视频，就像阿里、中国制造网、亚马逊等，最开始产品描述里只有简单的文字，后来随着用户对于产品信息、公司信息、资质信息等进一步透明化的需求，卖家开始增加图片，再后来直接上传视频等。这样一来电子商务相当于把搜索引擎里的生活、资讯等与商务无关的内容直接过滤掉，剩下最核心也最有价值的商务人士和商务信息，这种模式也是一种渗透式的培养用户习惯的方法。随着搜索引擎数据沉淀越来越多，对用户的搜索习惯进行分层或者说是用户的标签化是势在必行的，必然会有商务人士对专业的商务信息展示、洽谈产生需求，这也是 B2B 平台流量需求的根源，也是 B2B 平台变得越来越有价值的基础。除此以外，随着互联网数据沉淀越来越多，访问者越来越需要加快信息提取的速度和效率，而电子商务平台正好提供了最有效的商务信息展示、获取方式，最大限度地节约了采购成本。

创业准备期要对自己投入的行业和产品做一个规划，比如在充分调研后，发现该产品适合在电子商务平台长期投放，且从投入产出比来看，通过电子商务平台的精准流量足以获取稳定和有效的客户，而 SOHO 在短期内不会扩大规模，可以选择将这类平台的店铺或者具体的产品链接作为精准引流的对象。当 SOHO 主动对外进行开发和渠道拓展时，比如，在开发信、邮件往来附上这些店铺及产品详情页可以为该产品增加流量及曝光，甚至有一些供应商会额外通过谷歌付费推广为这些产品页面增加流量，形成平台内（私域）+搜索引擎的全面引流，流量及询盘质量也会越来越好。有一些上市公司可能会出几百万级的价钱来购买使用某一个热门的产品链接，其潜力和价值可见一斑。这种引流方式更看重未来实实在在的订单和客户所沉淀下来的口碑和信誉。

绝大部分 SOHO 的引流方式更在乎 SOHO 自己拓客渠道的价值，引流方式为：谷歌等搜索引擎—电子商务平台—SOHO 自身的拓客渠道。通过电子商务平台筛选出最符合自己产品的精准流量。要知道在电子商务平台里获取的流量最终转化为订单的比例小的可能只有百分之几，而客户通过 SOHO 自身拓客渠道转化为订单的比例至少有 50% 以上，因为自身拓客渠道的客户是精准流量里的有强烈购买意向的客户，所以这个流量的获取更在乎流量、询盘的订单意向性和获取流量的独立性。从 SOHO 的视角来看，自身的获客渠道获得一个询盘所产生的价值和成就感远大于通过各类平台获取所得的，因为各类平台的流量增量在趋于饱和以后一定是逐步减少的，且推广费用一旦减少了，询盘效果也会很明显地下降。自身获客渠道的增量会带给 SOHO 无穷的力量。

SOHO 最烦恼的问题之一就是怎么合理地做好推广和投入，但是在投入之前也要思考到后一步——如何在后期摆脱对于 B2B 等电子商务平台的依赖，怎么尽可能地把投入这些平台的费用一部分转化成自己的流量，减少对其他渠道的依赖，而不是全部都放在平台所开设的店铺里，因为一旦店铺运营变缓，店铺投入变少，效果就会骤减。

目前来说，像电子商务等在采购和销售习惯、运营方法上做出了改变，这是迫于订单碎片化、流量减少而做出的改变，很少有人进一步剖析如何增加平台自身的流量，如何提取到更加真实有效的流量，这是平台型网站遇到的一个瓶颈，要知道供应商的需求是不断地扩大流量，而不是不断地投入费用后，流量没有增加，平台却把问题归结于对规则的不清晰，反过来对供应商的习惯进行改变。

（二）外贸与电子商务的误区

简单来说，电子商务是外贸的一种形式，电子商务平台就是展示和销售产品的一种方式，只是在销售过程中慢慢衍生出在线付款、物流、仓储等配套服务，把外贸通过电子商务这个渠道的方式流程化了。但外贸的产品何止千万，不是所有产品都能够用流程化的逻辑去归类的，很多外贸人在入行的时候已经先入为主地认为电子商务就是外贸的所有形式，导致这些人从最开始就只把重心放在琢磨流量、点击、转化、店铺、设计、效果上。有很多企业没有任何电子商务平台，外贸生意也做得风生水起，无论是高精尖还是常规产品，这些企业发展到一定的规模都有自己获取行业流量的平台，大型电子商务平台在专有领域内的流量是不如这些企业网站的。有些企业为了深耕某些国家市场，以人员外派、海外公司的形式常年驻扎在国外，垄断了某个国家的某个产品，这也是外贸，他们不需要电子商务，需要的更多是资金；有些产品非常特殊，这些产品也不需要电子商务，需要的是合适的运输方式和海外公司；有些企业专门为国外公司代工，他们也不需要电子商务，他们的优势是代工能力、技术、人员、原材料成本等，这些无法通过具体的成品展示，所以电子商务根本无法展示这些企业的优势，企业也不会把代工生产的成品进行展示。SOHO 不应该被固定的模式禁锢思想，外贸没有限制、没有固定形式，只要产品合法合规，符合出口国（地区）、进口国（地区）的法律法规，客户认同，买卖双方达成一致，就是成功的外贸，没有谁规定没有电子商务，外贸就不能做了。最重要的是去发掘出流量来源，引导其成为有价值的流量。

（三）B2B 平台上的搜索

B2B 平台存在的基础在于广大供应商的产品、国外买家的浏览点击，但前提是有一定的搜索技术，客户能够通过搜索的方式找到自己最想要的产品。如果说搜索引擎是一个巨大的流量池，而 B2B 等平台就是在搭建一个属于进出口商务的小型流量池，在这个池子里，买卖双方可以互相获取更为准确的信息，敏感的价格信息也能够进行直接展示。B2B 平台的搜索其实也是其组成部分的一个关键因素：由于产品众多，哪怕按照划分好的类目进行查找也无法在最短时间内找到自己想要的产品，这个时候搜索就显得尤为重要了。B2B 平台的搜索技术也是借鉴谷歌等搜索引擎，通过对关键词、标题等搜索得出结果，只是 B2B 平台有一套内部的算法对供应商进行排序。一个优秀的卖家应该一直保持搜索和查找的习惯，反过来去思考买家在搜索时的用词、停留时间、停留习惯、访问习惯等，久而久之在对买家的行为习惯有一定的了解后，能相对应地做出产品推广上的调整，获取最有价值的流量。

三、社交媒体

搜索引擎是在搜索框里查询信息，而电子商务平台是专门的卖家与买家之间沟通合作的平台，商务合作的氛围相对来说更为严肃和谨慎，但是互联网也需要活泼、生动、个性地发表个人感想的空间，也需要个人与个人之间形成关联，所以个性表达、人与人建立联系、相互分享动态的社交媒体就出现了。这些社交媒体——推特、脸书、照片墙、领英、拼趣等在网络里分走了一部分流量，这一部分流量偏向于对个人情感、观点的表达，个人生活的分享等。要运用流量就要充分理解这些流量存在的基础，社交媒体偏向于在个人与个人之间建立联系、分享动态，这样一个网络空间的存在并不是以商务合作为目的，至少在最开始并不是。社交媒体更加提倡发表个人的个性动态展示，通过这些展示勾勒出每个独立个体的画像，通过算法计算出每个独立个体的喜好、兴趣、标签等信息，这些信息构成了互联网世界里的个人，这些才是社交媒体原本提倡和鼓励的内容。所以简单地将社交媒体看成开发客户的渠道过于片面，很容易在最开始就因为广告嫌疑过重而被社交媒体所排斥。要从社交媒体里获取流量，首先要将社交媒体里的独立个体充实成一个“有血有肉”的人，再结合自己的产品去和各个行业相关的群体、个人形成关联，这样个人的标签会越来越重，形象会更加立体和真实，更容易受到社交媒体的推荐。我们来看看社交媒体的流量数据，拿脸书来说，2024 年脸书上有 21.1 亿日活跃用户，月活跃用户为 30.7 亿，大约 69%的脸书用户每天至少访问一次平台，人们平均每天花在脸书上的时间为 33 分钟，商务洽谈和沟通占的时间比例不会太高，原因是社交媒体的属性还是以社交为目的。

社交涵盖范围很广，交易也是社交不可分割的一部分，所以人与人的沟通，逐渐会衍生出人与商品的交集。有商品必然就会有公司，于是社交媒体到现在演变成为人、公司、服务机构等各种社会角色入驻的空间。以这个思路去思考社交媒体的商业性质，因为人与人的交易环节从线下搬到了线上，但人与人之间的联系缺少一个介质，所以我们虽然看到脸书里有大量的企业账号、企业店铺展示等，但这些账号不会超过个人账号的体量，这是社交媒体的属性所决定的。选择社交媒体付费推广的并不多，最主要原因是任何一个外贸企业的费用投入追求的是及时的有效性，最好是今天有投入，明天有询盘，而社交媒体不会有立竿见影的效果。它需要持续的运营、持续以社交媒体的方式输出内容、获取平台较高的权重，再持续获得询盘。

四、视频网站

国内外的视频网站会有相当一部分商业、科技、产品信息等方面的内容。视频因为其直观、立体的表达形式必然会在互联网里占有重要的一席之地，并且随着移动互联网的快速发展，视频拍摄和上传变得更为快捷方便，视频越来越受一部分用户欢迎。商品展示要求产品拍摄角度、灯光、细节展示等都做得不错，视频带来的真实感是其他形式无法比拟的。

五、地图

地图的流量是最容易被忽视的，原因是地图的应用场景和范围不如搜索引擎、B2B 平台、社交媒体等，但是地图的优势在于人人都有使用地图的需求，这就让地图成为另外一个重要的流量入口，只是地图的使用习惯不稳定，使用时间有不确定性。从推广策略上来说，需要在时间和空间上采取适应这种不确定性的方式，怎么定位到使用地图的目标客户显得比较棘手，这个时候要灵活地找到目标客户可能产生的共同动作，尤其对于 SOHO 来说可以反向思维考虑行业客户在什么时候使用地图的可能性最大，当然是他们参加行业展会的时候。比如说在展会周边预订酒店，接下来经常要查看路线，必须用到地图。如果我们知道拉斯维加斯国际会展中心会在具体的哪一个星期开行业展会，那么买家出现最有可能的时间点是在展会召开前一个星期持续到展会结束后一个星期，出现最有可能的地点是会展中心周边的酒店、饭店、停车场、超市等。这样时间和地址范围基本上确定了。

比如，我们以会展中心为中心点，直径为 10 千米，在会展中心周边酒店聚集的地方画一个区域，设置一个谷歌地图推广公司的方案，从展会开始前到结束后一段时间，下榻附近酒店的行业客户的谷歌地图里会经常性地收到我们所推广公司的信息，这就是对客户习惯、行业信息、谷歌地图推广方式理解以后所做出的专门的推广方案。

六、流量联盟

最后我们再把其他的客户可能会访问但又不是特别针对外贸这个行业领域的网站叫作流量联盟，比方说行业论坛、新闻媒体、时尚杂志等。这样大大小小的资讯类、信息类的网站据统计有几十万家，这些网站虽然不全是与商品、商业有关，但涉及的领域很广泛，覆盖了相当一部分互联网流量，并且在其领域都有一部分忠实用户。它的流量较为分散，也是偏偶然性的，比如今天某位明星有个重大热搜事件，娱乐网站的流量暴涨，而第二天可能就无人问津。但流量联盟也不可忽视，热搜带来的流量是惊人的，由热搜事件引发的关键词、商品联想所产生的效应难以想象，这种热搜产生的商品效应就好比在国内发生某热搜事件时“淘宝同款”的热销，这就是一种典型的将热搜流量转化成商品需求的方法。流量的根本是关注度，而热搜在极短时间内引发全民关注，本身就创造了流量。如果能够恰当地把这些随机和突发的流量引向自己的产品，就是一种成功的引流。未来国际社会的资讯、新闻等传播会更加及时，每一次事件都可能给国际贸易制造更多的流量，关键的是自己如何预判这些突发流量和及时做好推广策略。

以上几个部分就构成了现在外贸的线上流量入口，通过理解不同流量入口的本质再结合产品的属性将流量适当地进行引导，对于 SOHO 来说是至关重要的，也是行之有效的。

七、用户的时间分配

在对互联网用户的使用习惯进行分析以后，我们再来思考下，行业客户一天假如实际使用网络的时间为 8 个小时，他是如何把时间分配给每个流量入口的。

搜索引擎的使用频率较高，用时可能达到 2 个小时，B2B 等专业电子商务平台用时 1 个半小时（行业客户），社交媒体用时 1 个半小时，地图用时 1 个小时，流量联盟用时 1 个小时，视频网站用时 1 个小时，这就构成了客户一天的大概流量分布时间。我们无法准确判断每个客户花费在每个流量入口的时间，但是对于行业理解越深，对客户的风格和使用习惯、使用时间的把握越准确，我们要重点关注和投放广告的流量入口就越清晰。比如 SOHO 可以借助 GA4（谷歌网站数据分析）和 Clarity（必应数据分析）分析客户在自己官网的停留时间、访问时间、访问网页、访问 IP、着陆页和跳出页等，得出最有价值的行业客户的访问习惯、商品喜好、价格偏好，改进和优化推广策略。大部分 SOHO 的理解误区是将某一个流量入口视为决定创业成败的关键，但其实创业成败的关键还是在于自己对于行业的理解、对于生意本质的理解、对于人性的洞察和对流量细致入微的思考。

八、关于引流

外贸里的引流指的是什么？B2B 平台通过谷歌的展示页面吸引流量是引流，从 B2B 平台里的流量池引入流量到自己在平台里的店铺是引流，从 B2B 平台、行业论坛将流量引入自建官网也是引流。对于 SOHO 来说，引流的第一步要了解什么是有效流量，什么是无效流量。

拿谷歌和B2B平台来说，同样输入“毛巾”来搜索，在谷歌上面也许有人搜索毛巾这个关键词只是想看看毛巾的图片来认识毛巾，对于外贸引流来说这个是无效流量，要抓住有效流量就必须区分哪些用户是毛巾的真实采购商，哪些只是为了了解毛巾。如果用户在B2B平台搜索毛巾，这是一个有效的流量，因为B2B平台本来就是纯商业的地方。

如果产品是工业材料类，在谷歌里进行搜索的基本上都是行业客户，属于有效流量，那么谷歌适合作为主要引流方式，而B2B平台上的客户群体较少，B2B平台只能作为次要引流方式。

在分清有效流量的基础上，要弄清楚引流分为哪几个阶段，因为没有哪个平台在最开始就给优质的行业流量，这就需要我们在引流过程中讲究一些策略。

初期引流的时候要关注行业关键字，在关键字上积累想要推广的产品权重。让各个平台通过这些关键字分辨出我们所处的大致行业，分辨出我们主营产品的大类，但很少能直接细分到某个垂直类目。

积累了一定权重后，要做精准推广，改用更加精准的词，比如加上材质、颜色、产地等，这个过程其实是通过差异化的展示将更匹配自己产品的这部分流量筛选出来，让自己获取到的流量含金量更高。

接下来，当我们熟知了客户的访问习惯，甚至可以精细到客户通常访问的时间、所在主要国家或地区、主要采购产品，对其进行重点引流，这样可以不断提高流量的含金量，同时也可以进一步节约引流的成本。

九、谷歌付费推广方式

在做好产品的基本推广以后，为了巩固和扩大推广效果，往往可以投入一定的资金做付费推广。付费推广的方式很多，大多数SOHO比较擅长在

B2B 平台上投放广告，将推广的对象锁定在店铺的产品上以直接获取有效的询盘，但是对于 SOHO 选定的特殊产品种类来说，谷歌付费推广的方法会更有效，只是很多人不了解谷歌推广的效果，选择了比较稳妥的 B2B 平台推广。我们来看看谷歌推广有哪些形式、从这些形式里借鉴流量的规律、借鉴推广的方法（见图 5-2）。

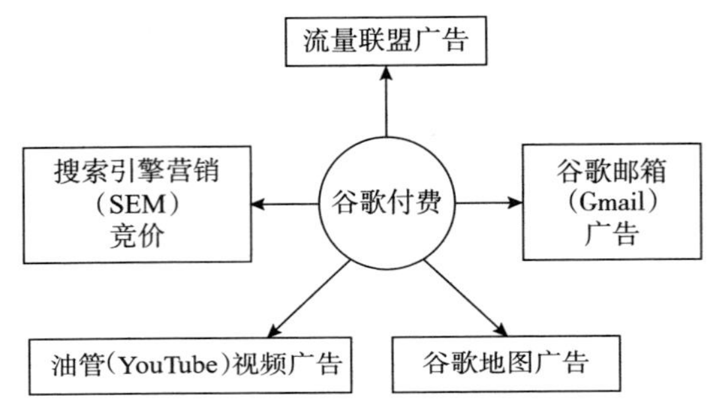

图 5-2　谷歌付费推广策略

（一） SEM 竞价

大部分对于谷歌竞价的理解都停留在 SEM 竞价方式，谷歌是按照效果付费的，竞价排名的意思是单次点击下谁出的价格越高，谁就可以排在前列，完成一次点击后，从广告账户里扣除相应的点击费用。

我们反过来看看在谷歌里呈现的效果，输入一个关键词“Cell phone”后，跳出来的第一个结果是某公司的广告，左上角有一个明显的“广告”标签，即某公司通过谷歌做竞价广告。但是 Cell phone 是一个大词，相应的竞价点击费用会很高，大的品牌完全可以承担竞价的费用，做竞价广告一来可以引流，二来可以做品牌的推广。对于 SOHO 来说，如果产品的专业性越高，这种竞价推广的效果越好，原因是每一个点击都是有效的点击（排除恶意点击以外），另外 SEM 竞价所显示的链接通常是公司官网、产品详情页面等，这些流量都是实实在在流向自己的网站。

（二） YouTube 视频广告

YouTube 是谷歌公司旗下大型的视频网站，数据显示 2024 年第一季度，平均每月约有 27 亿用户访问 YouTube 一次，每天有超过 1.22 亿人访问，每天观看视频时长超过 10 亿小时，月搜索量达到 30 亿次。综合型的视频网站也是付费推广的一个较好渠道。在 YouTube 投放广告的方式也很简单，在视频搜索结果列表里嵌入公司网站，或者在视频播放前嵌入公司网址进行推广。视频广告推广的有效性在于谷歌通过分析用户在搜索引擎里的搜索记录，找到潜在可能对公司产品感兴趣的部分用户做广告推广，或者是根据用户在各个网站里出现过的访问痕迹，自动计算出用户与我们所推广产品的关联度做推荐，甚至是直接在竞争同行的视频上嵌入我们的产品广告。

1. 视频搜索结果下做广告

在 YouTube 搜索框里输入产品名称后，跳出来广告页面，在网页前标有“Ad”的即为广告，点击后可直接链接到网站（见图 5-3）。

图 5-3　YouTube 广告

2. 在视频播放窗口做广告

用户播放视频的广告栏里有公司的网站链接，如果用户对链接内容感兴趣，点开链接并持续一定浏览时间（比如 20 秒以上的访问时间）即可算作一次视频广告的推广。持续的访问时间是为了避免无效点击，更为精确地保证每一个点击网站的确实是对公司网站或者产品感兴趣（见图 5-4）。

图 5-4　YouTube 播放窗口广告

（三） Gmail 广告

Gmail 在全球用户量级超过 10 亿，也是一个不错的流量入口。10 亿 Gmail 用户每天在邮箱的邮件里所提及的品名、关键词、行业相关词生成了一个庞大的数据库，而 Gmail 广告推广的基础就是这些数据。Gmail 广告的优势在于广大用户的邮件内容相对比较隐私，其真实度也更高，更容易判断出邮箱使用者的真实意图。

图 5-5 所示为 Gmail 邮箱页面，假如所推广产品的关键词为 Cell phone，在客户邮箱里出现过这个关键词，客户下次打开邮箱，邮箱正上方（箭头处）就会出现所推广的产品相关网站页面。

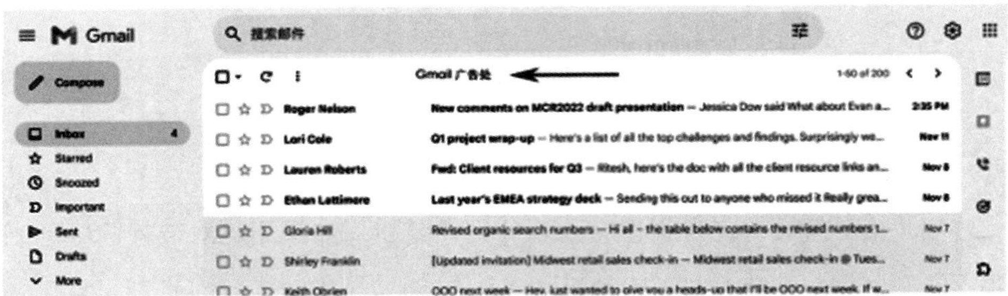

图 5-5　Gmail 广告

（四）流量联盟广告

流量联盟 80 多万家各种资讯、新闻等网页里蕴藏着大量的流量，但无法预测哪个网站明天会因为某个事件产生巨大流量，在这类网站进行推广的方式其实很简单，当潜在买家在搜索引擎里搜索过相关产品，再打开流量联盟里的任意网站后，会推送推广网站的页面，又或者是当流量联盟里出现过产品相关信息时，会将产品网站放在这些网站的空隙进行推广。在行业论坛帖子的广告位如图 5-6 所示。

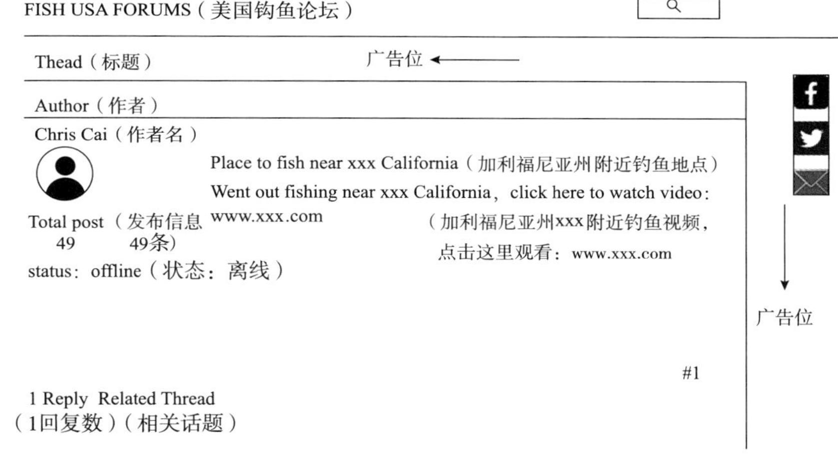

图 5-6 行业论坛帖子的广告位

英国广播公司（BBC）网站的广告位如图 5-7 所示。

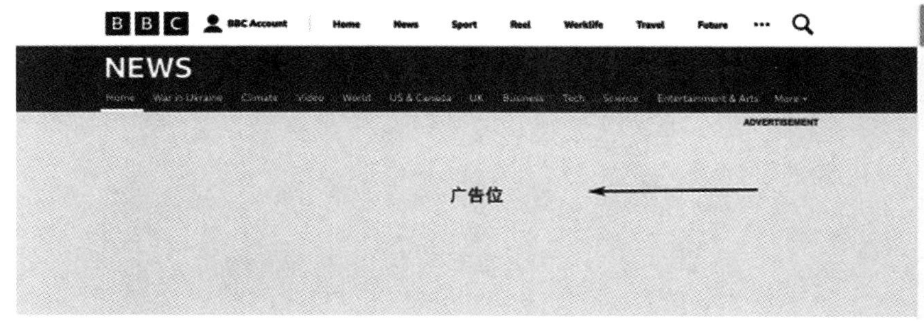

图 5-7 BBC 网站的广告位

流量联盟的广告相对来说有效性会逊色一些，但费用较少。

通过谷歌地图做展会营销的方法前面已经做过介绍，也会产生相应的推广费，但其有效性也是不错的，所以从广告投放的优先级来看：SEM 竞价>YouTube 视频广告>地图展会营销广告>Gmail 营销广告>流量联盟广告。SOHO 在做付费推广的时候，要综合考虑流量入口自身的价值、产品属性及适用的广告投放方式、费用等因素。

CHAPTER 6
谷歌开发客户

很多 SOHO 都是以谷歌作为主要的客户开发方式，原因是谷歌作为流量入口在外贸行业里有巨大的潜能待开发，且互联网的用户有很多问题都会选择直接从搜索引擎里寻找答案，使用搜索引擎成了互联网用户的一个习惯，而这个习惯让搜索引擎沉淀了海量的用户数据、画像、评价等，囊括了各行各业。所以，从谷歌进行客户开发也成为外贸人必备的最重要的技能之一，如果能熟练掌握谷歌开发客户的方法，可以最大限度地节约在第三方流量获取平台上的广告费，帮助 SOHO 在初期资金紧张的条件下渡过难关。除此以外，当 SOHO 学会了用谷歌开发客户，自然而然地就会将这种搜索方法与当前各个客户开发的渠道进行融合，比如谷歌+论坛、谷歌+社交媒体、谷歌+B2B 平台、谷歌+贸易情报中的进出口数据等，无限提高搜索和开发客户的成功率。当然谷歌客户开发的底层逻辑同样适用于诸如必应、央捷科斯（Yandex，俄罗斯重要网络服务门户）这些搜索引擎。这一章我们来演示如何通过谷歌开发客户以及适用的条件。开发方法主要分为 3 类。

一、直接搜索

直接搜索的方法适合日常搜索或者对行业概况的了解。当 SOHO 放弃以前的行业，加入一个新行业、新开发一个产品，除了借助谷歌趋势（Google Trends）来了解新产品在全球的搜索热度以外，也可以通过这种直接搜索的方法来了解行业概况，比如行业热度、公司概况，做一个大方向上的把控。具体方法如下：

（一）谷歌搜索框

例如，把产品的名称“Led light”（LED 灯）+不同的角色词［buyer（买家）、distributor（经销商）、seller（卖家）、manufacturer（制造商）］放入谷歌搜索框中（见图 6-1），会搜索出相应的结果，且每个搜索词呈现的结果是不一样的，我们需要反过来想适合这些角色的产品到底是什么：Led light buyer 指的是 Led 灯的买家，搜索出来的结果大多是直接采购过 LED 灯的买

Google

G Led light buyer

https://www.trimleaf.com/blog/guide
LED GROW light Buyers's Guide

https://mashtipscom/gadgets
Ultimate LED lamp Buying Guide Every...

https://www.wavelengthlighting.com/blog
Buyer Beware:The rise and rise of integrated

https;//blog.1000bulbs.com/learning-center
Led Light Bulbs-Buyers Guide-1000bubles.c

https;//blog.lightbulbs-direct.com/advice
Led Light Bulb Buyer's Guide/lightbulbs

G Led light seller

Led light seller

Socai Led lighting Inc
California,Lapuente. (626)788-2881

LED distributors
California, Stanton.(714)930-3998

Led RGB light
California, City of Industry.(626)239-7228

https://www.amazon.com/bestsellers.
Best Seller LED STRIP LIGHTS

G Led distributor

https://www.stouchlighting.com
LED Lighting Distributor and Implemen

https://store.leddistributors.net
LED distributors: LEDs-flexible LED strips

https://www.seniorled.com/led-lighting-
LED lighting distributor-LED light

https://www.envisionledlighting.com
Wholesale lED lighting/logs angeles distribu

https://independenceled.com/distributor-n
LED distributor/USA made

https://wesled.com
Wesled:Best LED local distributors, supplies

图 6-1 谷歌搜索关键词页面

家；而 Led light seller 指的是销售 LED 灯的公司，他们有可能是从别国采购销售，也有可能是自己生产销售（言外之意是他们可能会从中国采购相应的材料或者配件）；而 Led light distributor 指的是 LED 灯的经销商，意思是可能销售跟 LED 灯相关的产品；Led manufacturer 指的是 LED 灯的生产制造商，意思是采购 LED 灯生产材料的公司，同时，作为国外竞争同行，其客户群体可能正好是国内制造商的客户。依次类推下去，我们可以找到很多与产品相关的角色，而结合产品的角色越多，我们获得的客户资源就越多。

（二）谷歌地图

在谷歌地图里搜索关键词，如图 6-2 所示，左侧栏是该关键词在该区域内搜索结果，当我们任意点击一个公司名，会出现公司的联系信息。

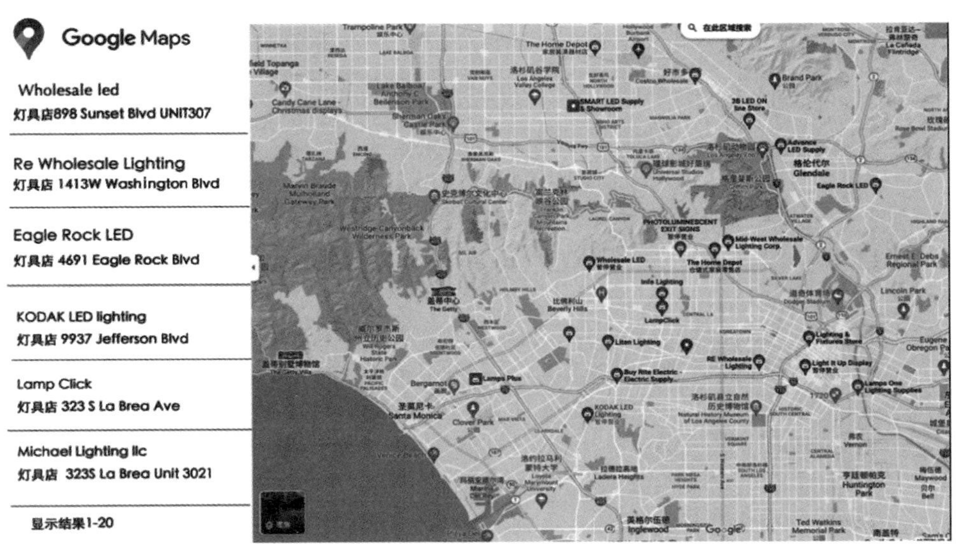

图 6-2 谷歌地图搜索关键词页面

当买家也在谷歌地图上展示信息时，我们就可以通过这些信息找到行业内的客户（见图 6-3）。

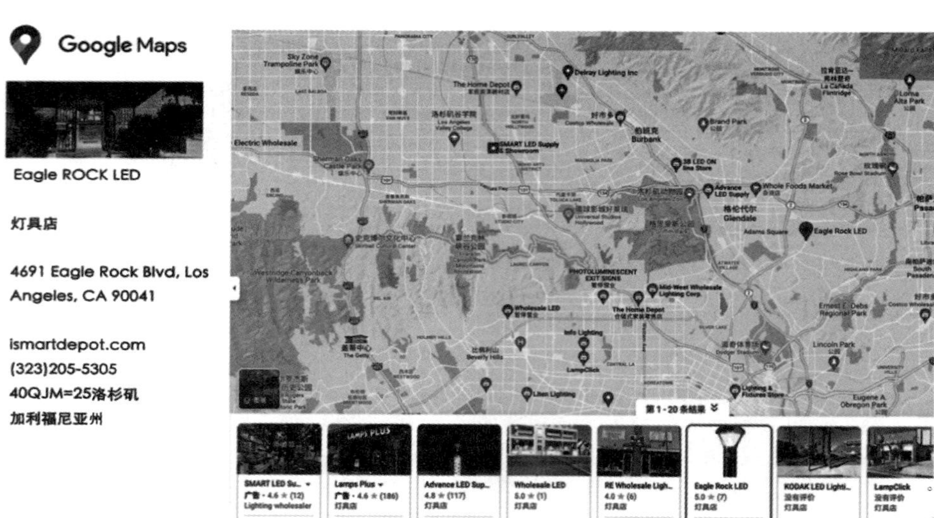

图 6-3 谷歌地图搜索客户详情页面

（三）谷歌图片

打开谷歌图片的搜索页面，我们可以灵活一些在 Led light buyer 后再加入一个地区的限制，比如美国加利福尼亚州（California，CA），会出现众多搜索结果，随机挑选一张图片打开后会直接跳转到公司网页，找到公司联系页面，会发现公司相应的地址为美国加利福尼亚州，如图 6-4 所示。

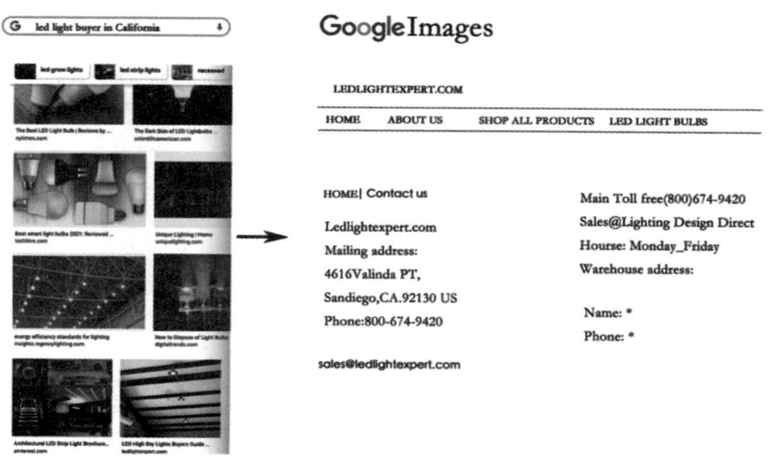

图 6-4 谷歌图片搜索客户页面

（四）谷歌视频

同理，当我们打开谷歌视频页面，搜索关键词 Led light buyer 会跳出搜索结果，这些搜索结果和 Led light buyer 相匹配的同时也积累了相当一部分视频的权重，有不错的播放量和点击率。我们恰好通过谷歌视频找到了在谷歌图片中也搜索出来的“LED 灯专家”（Led light expert）这家公司（见图 6-5）。这样看来这家公司在搜索引擎的优化效果还是不错的。直接搜索使用的关键词相对比较简单，无论是限定词还是修饰词都是行业相关的大类词，这样是为了快速了解一个行业的基本概况、人群市场等。

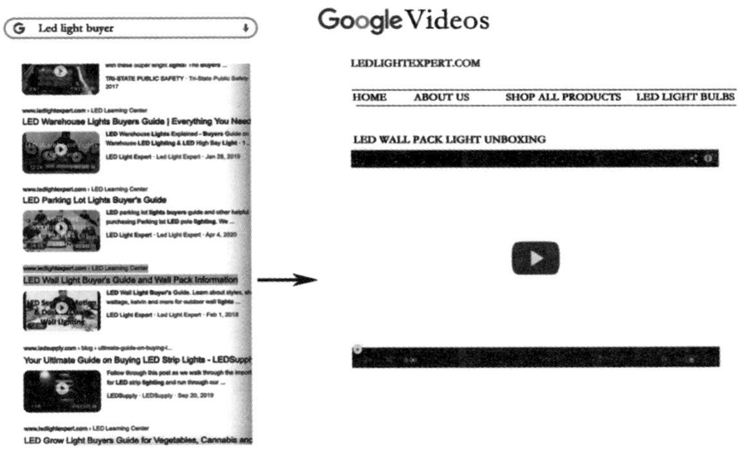

图 6-5　谷歌视频搜索客户页面

二、模糊或联想搜索

模糊或联想搜索适用于对行业有一定的了解、对搜索方法有一定的掌握之后，比如掌握了如何使用关键词、如何做关键词搭配、如何扩大或者缩小搜索范围让搜索结果更精确、如何寻找更多的行业客户等，具体搜索方法如下。

（一）搜索“产品名称/产品大类+不同国家公司名称后缀”

美国公司后缀大多数为 LLC（有限责任公司）或者 INC（股份有限公司），一般情况下 INC 的公司规模要大于 LLC；意大利公司后缀多为 S. R. L.（有限责任公司）或 S. P. A.（股份有限公司）；西班牙公司后缀多为 S. A.（股份有限公司）。这个方法其实是限定了搜索的目标市场。如果我们的产品只做美国市场，可以限定后缀为 INC、LLC 来搜索，比如搜索“Led light INC”的结果如图 6-6 所示。

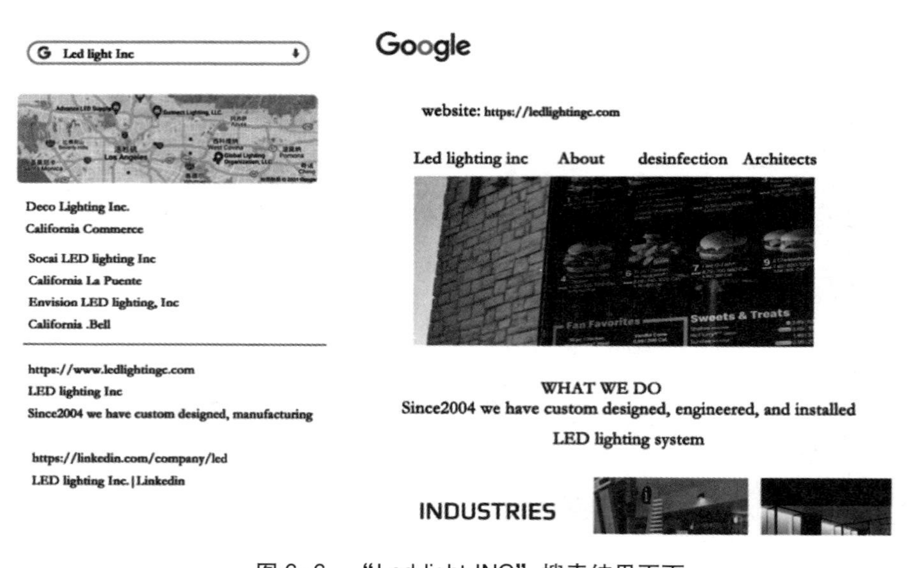

图 6-6 “Led light INC”搜索结果页面

因为限定国家是美国，所以搜索结果里以美国 Led light INC 公司为主，这样一来相当于缩小了搜索范围，在搜索结果里找到的美国市场客户更精确。我们将公司后缀换成 LLC 的搜索结果如图 6-7 所示。搜索结果显示了以 LLC 为后缀的美国公司，同时我们也可以将右侧以 LLC 为后缀的公司网页与图 6-6 右侧以 INC 为后缀的公司网页进行对比。INC 公司官网渲染的是公司建立的初衷和文化，而 LLC 公司网站是具体的产品展示，相信对客户背景调查有经验的人一眼就能看出公司实力的差异。

图 6-7　“Led light LLC”搜索结果页面

同样可以在谷歌里对以 S. R. L. 为公司后缀的意大利公司进行搜索，结果如图 6-8 所示。

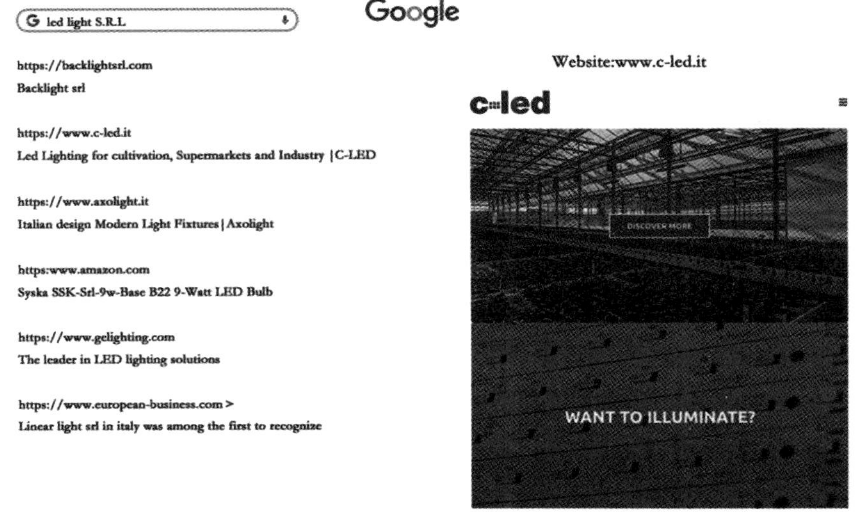

图 6-8　“Led light S. R. L.”搜索结果页面

（二）灵活运用“Similar to”（与某某类似）进行搜索

通过简单搜索知道行业内某客户 A，用关键词 Similar to A，找出的 A 公司的所有竞争者（类似的公司）对我们来说即是客户。

比如，在谷歌里简单输入“Excavator”（挖掘机）这个关键词，跳出来一个公司名叫约翰迪尔（John Deere）（见图 6-9），这个公司有可能是挖掘机行业内的客户，我们再回到搜索框里输入“Similar to John Deere”就会出现这家公司所有的竞争者（Competitors），这些可能都是我们要着重开发的行业内客户。

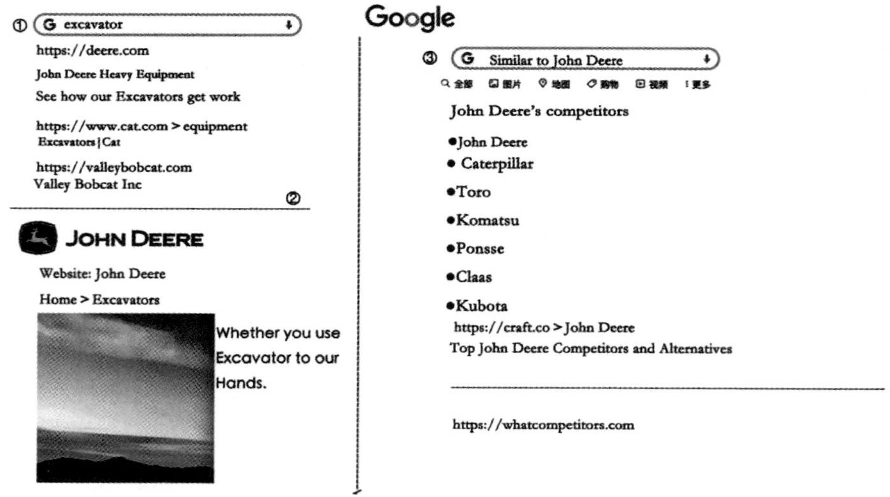

图 6-9 谷歌“Excavator”搜索结果页面

紧接着，通过搜索出来的客户竞争者找到其他竞争者，当我们从“Similar to John Deere”的搜索结果下随机找出一个公司名，比如图 6-10 左侧图中排第三的 Kubota（久保田），再用“Similar to Kubota”来搜索“Kubota”这家公司的竞争者，搜索结果又不一样（见图 6-10 右侧图）。结果不一样的原因很简单，John Deere 这家公司的竞争者包含 Kubota，但是他们可能是在某一个系列产品上存在竞争关系，而 Kubota 的竞争者可能包含 John Deere，也可能从另外一个系列产品上与其他公司产生更直接的竞争关系，而这些公司可能不包含 John Deere。所以这样反复变换搜索下来，我们可以找到很多此行业的公司进行开发。很多人会倾向于选择行业里的知名大买家进行“Similar to”的搜索。

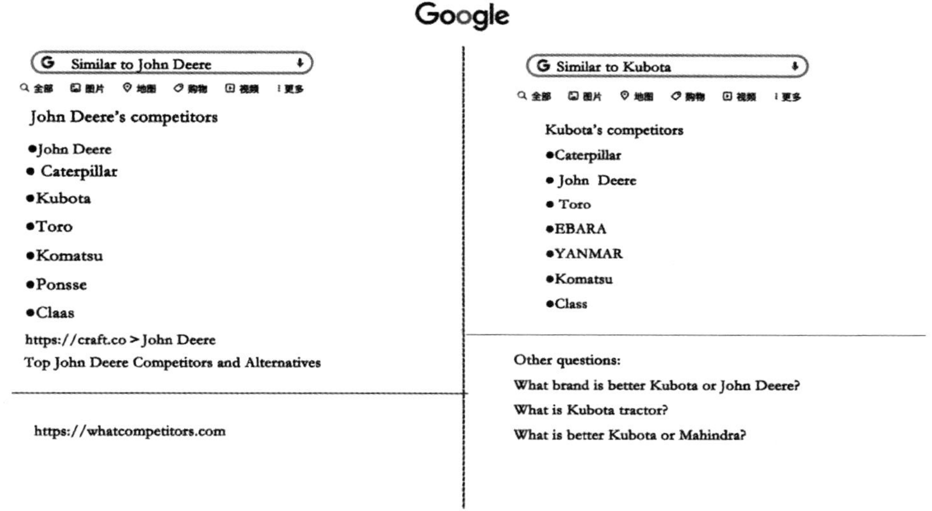

图 6-10 “Similar to John Deere”“Similar to Kubota”搜索结果页面

（三）搜索“产品关键词+Show/Fair（展会）”，找到参展商信息做开发

用“产品关键词+Fair”进行搜索（搜索举例见图 6-11 从左到右），找到产品在全球各地的展会信息页面，这些页面里很多页面包含行业内各个采购商信息，以及他们发布的行业介绍或者采购需求，找到目标客户的公司名或者网站即可直接进行开发。又因为展会里的信息与行业的相关性更强，找到的客户信息更准确，加以分辨以后开发的效果较好。全球的类似展会信息很多，多做搜索可以找到更多行业内的客户。

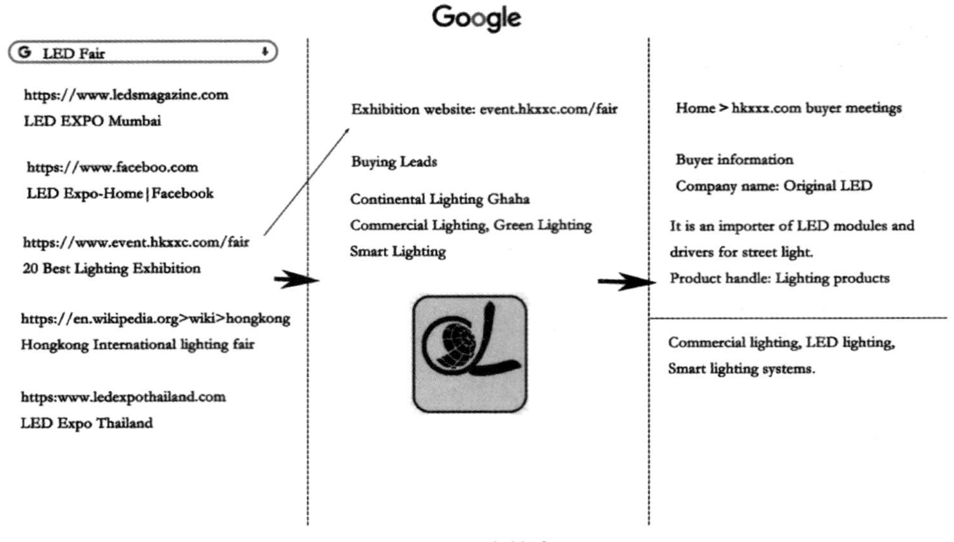

图 6-11 展会搜索页面

（四）公共邮箱反向搜索——产品关键词+@gmail. com

公共邮箱的意思是诸如国内像网易邮箱、QQ 邮箱等大众广泛注册的邮箱。国外的公众邮箱比较多，Gmail（谷歌邮箱）、Yahoo（雅虎）邮箱等，而且每个国家还有专门的公共邮箱，如果我们知道这些邮箱的后缀名，可以用合适的产品关键词+邮箱后缀进行搜索，搜索举例见图 6-12，在谷歌搜索栏里输入“ledlight@ gmail. com”，搜索结果里出现的是与 ledlight@ gmail. com 发生过关联的网站，从网页内容和质量来看，行业相关度会更高。Gmail 是谷歌旗下的邮箱，这些结果除了搜索引擎的相关抓取以外，还有可能是用户在使用 Gmail 邮箱时，邮件内容与 Led light 发生过关联，显然这种关联度会更高，得到的目标更准确。

其他公共邮箱的搜索方法完全一样，就不一一演示了。这种搜索原理是利用逆向思维，假设一部分买家在申请公共邮箱时会有一种将行业名称或者产品名作为邮箱用户名的习惯，抓住这种注册时的习惯就可以找到相关行业人员。

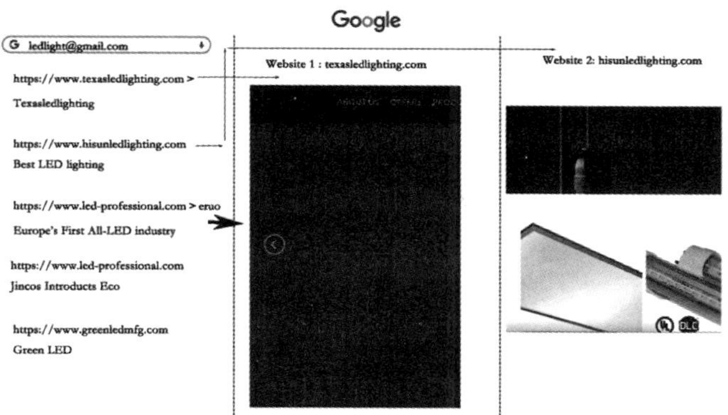

图 6-12　邮箱逆向思维搜索举例

（五）将域名作为关键词进行搜索

在自建网站章节提到域名设置时，我们有提到用产品或者行业来作为网站域名和邮箱域名。同理，绝大多数买家公司同样会将产品关键词设置成企业邮箱域名，遵循这种域名选择的思路，我们以产品名称作为域名后进行搜索得到结果的相关性更好，且搜索结果里会自动显示与域名相似度很高的各类公司。以搜索“3D printer”（3D 打印机）为例，搜索结果里出现 3dprinter. com，也会出现 3dprinting. com、3dprint. com 等一系列相似度很高的网站，如图 6-13 所示，仅仅从域名上来看，行业相关度已经很高了。

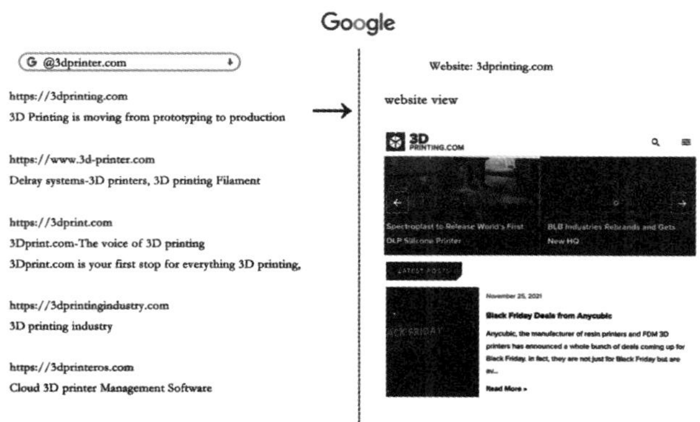

图 6-13　企业邮箱域名模糊搜索页面

模糊搜索的技巧在于对于行业、市场有了更深的理解后，通过联想、逆向思维等方法思考买家的行为习惯进行搜索尝试，这样得到的搜索结果基本上是行业的相关客户，关联度会更高，转化为合作的机会更多，同时当产品过于小众时，联想搜索等方法也可以更好地扩大行业客户范围来增加潜在客户的数量。

三、精准搜索

在对行业有了较深了解后，我们对目标客户、目标市场有相对精准的定位，能找出产品的目标客户集中在哪些国家和地区，明白要将重点开发对象放在这些区域精准寻找行业客户，又或者产品比较小众，需要精准定位到小众产品的用户和买家，需要锁定市场、国家（地区）、客户，这里就需要使用精准搜索了。

（一）直接使用目标国家（地区）语言进行产品搜索

我们都知道谷歌搜索引擎针对每个国家（地区）都有其专门的子域名，以更加符合当地的搜索习惯，我们可以使用“目标国家（地区）的谷歌域名+当地产品名称”进行搜索。比如巴西的谷歌子域名为 google. com. br，我们想在这个域名里搜索 3D printer，但是巴西使用的是葡萄牙语，怎么表达 3D printer 呢？可以用谷歌翻译（Google Translate）将其翻译成葡萄牙语“impressora 3d”。再将“impressora 3d”放入 google. com. br 域名里进行搜索，搜索出的巴西所有关于 3D printer 的公司如图 6-14 所示。

注意图 6-14 右侧图里的谷歌地址为 google. com. br，在谷歌巴西网站里进行葡萄牙语的产品搜索，其结果的相关度肯定是更高的。

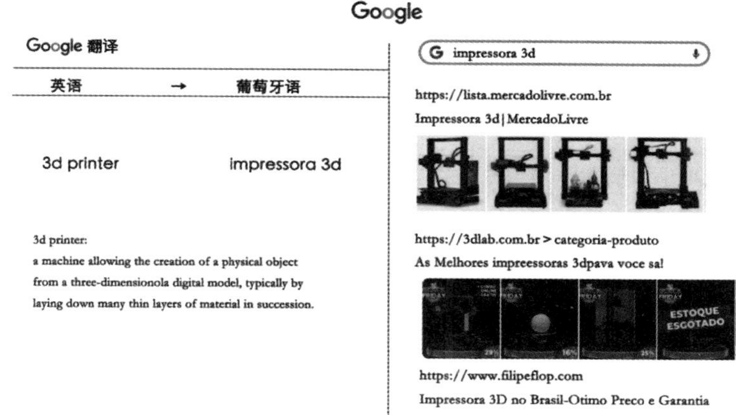

图 6-14　目标国家（地区）语言搜索举例

（二）关键词+详细国家（地区）地址搜索

有一部分外贸人开发客户的习惯是按照国家、区域进行地毯式的搜索，比方说 3D printer 这个行业在巴西发展前景很好，想重点开发巴西客户，可以输入更精确的巴西区域，比如圣保罗进行搜索，会跳转出来很多关于 3D printer 信息的公司，如图 6-15 所示。对行业有了更深入的理解以后，必然会对产品的目标市场有更清晰的认识，在搜索区域时更有目的性，搜索结果显示的相关性会更好，后续只需要将重心放在对搜索结果的分析和转化上。

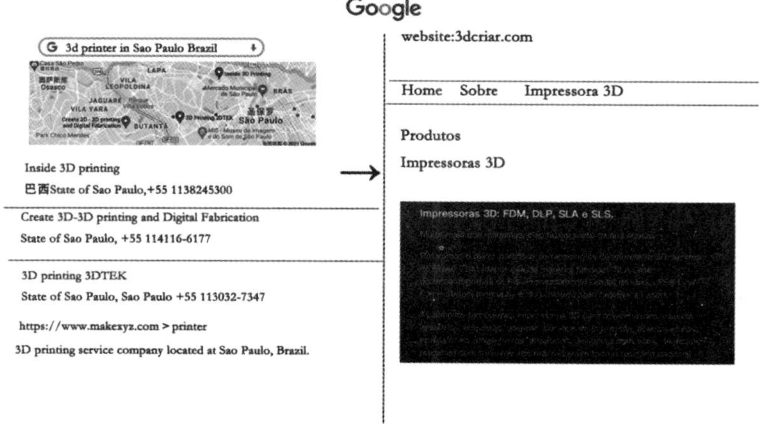

图 6-15　城市区域精确搜索页面

（三）限定词、精确词、长尾词搜索

3D printer 有很多类型，如果我们的产品比较小众，只生产其中一种类型，比如模具制造方面的 3D 打印，可以使用 Mold（mould）making 3d printer（模具制作 3D 打印机）对搜索结果进行锁定，让搜索结果和产品完美匹配，如图 6-16 所示。修饰词或者说限定词的使用跟每个人对行业的理解有关，如果对行业足够了解，是有非常丰富的修饰词储备的，在搜索时也会更加得心应手。

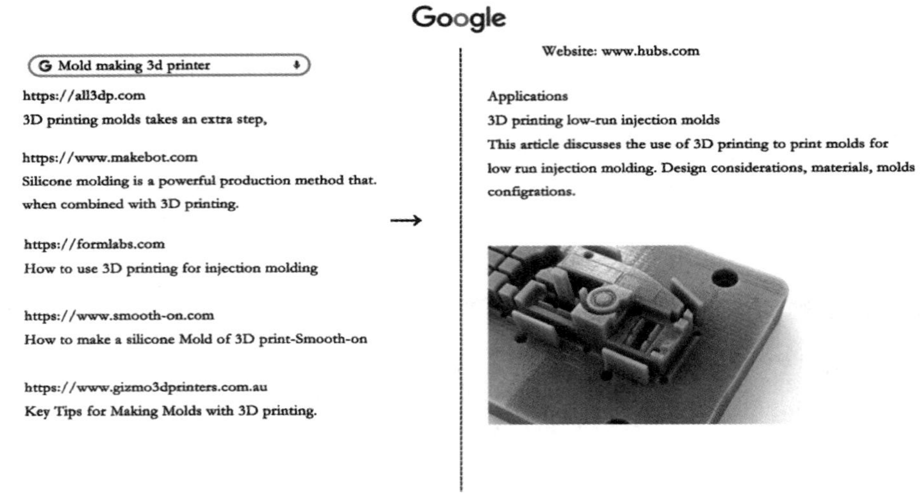

图 6-16 限定词搜索页面

在限定词 Mold making（模具制作）下又可以设定更具体的小词，比如 Injection mold making（注塑模具制作）之类，搜索的结果会更精准。

（四）谷歌指令精准搜索

谷歌搜索有指令，通过输入这些指令或者符号也能够获取精准的信息。我们来理解谷歌几个精准搜索的指令。

1. 输入"allinanchor（网页的链接）+关键词 A、B、C"，这个指令的意思是网页里含有关键词 A、B、C 的内容都会出现在搜索结果里。

2. 输入“allintitle（所有标题）+关键词 A、B、C”，这个指令的意思是标题里含有 A、B、C 的内容都会出现在搜索结果里。

3. 双引号中输入关键词，比如“关键词 A+关键词 B”，搜索结果会限定按照顺序出现关键词 A 和关键词 B 的内容。

具体的搜索方法如图 6-17 所示，我们可以对比 allinanchor 和 allintitle 搜索结果的不同，也可以看看准确限定了关键词和关键词的顺序后搜索结果里会出现什么。

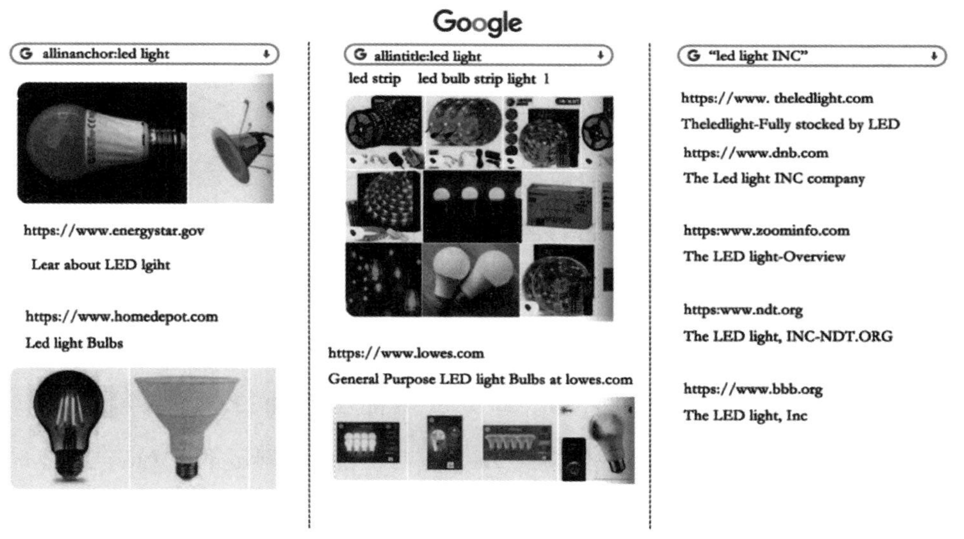

图 6-17　谷歌指令搜索页面

搜索指令的运用范围较广，比如当我们知道了某公司的采购负责人名字后，可以输入“公司名+人名”，选择合适的指令可能会出现我们想要的搜索结果。通过不断尝试指令搜索，排除广告、搜索曝光等因素，可以搜索出不同的结果，提高搜索成功率。当然随着搜索行业的发展，未来指令条件也会发生变化，但我们理解了搜索的本质和逻辑，未来能适应任何指令的变化。

四、邮箱查找

搜索的结果一般显示的是客户公司网站，怎样才能找到客户的邮箱进行客户开发呢？

搜索的结果可以直接找到包含公司地址、电话和邮箱的公司联系方式页面。因为时差、电话信号等方面的因素，打电话进行开发对一部分客户显得比较唐突，所以邮箱是一个相对平和的方式，可以对 Info（信息）邮箱、Service（客服）邮箱、Support（支持）邮箱甚至是 Sales（销售）邮箱进行开发尝试，让相关人员转发给采购人员来争取机会。但大部分非采购人员看到主动推广的邮件都会选择过滤，这样一来开发的效果会大打折扣。关键是找到采购相关人员且最好是公司负责人。我们可以结合对行业客户的了解、邮箱地址的特殊性及想象力来找到客户的邮箱，比如当我们知道采购人员的名字是“Patric”，也知道他的公司网站域名为“abc. com”以后，我们搜索“patric@ abc. com”，谷歌可能会将他的真实邮箱“pat@ abc. com”联想出来。原因是“abc. com”是唯一的，只要这位“Patric”客户在任何地方关联过“patric”和“pat”，谷歌就很有可能显示出准确的邮箱地址。

除此以外，谷歌有非常强大的关键词补充能力，当我们非常肯定搜索的关键词里含有某些字母如 abc，但无法找全所有字母，可以试着输入“abc”加上限定词，谷歌有可能会把 abc 剩下的字母如 efg 自动联想展示出来，给出一个正确的搜索结果。

我们来通过例子看看如何通过想象力+谷歌的判断能力找到行业客户的邮箱。当我们输入关键词“excavator”以后，出现 John Deere US 这家公司，打开网页后确定公司的域名为 deere. com（见图 6-18），在脑海里反应出公司相关人员的邮箱地址为×××@ deere. com，如果直接输入@ deere. com，得出的搜索结果哪怕向后翻页都没有相关邮箱地址，如图 6-19 所示。

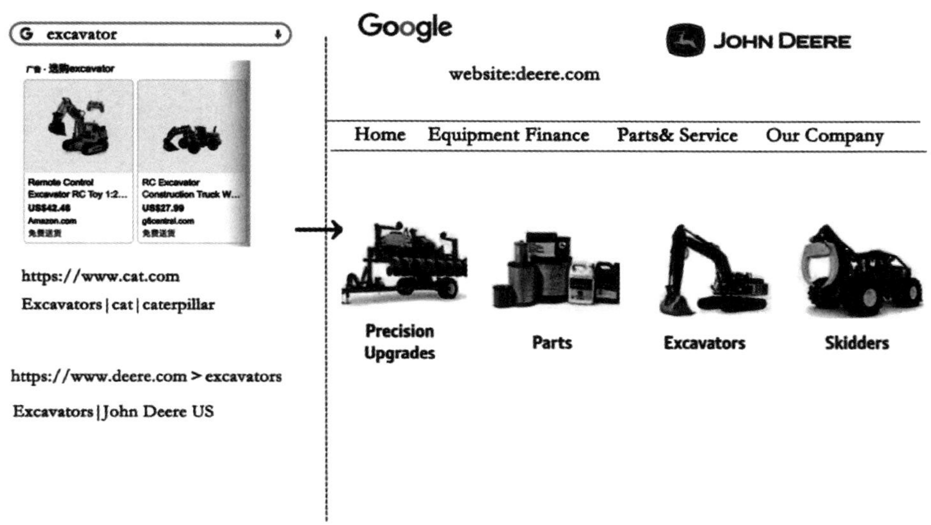

图 6-18　谷歌搜索产品关键词 “excavator” 页面

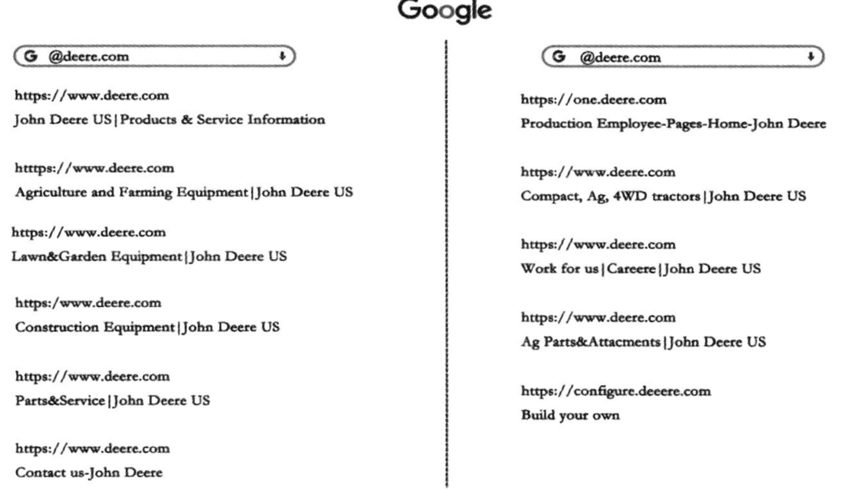

图 6-19　域名 “@deere. com” 搜索结果页面

当我们发挥想象力，设定公司的负责人职位为 president（董事长），将邮箱地址设定为 president@ deere. com 进行搜索，我们会发现有一个网页里包含 John Deere 和 CEO（首席执行官）的字样，并包含了邮箱地址，打开这个网页，我们找到了 CEO Email Address（CEO 邮箱地址）项下 MayJohnC @ johndeere. com 这个邮箱地址（见图 6-20）。这应该就是我们要的准确邮箱地址。

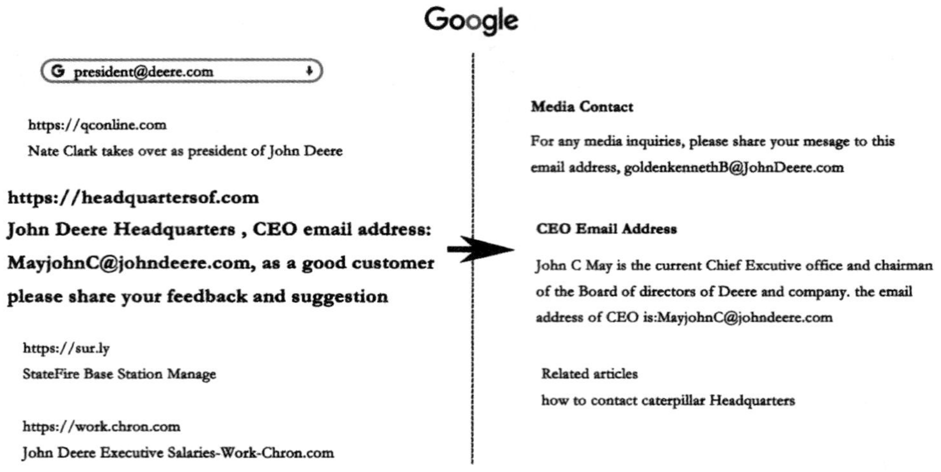

图 6-20 设定 president 搜索页面

为了验证邮箱的真实性，我们再把这个邮箱地址放入谷歌进行验证，结果如图 6-21 所示。跳出来的第一行就是公司官网 www. deere. com，在概述里我们看到 joined in 1997（从 1997 年加入）之类的，基本上可以确定信息是准确的。因为第一次和客户发邮件是很重要的，为了再次验证邮箱是否真实存在，不唐突地发送开发内容，最好是找到客户的真实邮箱以后，通过服务器里验证邮箱地址的网站确认其真实性（见图 6-22）。

图 6-21　谷歌验证邮箱页面

邮箱地址验证

输入邮箱地址：MayJohnC@johndeere.com

验证成功！

mx记录解析成功67.231.152.47
连接到67.231.152.47成功！
>220mx0B-000e4101.pphsted.com ESMTP mfa-m0040803 250mx0b-000e4101.pphosted.
Mail From：<15333@xxx.net>
>250.2.1.0 sender OK
RCPT TO：<MayjohnC@Johndeere.com>
>250.2.1.8 Receipient ok
Quit
>250.2.1.0mx0b-000e4101.pphosted.com closing connection

图 6-22　邮箱验证网站二次验证页面

回过头去看查找该客户邮箱地址的过程，关键点在于我们设想了公司的负责人职位为 President（总经理），这个词被谷歌自动解析，依据该关键词的意思与 CEO、Director（董事）等代表公司负责人的职位进行关联，跳出来我们想要的信息。在这个搜索的思路基础上，我们也可以对代表公司采购的职位关键词进行搜索，比如 Purchasing（采购）、Sourcing（采购）等。

随着外贸行业的发展，谷歌搜索的技巧一直在进步和变化，未来也会出现更高级的搜索方法，也会出现更多的平台与谷歌搜索产生关联，但搜索引擎最基础的方法一直没有改变。SOHO 更应该结合自己的产品和对行业的理解找出最适合自己、最高效的开发客户方法。

CHAPTER 7

SOHO 创业的报关退税

很多SOHO初次创业，没有注册公司和实际收取外汇、报关、退税的经验，所以在创业中对收汇、报关、退税等问题感觉很棘手，甚至有一丝畏惧。而根本原因是在创业初期一切从简且订单量不多的情况下，贸然去注册公司可能需要很大的注册资金和行政成本。其实这些注册资金、收汇的问题在订单量不大的情况下都可以通过其他合作方式或者第三方解决，而且解决方式也比较成熟。在报关退税等过程中填写企业抬头的问题是最难的，大部分SOHO最担心的是自己苦心开发的客户信息被暴露后，客户直接越过自己和工厂联系，自己苦心经营的创业就此功亏一篑，比如这位SO-HO的一次经历：

"我和一个客户合作了一年，一直帮他提供产品和服务，他还是到处找工厂源头，今天跟我说转给我美元帮他付下人民币给工厂，以后他直接跟工厂买，我心里备受打击。想起刚刚开始合作的时候，客户什么都不懂，对这种不懂安装的客户，工厂一般是不会出售给他产品的，所以他只能向我购买。我和他有时差，半夜手把手教他如何安装如何解决问题，他以此谋生，并且有任何问题都是随时找到我线上远程教导。现在他熟练了，而且生意不错，谁知学会了后就直接找工厂了。我把能提供的售后服务、教学指导当作跟工厂竞争的优势，原来自己的优势被消耗完后就变成零了。”

客户直接越过 SOHO 联系工厂的问题会一直存在，但在创业阶段，SOHO 不能把所有希望放在一个客户身上，要想从根本上解决问题，客户黏度一定要做好，原因是工厂要想释放信号给客户，让客户找到工厂信息太容易。要做到哪怕客户找到工厂也会继续选择和 SOHO 合作，哪怕坦诚告诉客户自己的角色也无妨。另外，从产品上来说，如果工厂有绝对优势，导致客户的某些想法要完成必须找到工厂，那么自己要转换角色，改变合作的方式或者尝试新的产品，增加自己的附加值。在上面这个案例中，客户打美元让 SOHO 付给工厂人民币，SOHO 可以在退税、佣金上和客户进行沟通，争取有一些收入上的保障。

SOHO 应该将精力重点放在客户开发、市场推广上，而收汇、报关、退税等货物出口相关问题有很多方法可以解决。又因为 SOHO 的生意模式多种多样，我们就来理一理不同情况下的收汇、报关、退税该如何操作。首先我们看看 SOHO 到底有没有必要注册公司。

一、SOHO 有没有必要注册公司

在创业前 SOHO 应该意识到公司形式不是为创业带来利润的，不是公司开立后，靠公司的形式和名气就可以创造出收益。出口业务相对特殊，涉及外汇入账、货物报关及退税等，源源不断的业务和订单是 SOHO 开立公司的前提条件，而这个前提可以算是注册公司的一个原因。另外一个原因是在搭建线上平台等开发渠道时，各个电子商务平台都需要提供公司营业执照和实地认证。

2004 年我国全面放开外贸经营权后，原来有出口资格的大型企业的出口负责人也开始走向民营企业，带动民营企业发展出口。2022 年取消进出口备案制后，代理委托出口的形式仍一直延续至今，也就是说订单是大于一切的，只要有实质的外贸订单，各个出口代理公司都能帮着解决收汇、报关、退税等事宜。从这一点来看，公司注册是非必需的，特别对于订单量不大的创业初期，不注册公司可以减少较为烦琐的行政事项，SOHO 有更多精力去开发客户。

在搭建推广平台这一渠道时，平台对公司资质的审核确实越来越严格，但平台并没有对公司注册资金有要求，也没有对实际的平台操作人有要求，SOHO 通常可以通过注册小规模纳税人公司满足平台的营业执照要求，这样一来会减少很多公司行政事项。但是很多 SOHO 并没有借助线上的 B2B 平台，而是直接通过谷歌、社交媒体等开发客户，再通过挂靠外贸公司或者朋友公司进行收汇等，这样一来平台所要求的营业执照问题也可以解决。那么不注册公司，以什么公司的名义去面对客户呢？早期 SOHO 用离岸公司的名字去面对客户比较常见，同时离岸公司的英文名限制也较少，更容易选择自己中意的公司名，或者干脆选择以挂靠的公司面对客户。大多数客户对于国内公司的归属、股权结构并不在意，他们在意的是付款是否安全、货物质量是否达标、与他联络的人是否诚信可靠。

以上是不注册公司的外贸 SOHO 操作方法，前提条件是客户完全相信 SOHO，并且能相信所挂靠公司或者代理公司的银行付款账号，在实际操作中这是完全行得通的，毕竟国外付款也偶尔会通过代理付汇。不注册公司的好处在于创业能退能进，在创业的决心还不是很强的时候，可以通过第三方公司做好后续报关收汇等事宜，但通过代理收汇时，要熟悉买卖双方、代理及国内的工厂这些公司的角色及抬头（公司名称），让客户减少疑虑。也有一部分外贸创业者是将 SOHO 作为副业“试水”，这样一来开立公司等事务可能会影响到主职工作，所以他们更倾向于不注册公司。

当然，即使将 SOHO 当作副业，仍然有很多人选择直接注册公司，我们也来看看注册公司后带来的好处与便利：公司的形式可以解决和客户谈判的身份、角色等问题，在遇到行业优质客户、真正的机会来临时，公司正好可以派上用场，临时注册公司、开立账号等操作很容易错失最关键的机会。毕竟对于很多客户来说，也确实在付款环节容易对公司抬头、实际交易公司、代理公司产生怀疑。对于意向非常强烈的行业客户，如果 SOHO 在最开始就有非常完整的公司体系，信任感肯定更强。注册公司以后的成本也不会太高，如果没有实际的营收，可以找一个兼职财务处理记账和年审等事宜，每月或者每年支付其一笔费用，这些投入也是一种信任背书，因为公司经营年限的增加，同样会增加客户对公司的信任感。

综上，注册公司与否，要综合考虑当下订单量、渠道搭建和推广的紧迫性、客户对于公司形象的敏感性、公司角色对于业务的便利性、资金实力等因素决定。

二、个人无公司

在不注册公司的情况下，个人肯定是无法出口的，但是有一个专门负责出口事宜的公司就可以解决报关、退税等问题，这就是出口代理。他们除了承接个人的进出口业务以外，也为一部分出口企业垫付退税，缓解企业的资金压力。实际上，外贸企业都可以承接出口代理业务，只是大部分外贸企业都有自己稳定的客户、稳定的供应商和稳定的订单，不需要额外承接出口代理的业务，并且隔行如隔山，对于不熟悉的产品领域，一般外贸企业都不会轻易尝试。但是有一批出口代理企业在代理出口业务上已经经营十几年甚至更久，能够处理收汇、报关、仓储、物流、退税、清关等事宜，基本上解决了 SOHO 在订单确认以后的所有通关环节，而十几年的代理出口业务让他们在某一领域或者说产品上积累了丰富的经验，甚至是在产品的资质、检测、清关等方面都能解决 SOHO 的后顾之忧。比方说有些出口代理擅长做服装、纺织出口，有些擅长做机械出口，有些擅长做工业产品出口，他们对于产品的商品检验、商品编码、退税率、进口资质要求、认证方面都可以提供很好的信息补充。

没有货源的个人，在与出口代理合作的过程中需要把工厂也加入进来，也即 SOHO、工厂、出口代理签订一份三方代理协议。表面上的出口形式是出口代理公司向工厂采购了一批货物进行出口，而实际上出口代理是受货物实际拥有方 SOHO 的委托向工厂采购一批货物出口到 SOHO 的最终国外客户。这种模式已经非常成熟了，所以也无须太担心出口代理企业不讲诚信抛开 SOHO 和工厂单方面联系，出口代理企业在这个过程中有自己的一部分佣金可拿，通常是在出口总金额上按很小的一部分比例抽取，有时如果金额不大，按照每票货物出口收取一个固定的代理费。所以出口代理企业的客户是广大的 SOHO、没有出口资质的企业和个人，他们盈利的方式是在每笔货物出口后抽取一部分佣金，大多数情况下他们并不擅长 SOHO 所做的客户开发等工作。外贸每个环节相关的企业或者服务者都在精心做好自己领域的业务，彼此互不干扰、互不冲突，这是一种行业里的默契，出口代理需要打磨的核心在于处理某一个领域产品的报关、资质文件、航线、清关的能力和降低费用等，最终需要做的是不断地扩展这些领域和产品范围，开拓更多的客户群体。

并不是所有代理企业都是诚信的，但是 SOHO 有足够的选择权，可以找到相对靠谱的代理公司签订长期的代理协议或者对每笔订单签订代理协议。在上面分析完出口代理与 SOHO 业务方向的本质区别后，可以打消 SOHO 一部分顾虑，即代理公司很少会越过 SOHO 直接和客户联系，因为一旦有这种事情发生，他们在代理出口的业务上就会永久地失去机会，没有任何个人或者企业会继续找他们合作。

在 SOHO、工厂、出口代理公司签订三方协议以后，订单生产以及报关、退税的流程就很简单了。SOHO 与国外客户签订 PI（Proforma Invoice，形式发票），PI 里的抬头及银行信息显示出口代理公司，国外客户直接付款给出口代理公司，由出口代理公司收汇，再听 SOHO 的指令将货款付给工厂，以出口代理公司的抬头名义进行报关和退税，所有海运单据、清关资料等抬头都显示出口代理公司。出口代理公司完成退税后将退税和利润部分转给 SOHO，一笔订单就此完成，SOHO 拿到一批货物出口的所有利润，工厂拿到了货款，出口代理公司拿到了佣金（代理费）。实际上对于订单细节只有 SOHO 和国外客户一直保持紧密联系，出口代理和工厂不会参与到实际的客户谈判中，对沟通环节全然不知情，而在付款环节、货物流通环节、海运单据及清关文件上，SOHO 需要向客户详细解释代理机构的含义及作用。其他的出运、通关环节全由出口代理公司解决。

对于个人来说，在出口代理收汇、报关、清关和退税的过程中唯一会产生难题的地方在于使用出口代理公司抬头和名义进行收汇和清关，客户的信任度如何，他们是否愿意把货款打入出口代理公司的账户。这也是考验客户黏度的时候了，如果客户有足够的黏度，哪怕是开诚布公地告诉客户当前 SOHO 的状态和公司注册情况，客户也是可以理解的。事实上代理的形式不仅仅存在于出口，很多买家也并没有进口权，他们往往也需要有进口权的代理公司负责进口清关、缴税等事宜。所以在全球范围内关于报关、清关、缴税、退税等事宜都有委托给代理处理的习惯，原因是国际贸易交易线里每个角色都各司其职，负责各自熟悉、擅长的领域。SOHO 也应该借鉴这样的思路和想法，在没有形成一定的规模以前完全可以把非核心的烦琐事项，如文书工作类，交给专业的人打理，只要他们足够专业、有丰富的经验，一般不会越线去直接联系客户与工厂，而自己可以负责行业、产品、专业性、市场等方面的内容。

三、由工厂报关

SOHO 有一种模式是作为工厂外贸部人员或者独立于工厂外贸部的外贸人员与工厂进行合作。这种模式类似于雇佣方式，SOHO 负责帮工厂外销产品，可以享受与外贸部相同的报价，可以与外贸部一同参加展会，特别是在江浙一带，有很多工厂有这种合作的模式。SOHO 可能原本就是出自这家公司，后来因为种种原因决定自己开辟事业，但供应商方面还是选择原有工厂。在这样的情况下，SOHO 可以不用去注册公司，只需要凭自己开发客户的能力去获得客户，以工厂外贸人员的身份让客户直接将货款打进工厂的账号，后续由工厂安排生产、报关、出货等。SOHO 只需要和工厂约定每笔订单的利润分成即可。很多工厂为了鼓励这种开发行为，索性将产品以成本价卖给 SOHO，对国外报价的高低全凭 SOHO 自己把握，差价利润全归 SOHO。

这种由工厂直接报关的方式相对来说比较简单，SOHO 与工厂之间的关系更为紧密或者说 SOHO 完全依附于工厂，而且 SOHO 有机会开发出更多的类似工厂拓宽自己的产品线，也不用担心面对客户时的角色、公司抬头、公司账号、收款等问题，甚至有些工厂愿意分享自己的询盘资源以给予 SOHO 最大的支持。这种方式虽然使 SOHO 收款、报关问题变得简单了，但是长期发展受到很大的阻碍，因为 SOHO 面对客户的所有身份都是工厂，一旦工厂对外贸的政策发生变化，工厂内部组织结构发生调整，对 SOHO 可能就是毁灭性的打击。除此以外，在这种类似雇佣关系下的客户归属权存在很大的问题，一旦 SOHO 与工厂在某些利益分配上发生分歧，客户归属可能就会被拿出来进行谈判了，客户最后多归属于工厂，长期下来客户得不到积累，SOHO 除了得到每一笔相对可观的利润以外，未来的成长可能性比较渺茫。SOHO 创业采取这种看起来很省时省力的模式，最后反倒成为下下策，因为从本质来看还是一种依附于工厂的方式，并没有真正独当一面。

四、个人小规模纳税人

（一）小规模纳税人的适用条件及优势

SOHO 如果对未来的订单形势没有足够的信心，可以选择注册小规模纳税人公司。小规模纳税人是指年销售额在规定标准以下，并且会计核算不健全，不能按规定报送有关税务资料的增值税纳税人，简单来说就是业务量和资金量都不高的公司，所以通常小规模纳税人只能开普通发票而无法开立增值税专用发票。一般小规模纳税人办理营业执照的注册资金为 10 万元，而在有些特定地区，注册资金低于 5 万元或者 3 万元也可以，当然目前企业的注册实际为认缴制，非实缴制。小规模纳税人相对于一般纳税人税收相对较少，对业务量要求较低。

由于入驻各付费推广平台要提供营业执照或者营业地址等信息，小规模纳税人可以解决付费平台的申请入驻问题，可以正常地获取询盘和客户。从平台里获取相关行业客户后，同样地，与国外客户签订 PI，PI 里的抬头及银行信息显示出口代理公司，国外客户直接付款给出口代理公司，由出口代理公司收汇再随 SOHO 的指令将货款付给工厂，以出口代理公司的抬头名义进行报关和退税，所有海运单据、清关资料等抬头都显示出口代理公司。出口代理公司完成退税后将退税和利润部分转给 SOHO。也就是说，注册小规模纳税人的原因可能是在客户开发渠道的搭建上刻不容缓，需要借助付费平台进行推广，上传相应的公司营业信息；或者是当前的业务量不是很稳定，先注册小规模纳税人积累业务量，待到后期业务量增加再转为一般纳税人资格。除了与出口代理公司签订协议，实际上还有一种方法可以在小规模纳税人基础上进行操作，用来解决公司抬头、收汇等问题，那就是离岸公司。

（二）离岸公司

离岸公司泛指在离岸法区内依据其离岸公司法规范成立的有限责任公司或股份有限公司。当地政府对这类公司没有任何税收，只收取少量的年度管理费，同时所有的国际大银行都承认这类公司，为其设立银行账号及财务运作提供方便。其具有高度的保密性、减免税务负担、无外汇管制三大特点。目前较为热门的离岸公司注册地有新加坡、美国、英国、塞舌尔和中国香港地区等。离岸公司充当的角色更多是转口贸易及银行账户收款。转口贸易的方式可以绕开贸易壁垒。比方说 A 国家对 B 国家实施关税制裁，B 国家为了继续与 A 国家做国际贸易，可以先将货物出口到 C 国家，再由 C 国家出口到 A 国家，在这个贸易的过程中避免不了银行、资金、账务的操作。离岸地区通常没有外汇管制限制、公司涉及的税收也较少等，而这些是吸引外贸型企业最大的优势。全球几乎所有银行都在离岸金融中心拥有分行或者办事处，使得外贸收款更为方便、快捷。外贸 SOHO 有必要了解离岸公司，说不定未来的某一天就能用得上。

早期的外贸 SOHO 基本上都会选择在中国香港地区开立离岸公司，一是可以自由地注册公司名，特别是公司英文名，而外贸 SOHO 对外的形象展示也在于英文名；二是可以开立外币账户自由地收取外汇（小规模纳税人无法开立外币账户），最重要的是公司英文名和外币账户的公司名是一致的，擅长客户开发的外贸人应该知道这个名称一致可以打消客户 90%的顾虑和信任缺失；三是成立早期对于税收有很多减免政策，前 2~3 年是外贸 SOHO 打基础积累客户的黄金阶段；四是收取外汇后操作可以相对自由，如向某些市场的中间商支付佣金等，也更有利于开发到一些对外汇有管制或者外汇使用受限的国家客户。

（三） SOHO 的公司抬头一致

在小规模纳税人的基础上，如果配合上离岸公司，就有了另外一种操作模式：SOHO 对外信息的所有展示都为离岸公司名称，包括各个电子商务平台注册的店铺公司名、提单卖方抬头、银行账户收款人等。这些信息的一致让 SOHO 客户开发中遇到的收款、客户信任问题迎刃而解——在和客户谈判完成进入付款环节后，以离岸公司的名义（取代出口代理）制作 PI，并在 PI 里直接将离岸公司账户作为收款人的账户。客户向离岸公司账户付款后，SOHO 可以及时查询外汇并向出口代理转账，由出口代理收汇，再随 SOHO 的指令将货款付给工厂，以出口代理公司的抬头名义进行报关和退税，将境内的单据和境外的单据进行明确的划分，境内的报关单、发票箱单等由具有出口资质的出口代理作为公司抬头和制作，而需要对接境外客户的提单、清关文件等卖家（发货人）直接填写离岸公司名称，这是行得通的。这样的操作虽然较为复杂，但是客户所接触和认识的 SOHO 公司名皆为离岸公司名称，能够为客户开发、付款等提供最大的信任。而出口代理的角色还是负责国内货物的报关和退税。

SOHO 需要考虑公司的注册与否、报关和退税的顺利与否、收汇等因素，更应该考虑境外客户对于公司的信任度，有一小部分新客户因为前期没有任何合作经验做铺垫，他们会难以理解收款公司（出口代理）与最初开始联系的公司是什么关系，担心付款完成以后对方会销声匿迹。公司抬头一致在很大程度上解决了这个问题。通过境内公司和离岸公司的相互合作，由境内公司注册打通线上平台，由离岸公司面向境外客户并解决收款问题，由出口代理发挥报关、退税的作用，整个过程较为复杂，但可以获得客户的信任和保证稳定性。同时离岸公司完全将客户信息与出口代理、工厂之间分割开，最大限度地保护了 SOHO 的客户信息。

离岸公司的合法性毋庸置疑，在离岸公司产生的利润都是合法利润，除了外贸企业，很多涉及进出口的央企、国企也会开立离岸公司，方便资金操作的同时，也方便资本运作及海外上市。

五、一般纳税人

最方便、最直接、最高效的方法当然是注册为一般纳税人资格公司，由自己负责报关和出口退税，同时可以开立增值税专用发票。一般纳税人是指年应征增值税销售额（以下简称年应税销售额，包括一个公历年度内的全部应税销售额）超过国务院财政、税务主管部门规定的小规模纳税人标准的纳税人。虽然目前的公司注册为认缴制，但一般纳税人的成本费用和缴税比例要比小规模纳税人高。简单来说，公司规模越大，注册资金越高，才越有可能承接更广的经营范围，当然行政成本也越高。

对于 SOHO 来说，哪怕撇开一般纳税人资格的注册资金（多为 50 万元人民币，但可认缴）问题，在前期业务量并不稳定的情况下，一般纳税人资格不是 SOHO 的第一选项，因为无论是渠道的搭建、网站的投入、客户的认可都不会在较短时间内发生突破性的进展，创业是一个循序渐进的过程，而在早期正好可以通过离岸公司的 2~3 年免税政策、自由收付资金等方式更好地节约成本，同时也可以在这段时间内细心打磨产品渠道、产品供应链、产品推广等事宜。在离岸账户政策收紧以后，收款一时成为一个棘手的问题，除了第三方支付方式以外，只有选择出口代理等方式或者直接选择注册一般纳税人资格。

当然还有一种特殊情况也适合一般纳税人资格：有一些 SOHO 创业的产品是技术密集型商品，这类商品的单价较高，所以退税率也较高，这种情况如果使用出口代理进行出口，退税申请、退税时长都不理想，一般出口代理也不愿意接这类订单，而 SOHO 想承接客户订单，最好的方式是自己注册一般纳税人资格公司处理报关退税事宜。相对来说技术密集型产品的开发周期很长，且订单频率、返单率都不会很高，这样一种产品的属性更适合一切由自己打理，因为对这种产品，SOHO 在单证和文件上耗费的精力相比较产品更多一些，所以，一般纳税人可以保证单证抬头一致、实际注册地址和办公地址一致就更合适。

是否注册一般纳税人资格看具体业务形式、业务量对于自营出口的要求，通常来说单笔订单金额达到 10 万美元的建议自营出口，一来保证资金的安全，二来可以很好地保护客户信息，对这样金额的订单，完全可以承担一般纳税人资格的成本支出。除此以外，如果客户和订单相对固定，每个月都有稳定的客户订单和出货量，哪怕金额不大，也能够保证账户的活跃程度，这样一种良好的状态也适合直接自营出口。而对于 SOHO 来说，操作方式更简单了。由客户付汇给自己公司，再根据客户对订单的要求和工厂签订购销合同，向工厂付款安排生产，由工厂开立增值税专用发票。以自己公司的抬头直接报关出口，货物出运以后自己去申请退税。

对于 SOHO 来说，出口报关和退税的问题主要是在操作层面，只要经历过一次完整的报关和退税流程，就会很熟悉相关操作。在整个 SOHO 创业过程中，越到后期就越能认识到这部分事情所占的比重微乎其微，所以这些问题并不是 SOHO 创业路上的主要障碍，就拿报关流程来说，其包含 4 个方面：申报、查验、征税、放行。出口货物在出境时，即运到码头、车站、机场、邮局等仓库、场地后，在海关规定的 24 小时以前，向海关申报。申报内容包括出口货物的经营单位、收发货单位、申报单位、运输方式、贸易方式、贸易国别，以及货物的实际状况（主要包括名称、规格型号、数量、重量、价格等内容）。报关文件包含装箱单、商业发票、代理报关委托书、报关单以及申报要素。海关查验后放行。从我多年来接触的咨询问题来看，在报关上出的最多的问题是粗心大意填错数据，比如说申报的箱数与实际出口箱数不符，只要产品正常、单据正常都能顺利出货。大部分 SOHO 最难解决的在于公司注册和运营、维护订单及其稳定性、获得客户的信任，只要能够结合自身不同的情况选择适宜的方式，就可以循序渐进地做好报关和退税这件事。

CHAPTER 8

资金及人员投入

成功人士的创业经验不一定都有启发借鉴意义，因为当时的资金支持、创业环境、创业支持等与现在都大不相同。几十年前市场面临的是缺物资、缺设备、缺技术、缺物料、信息闭塞，有一定的启动资金把所有的条件利用起来基本上可以做成一项事业。现在的创业环境不一样，如何在产品竞争激烈的情况下保证盈利，同时还要稳步抢占一部分市场份额？对于 SOHO 来说，还有一个难题是资金非常有限，怎么利用有限的资金创造出最多的价值。有充足的资金固然选择更多、成功概率更大，但是 SOHO 并不需要租厂房、做库存、买设备，关键是要结合自身产品和角色走出一条可以持续盈利的模式。这一章我们结合 SOHO 这个特殊角色以及各种盈利模式算一算账。

一、准备资金

（一）有稳定客户，准备资金要求不高

我们先看看在实际的 SOHO 业务中，有稳定客户的情况是怎样的，又是怎样开始的。比如这个案例：

“前段时间和美国客户聊工作的时候她顺便问到我对以后的规划，我说自己是业务出身，肯定是希望以后能 SOHO，现在是积累阶段。客户问我需要几年积累，我说估计要 3~5 年，主要是要有自己的客户。她说这个时间有点长了，她可以支持我从现在开始。相当于她给我采购商资源，我自己去找供应资源和开发订单。但是这些接单工作要通过他们公司，和买手联络的邮箱也是他们公司的。她说我们现在是没有业务的，等我和买手搞好关系了，订单自然就会多起来。”

有一部分外贸人做 SOHO 的想法是从客户的认可开始的。上述案例中这位美国客户认可这位外贸人的能力，想让她做国内的采购，唯一对于 SOHO 有制约的事情是客户想让所有订单的联络都通过他们的公司和邮箱，可能言外之意是以后所有开发的客户都属于客户公司。客户归属的问题直接导致后期公司归属的问题，面对这样的情况，要明确表达自己要独立成立公司的意愿，在合作方式上保持不变，但是在客户归属权上需要提前进行界定。客户原本是有订单的，同时也向这位外贸人提供其他客户资源，客户最好是推荐人的角色，这样的 SOHO 方式未来潜力是巨大的。

有很多外贸企业的生意模式是以帮客户采购为核心的，客户相对稳定，并不需要主动进行开发，可能实际客户只有 1~2 个，其中某个客户的订单量可以占到公司的 80%以上，每年采购量达到几百万或上千万美元。这样的偏采购模式对于准备资金的要求并不高，原因是外贸里的收款方式多是收到预付款开始生产，在发货前将余款付清，预付比例和尾款时间都可以和客户进行协商。以采购为核心的 SOHO 模式其实就是早期 SOHO 常见的模式，SOHO 的角色定位成国内的采购处、协调人、中间人等，客户对 SOHO 的信任程度不用怀疑，除非客户自身资金压力很大，一般并不需要为客户垫付货款，货款的资金压力问题自然解决了。除此以外，这种模式在初期对于主动开发的要求也不高，SOHO 不用急于一时去搭建完整的客户开发渠道，而且很多时候没有多余的精力去打造稳定的客户开发平台，所以每年的营销推广费也不会太高，仅有的费用就是办公、行政、差旅、客户关系维护等，这一部分每年支出不会太多。

虽然客户稳定，但是外贸一定要未雨绸缪，看看下面一个 SOHO 从创业到现在所经历的问题：

“我销售的产品是纸制品，从 20××年 7 月份开始 SOHO，主要目标市场是欧美市场，刚开始一个月两个柜，勉强还算可以，到第二年上半年，客户因为关税原因选择了越南产品，我基本上没什么业绩，等于从零开始重新开发，后来订单勉强稳定，直到 20××年上半年，原材料上涨，成本太高，又拿不到订单了。我的开发能力可以，目前没有投任何平台。”

国际市场环境其实一直在变化，在外贸这个行业里，或多或少会经历产品从热销到稳定、国际形势变化等无法预测和想象的事情，如果当前订单形势一片向好，客户稳定、利润可观，很有可能是暴风雨来临前的宁静，埋头处理订单的时候要想想这种行情还能持续多久。在这个案例里，如果第一年开始每个月有两个柜子的量，一般作为创业初期的人会觉得生意还不错，按照出口普遍的利润情况，撇开不同产品的利润率等因素，一个柜子的利润至少也要保证 1 万～2 万元的毛利，大部分毛利为 3 万～5 万元甚至更高，机械、技术密集型产品利润会高很多倍。造成当前尴尬局面的原因主要有以下几个方面：

1. 对外部环境变化把握不准确

从外部环境来看，其实纸制品的原材料上涨从很多年前就开始了，所以成本增加这个趋势应该是很早就能看得见的，美国在前几年突然对部分纸制品的采购加量，这一点河北一带的工厂应该早就知道了，也不是秘密。而这位 SOHO 可能正好踩到了涨价前的热门行情上，所以初期的情况还算可以，但是过了一段时间因为外部环境变化订单受阻，哪怕自己从零开发效果也不明显。

2. 没有预判产品未来的潜力和政策影响因素

纸制品的生产制造过程会造成污染，在政策上存在一定的不确定性，所以产品未来的增长潜力存在问题，创业者应该在发现这些问题时就要想着调整产品，而不是因为当前产品火热就全部投入进去，对产品危机和政策影响视而不见。

3. 没有做好创业规划，搭建客户开发渠道

一般来说每个月有了稳定的订单量，下一步应该将重心放在扩大客户群体或者开拓新的产品线上（思考产品未来增长潜力），这个时候是最好的机会，拿出一部分资金投放在客户开发渠道的搭建上，哪怕在创业当年的开发效果不好，第二年、第三年必定会产生一些实质性效果。当自己不受限于某个国家（地区）、某个客户，抵抗外部形势影响的能力会不断提升，不至于发展到进退两难的局面。外贸创业，不进则退，当你认为有一个欧美大客户每年稳定几百万美元的订单足够了，可能明天客户一封邮件告知你公司被并购了，供应商要重新投标选择，如果你不幸在竞标中落选了，会发现这么多年来苦心经营同一个客户，思维都已经固化了，接受不了新的思路，此时你的外贸业务又会陷入困境，这种事情在外贸的世界里每天都在发生。

（二）客户支持开公司

很多客户每年在中国采购各种商品满足其国内市场的需求，采购的产品并不固定、种类众多，所以要接触的供应商较多。而这些供应商分布在各个省市，客户的采购成本、时间成本、物流成本很高，为了解决采购、运输等问题，客户通常会寻找优质的 SOHO 全权打理其在中国的采购生意。如何在不影响和客户的合作关系的前提下，为自己争取更多的条件和资金支持成为关键，如稍有不慎，客户关系维持不好，可能最后公司无法成立，双方还闹得不愉快收场，SOHO 也永久失去了客户。如果双方沟通下来，能够确定客户公司实力及市场地位没问题，也不能冲动地答应客户的所有条件，要从采购所花费的精力、每年的支出、工资收入保障等方面来计算一下。

我们来看一看实际创业中客户支持开公司的情况该如何处理：

“最近我谈了一个科威特的客户，他们在中东两个国家都有连锁超市，现在客户在跟我谈判的是给我佣金或者每月发工资。这类事情我之前没有接触过，想问下你是否有这方面的例子，他们未来想从中国进口所有产品，但是需要在中国设立仓库方便操作，我也计划租一个仓库，不知道怎么谈合作，想听听你的建议。客户差不多 3 个月 1 次的采购频率，1 次采购至少 1 个 40 英尺集装箱的货。但是客户说，如果成立一个公司，也要加上他们的名字。”

1. 成立公司的意义

因为 SOHO 的业务模式和盈利模式很多，SOHO 尤其需要重点注意的一点是，成立公司的意义在于当前业务量及可持续性已经达到必须以公司名义进行的程度。客户要求成立公司就需要向客户弄清楚公司未来的业务量在哪个量级，每年的订单量、订单金额、采购频率等，只有这些数据有保证了，SOHO 才可以在客户投资、和客户合资公司的模式下往下进行；反之，草率地为客户成立公司毫无意义。有一些客户想成立公司其实是当实际的谈判在客户与各个供应商之间进行时，认为 SOHO 做中间人或者见证人谈判的时候更方便，自己心里更有底，供应商的报价也更实在。如果 SOHO 只是增加这一个角色的作用，那客户出一部分资金在公司股东上加名字也没问题。相当于客户挂靠 SOHO 的公司，而 SOHO 的业务线条分两个方向：一个方向是自己出口产品，另一个方向是代理该客户的国内业务。

2. 工资、佣金怎么谈

如果和客户并没有很长时间的合作基础，SOHO 一般难以预判客户一年的真实采购量，这种情况可以和客户商讨将半年或者第一年视为测试期或者磨合期，不用纠结法人和出资比例等问题，但是可以在实际业务中完全配合客户，做好国内代理、国内分公司的角色，试探出客户对 SOHO 的定位。为了保障自己的利益，最好是以“固定工资+每笔订单佣金”的形式向客户报价，在工资方面考虑客户所在国家经济水平以及自己生活和工作开销、采购事项的烦琐性、行业平均薪资、城市平均薪资等。而每笔订单的佣金比例根据客户的出货量、出货金额、利润率等协商确定，出货金额的 8‰、3%、5%等为大多数国际贸易中使用的佣金比例。

当然有些客户看中了 SOHO 的人品和潜质，也存在希望培养国内代理的情况，比如下面这个案例：

“有个问题想请教一下，我的一位客户想让我帮他们负责中国的验货，全程费用全部报销，1 个月大概去工厂验货 2 次，只按要求检查出报告。客户问这个情况给我付多少费用，你认为大概多少合适呢？客户的意思是货物本身有任何质量问题，都由他自己承担损失，与我的验货结果没有任何关系。”

这个案例说实话让人羡慕，原因是：

——他遇到了一个优质客户；

——验货这个过程让他对客户在中国的供应链及品质有更清晰和深度的把握；

——客户应该有意向培养他；

——他未来有无限的潜力。

对于这类可遇不可求的客户，我给他的建议是“从心出发”，长远考虑，不用太过在意一时的酬劳和佣金。这样的客户也是 SOHO 最期待的。

3. 考虑个人精力、机会成本

如果客户确实是看中了 SOHO 的能力、优质的服务态度和未来的潜力，要和 SOHO 的未来进行捆绑，那么 SOHO 就要仔细考虑在完成客户订单后是否还有时间去开发新客户。如果所有精力需要全部投入客户的订单，就要将这个机会成本折算成一个具体的价格报给客户，如果客户不采纳，应当提前做好安排，比如自己全权负责客户订单，同时要招人负责新客户的开发，自己承担开发人员的费用，这样做最为稳妥。只有持续有新的潜在客户，才能在抵抗某一个客户带来的不确定风险的同时，保证未来的生意。

4. 办公、仓库费用

如果客户要求在国内租仓库，一般情况是因为采购的产品遍布中国，但并不是每家工厂都愿意拼柜出货，所以为了方便统一装柜运输，仓库显得尤其重要。仓库租金通常可以找客户承担或者和客户平摊，进而考虑办公室地址、租金问题。当前国内很多公司用大笔资金在美国搭建海外仓库，以方便国内快速消费品在美国当地快速供货，解决海运时间过长的问题。SOHO 正好借助客户租仓库的契机，从中发现更好的生意机会。

在客户的支持下开公司使 SOHO 在创业前期的资金准备上相对更轻松，也能完美度过创业初期的空档期，打开一个不错的创业局面，但既然是合作就一定要预判意见产生分歧的那一天，虽然在实际的合作中，不至于陷入无法挽回的局面，也有很多公司相互合作时间长达十几年，但居安思危永远不会错。最好的方法是外国合伙人可以平摊一部分办公室、仓库、公司注册等费用，SOHO 在服务好外国合伙人的基础上开发属于自己的业务，寻找更多的业务可能性，以备后期业务的剥离。

（三）无稳定客户，准备资金越充足越好

有相当一部分 SOHO 是没有稳定客户的，也许手中有一个很不错的产品，想尝试国外市场，也许是在外贸行业有足够的经验，对某一个产品有非常透彻的理解，却因为产品过于成熟、增长潜力不够，想从新的产品重新开始。越是没有太多的人涉猎的行业，产品的前景越发可观，在这之前如果能抢先进入行业，有足够的资金等待行业的爆发，成功率会高很多。外贸这个行业和其他行业的创业轨迹不一样，其他行业也许在初期找准了方向就能走好生存这一步，但生存以后的持续发展却是一个很大的问题。而外贸的问题在于如何顺利度过前期难熬的从 0 到 1 的阶段，找对了方向，坚持 2~3 年时间，订单基本上都会有一个质的变化。

1. 坚持——外贸是一个值得创业的行业

创业最重要的是坚持。我们看看其他行业的创业情况，曾经和某个企业高管谈论过，他详细聊过他的 3 次创业经验，因为前期所有的行业经验都与奢侈品有关，所以第一次创业是从国外采购奢侈品转销国内，这次创业没有衡量公司平台的效应，高估了个人能力，以失败告终。第二次创业选择开轮胎店，轮胎定位于高端品牌，后来才发现高端品牌的受众很少，轮胎店大多数走低价格路线，与以往的工作经历所形成的理念产生冲突，于是选择关门。第三次创业选择轻资产创业的软件行业，合伙人众多，一起开发软件面向特定的企业，但产品开发出来后，发现收支严重不平衡，再加上合伙人理念冲突，再次失败。任何创业首要解决的问题都是生存，生存的首要基础是业务和客户，很多人创业的盲目性在于他们并不知道花重金投入的行业是否最终能获得成功，这和 SOHO 本质上不一样，因为通过无数 SOHO 的验证，这条路是一定能走通的，但是每个人对待这件事的态度、韧性、思维和心态的转变都不相同，导致做相同的事情有不一样的结果。

SOHO 创业与其他创业形式最大的区别在于对于 SOHO 来说，目标都非常明确，即找准某一个产品方向，开发出产品的有效客户，这足以获得不错的收益。而产品方向多是由客户需求引出的，或者是发掘出客户在某方面的需求后提前进入打通供应链环节的，很少会有对产品定位高端人群的幻想，在 SOHO 的世界里产品没有高低贵贱之分，再不起眼的产品也能做到高品质、找到出手阔绰的客户。这在很大程度上决定 SOHO 已经是在实际有效的正确创业方向上了，剩下的是如何通过有效的运营将创业这件事坚持到底。哪怕是遇到某些无法掌控的政策上的调整，国外的市场是巨大的，面向的客户是全球的，东边不亮西边亮，当 SOHO 有足够的客户做支撑，是完全可以规避政策性风险的；产品供货渠道的问题更不用担心了，国内很少有一家供应商的产品能够做到一家独大，同行都是众多的，这些同行要发展和生存，最缺的就是订单了，所以永远可以找到能满足客户需求的产品；客户的需求和购买力也完全不用担心，因为国际贸易的实质就是各国发展不均衡导致的资源互换，这个实质就表示国际贸易会一直存在。在思考清楚这些问题以后，SOHO创业者要做的是摒弃一切犹豫和不自信，朝着自己最初设定的目标去奋斗。创业有成功就有失败，但80%的SOHO创业者对于创业失败的最大遗憾是没能坚持到底，实际上每一个SOHO创业者一定看到或者感受到了行业爆发的机会，只是大多数人在遇到这样的机会时因准备不足而错失，这种不足一部分是能力、经验的不足，而更多的是心态上的不足，没有能力去抓住行业机会。从某种程度上来说，也正是因为行业机会的来临，让每个SOHO创业者看到了自身性格、胆识、思维灵活性、成熟度的不足，一步步地错失机会，如果有一个旁观者或者有经验的人点拨和指导可能就是另一番景象了。每个SOHO创业者在创业过程中其实遇到过至少1~2次重大机会，只是很多人并没有解决当时所纠结的事情选择退却而错失了机会，而坚持的意义就是尽可能多地给SOHO创业者思考的空间去看清这些机会。如果有充足的资金、更多的思考空间和坚持的勇气，结局可能大不相同，相比开辟一个一生都为之奋斗的事业，坚持是很值得的。

坚持的意思并不是用守旧、偏执的思路一路走到底，而是要在创业这条路上一边学习、一边改变、一边突破。任何一个创业者都无法100%确定自己接下来的路是最正确无疑的，但SOHO的优势在于调整起来较为灵活，没有太多的顾虑，放开手脚反倒容易创造机会。拥有高起点和优秀基础的SOHO，并不见得比放手一搏的人的未来更好。这就好比外贸团队里那个一直苦苦等待客户的人，相对于有较好客户基础的外贸人，他从能力上来说没有任何问题，只是运气稍差，有一个很长时间的空档期，而这个空档期可以最大限度地激发出他的开发能力，对任何一个客户他都是如获至宝，别人可能选择无视，他却可以付出一切，最后往往有惊人的爆发。往往是积极一派的人更容易获得巨大改变，这也是外贸最有魅力和魔力的一面，永远给予勇于坚持和积极热情的人最丰厚的回报，SOHO 同样是如此。

2. 试错成本

手上没有稳定的客户，并不意味着创业处于被动，但准备资金越多，相应的容错率就越高。不建议 SOHO 孤注一掷、铤而走险，在能力范围之内有更多的选择是成功的基础之一。在和众多外贸企业老板沟通的过程中会发现一个非常有意思的现象是，他们毫无例外地在创业初期陷入绝境，不同的人因为资金的问题所选择的路不同，最后的结局也是截然不同的。

A 公司老板（以下简称“A 老板”）是做金属制品生意的，在创业初期着力开发日本、韩国客户，略有成效，但是在创业初期有一批货物的成品出现质量问题，由于 A 老板并没有足够的资金和精力返工或者补货，一直没有正面应对问题，客户忍无可忍与之决裂。从此以后，在日本、韩国，A 老板的产品再也没有办法进入，原因是该客户在行业内有一定的影响力，A 老板产品质量的问题已经在行业里人尽皆知了。好在 A 老板为人勤奋，之后他在其他国家的生意也做得风生水起，但日本、韩国成为 A 老板永远的遗憾，如果当时他资金相对充裕，可能结局完全不一样。

B 公司老板创业初期没有任何产品方向，参加几次工业产品展会以后认为某个产品在未来会有潜力，于是采购 2 台生产设备就开始进行生产制造，在第一年就碰到 1 个优质德国客户，在这个德国客户的第一笔订单生产时遗漏了某一道工序却丝毫没有发现，产品就这样出货了。货物到达德国后，德国客户工程师做上机测试时，因为产品缺少一道工序导致从机器上弹出打伤了工程师的眼睛，客户向 B 老板索赔，当时产品刚刚上市正处于开拓市场阶段，可想而知是没有营收的，B 老板面对远在德国的客户没有想办法推脱，而是选择了赔偿对方 50 万元人民币（货款+医疗费用），自此以后德国客户想尽办法为他推荐客户，并主动提出出资帮他打造工厂，他选择婉拒，将产品方向从工业产品调整成快速消费品，一两年的时间就做得有声有色。一个有责任和担当的人在任何国家都是备受尊重和信任的。虽然 50 万元资金对于创业初期的企业来说不是小数目，但是放在该企业现在的营收规模来说只是很小的一部分。

资金准备得充足，能让创业者在做抉择时更加理性地分析事情的利弊，能冷静地做出正确的选择，有时候一个决策的失误，后面用再多的金钱都无法弥补，因为买家对供应商信任感的坍塌比什么都可怕。展示雄厚资金和好的产品、有赔偿诚意和谈判能力从某种程度上来说，都是一个创业者高级的自我营销手段，营销的不是产品，而是会为人处世、有责任担当的品质。一个优秀的外贸创业者能够巧妙地将自身素质与产品结合展示出来，是不用愁订单的。所以说这个准备资金不一定要 50 万元，而是在解决这些问题中展现出自己解决问题的能力、担当和真诚，资金只是一种辅助手段而已。

3. SOHO 机会难得，改变人生的机会值得全身心投入

创业的原因有水到渠成，也有未雨绸缪，更有迫不得已。既然选择了改变自己的人生，最好的面对方式是全身心都投入这段新的旅程里。外贸人潜力的爆发最有可能就在这没有退路的背水一战，任何一个机会都会被视为救命稻草，这个时候精力是最集中的，往往能够创造奇迹。每个创业者都会经历毫无退路的境地，内心的强大是一个方面，资金的准备也是一个方面，有充裕的资金，往往可以绝地反击，在心理上、业务开发上完成大逆转。

从外部形势来看，每年有大量毕业生进入职场，如果创业是自己从事外贸这个行业的最终目标，那么为这个目标投入所有是值得的。可以看看笔者曾发起的关于外贸人职业规划的一个投票，“外贸 SOHO，创业”的选项是绝对领先的（见图 8-1）。

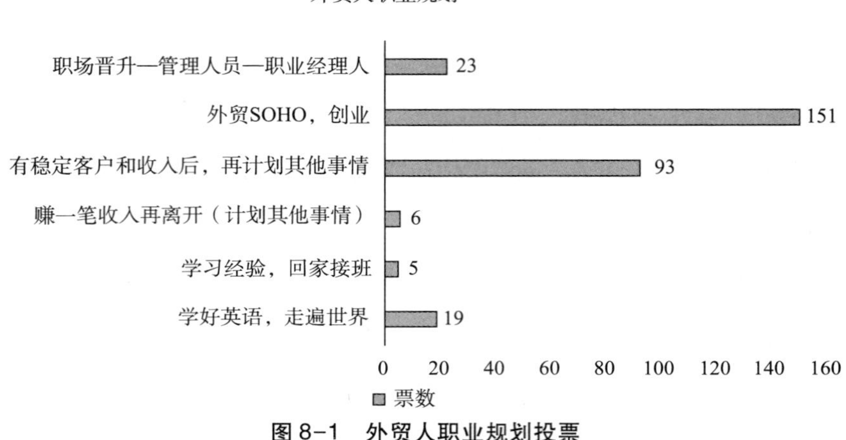

图 8-1 外贸人职业规划投票

二、资金利用分配及管理

既然创业的资金有限，如何将有限的资金发挥出该有的作用就成了关键。对于很多外贸 SOHO 来说，很少会做资金使用的规划，也很难预测未来实际创业阶段在哪些地方会使用到资金、这些资金大概是多大规模。每个产品对资金的需求和使用、客户开发渠道的需求都不相同，最好结合产品的属性，针对产品尽可能多地去思考未来可能会发生费用的地方。以下就是 SOHO 资金投入的几个方面。

（一）推广

对于大部分 SOHO 来说，创业意味着一切从零开始，可能是产品归零、客户归零、行业经验归零，产品的推广是一项必不可少的支出，这个费用的支出决定了新的事业的起点。诚然，有很多业务开发高手单纯通过谷歌就可以开发出很多优质的客户，但周期较长，且到了稳定期，没有持续的获客渠道会跟不上 SOHO 壮大的速度。所以最好在初期就有一个长远的规划，在推广上做一些投入，为后面打好基础。

（二）网站

外贸 SOHO 历史很长，直到现在 SOHO 对于网站制作的需求还是很多，一些建站公司通过对 SOHO 网站产品展示功能的总结，生成很多模板网站，算上空间、域名、服务器等总费用从几千元到几万元不等，对于半 SOHO、半外出工作的外贸人，无须过于追求网站的效果，模板型的网站功能就可以，这个网站只是做产品展示用，无须做推广，因此质量要求并没有那么高，网站费用可以相对减少；而对于完全 SOHO 的人来说，网站的质量直接决定后期的推广效果，这就要求在网站上把好关，至少应该区别于部分模板网站。网站并不要求在最开始就夺人眼球、绚丽无比，但要能让客户感受到用心。如果说工厂需要投入大量的资金去搭建生产线、购买生产设备和环保设备等，对于 SOHO 来说，对网站的投入堪比工厂对设备、厂房的投入，毕竟网站是 SOHO 未来赖以生存的基础，能够让客户更深入地了解到公司，这笔费用不能省，需要保证不错的网站质量。

（三）付费平台基础会员费

平台型的网站比如各 B2B 平台，都有大概 3 万元的基础会员费，这个基础会员费简单来说只是在平台里开通了店铺，有展示产品的功能，可以在平台里上传产品信息、图片和视频，是否能够收到询盘关键要看客户是不是精准地查找到所发布的产品，如果 SOHO 在设置标题或者关键词时正好设置了客户搜索时用到的较为冷门的词语，是有一定的概率可以被客户直接搜到公司产品的。这就意味着基础会员考验的是 SOHO 对于客户搜索行为习惯的预判，因为没有进行任何广告的投放，只能看发布的产品标题或者关键词与客户搜索词的匹配度了。基础会员要想获得较多的流量需要熟悉平台规则运营店铺，同时购买额外引流的服务。这一部分费用的支出要结合自身的产品属性，看看产品在平台里是否可以带来足够的流量，形成实质的效果。平台会派客户经理进行平台开通额外引流服务的对接，最直接的做法是将产品的关键词告诉客户经理，他们通过内部系统去查询产品在网站的热度，或者直接告诉竞争同行来查看同行的日均、月均询盘。这些数据基本上反映出产品在平台的真实效果数据，从而判断出在平台投放广告的有效性。

（四）付费点击、关键词等增值服务购买

平台的基础会员费缴纳后获得在平台上展示产品的资格，但要想获取更多的曝光和点击就需要按照平台的规则去购买相应的增值服务，目前这些服务主要有两种模式：一种是买断流量，在产品上绑定关键词，通过买断关键词的固定排位让该产品持续排列在搜索结果的前列，按照每月、每年付费，而电子商务平台里的流量大多集中在搜索结果第一页的前面几个排位，通过关键词的锁定来持续引入流量；另一种是竞价排名方式，按照点击效果先使用后付费，每一次有效的点击扣费一次，每一个商家都可以争抢关键词，谁出价更高，谁的产品可以更靠前，这种方式将所有商家的所有产品都列入了推广的范围，但是流量费在竞争下越来越高。对于 SOHO 来说，可以采取与其他企业打时间差的方式用最低的流量费用投入将自己产品的热度和点击提升起来。如果在平台里投入基础会员费（以下简称“投平台”），最好的方式是与增值服务相结合，但增值服务一次投入的费用不用太高，也不用去哄抢竞价，保持产品在平台里的热度更重要。很多 SOHO 面临的问题是：该不该投平台？该不该使用付费点击？该不该购买关键词？等等。其实弄清楚平台的本质，很多问题就很清晰明了了：平台存在的意义就是通过流量赚取利润，花再多的时间仅凭运营要产生一定的效果很难，必须要购买增值流量，这是丝毫不用怀疑的，最合理的办法是结合自己的产品、客户点击的习惯、客户采购时间和周期等特点想办法用最少的投入获得最大的回报。所以各个平台的增值服务最好和平台基础会员捆绑在一起，让人要么不投平台，要么投平台的同时一起开通增值引流服务。

（五）谷歌竞价排名

谷歌的竞价排名推广对于很多产品来说效果比平台型的推广渠道要更好，原因是谷歌的流量池比电子商务平台要大很多，而且 B2B 等电子商务平台意味着，当你选择加入这个平台就已经注定要和其他供应商争抢客户了。对于很多 SOHO 的产品来说，很多是创新型处于萌芽期的产品，在创业初期并没有很广泛的受众群体，只是在小部分群体里有较高的欢迎度，投入 B2B 平台就会有很多的人进行模仿，创业难度增加，SOHO 的优势就变小，因此用谷歌推广的方式可能会更好。当 SOHO 通过流量源头谷歌进行关键词推广后，至少可以保证在一段时期内产品的领先性和竞争力，这段时间可能就是决定 SOHO 成败的关键。如果有 B2B 平台推广的经验，相对来说操作谷歌推广就会容易很多。而且自己操作更能控制好投放效果和费用，开通谷歌 Ads（谷歌广告）不会像 B2B 平台那样收取会员费，而是支付消费对应的广告费。或者支付国内谷歌的各个代理一定比例的代理服务费，这个服务包含代理开户、账户运营等操作。所以谷歌广告对于 SOHO 来说灵活性更好，不用缴纳会员费，用多少付多少，让前期资金落到实处。如果资金有限，可以先在谷歌里设定好推广时间、地区等做特定的产品推广；如果资金充裕，可以在 B2B 平台和谷歌同时操作运营，并在谷歌运营一段时间后，视推广效果做投入的相应增减。

三、形象支出

虽然 SOHO 的传统模式是单枪匹马一个人解决所有事情，再将耗费精力的事情进行外包，但以个人的角色面对国外客户、国内供应商时，气场还是略显薄弱。和国外客户有过一定的合作基础相对来说信任感会更强，只要在价格可接受范围内能够将产品顺利地送到客户手中，客户通常不会对身份和角色有挑剔。但面对新客户时就要尤其注意形象的打造，因为很多新客户是非常谨慎的，他们会通过各种渠道和方式打听 SOHO 的信息，验证信息的真假，来判定这个即将合作的搭档是否有实力承接他的订单，而很多 SOHO 在订单前期谈判得很顺利，到后期谈判就戛然而止的原因有可能是客户在不断的试探中发现了问题，产生了怀疑，为了规避风险而选择其他供应商了。除此以外，面对国内供应商时也应该更注意个人形象、公司形象。因为供应商凭借这些给 SOHO 的实力打分，在价格、付款方式、排单优先级、交货时间上给到的支持也不相同，这是人性。大部分 SOHO 以前接触的职场环境和氛围较为纯粹和简单，当面对国内供应商时会发现人员素质是参差不齐的，哪怕高端制造企业，里面的人员也是如此，可能有些人的生存法则就是“以貌取人”，他们一个无意识的动作都会造成生产进度、订单的困扰，比如当 SOHO 对工厂没有很好的话语权，直接导致工人对于生产要求标准的降低、物料准备得不严格、检验标准的降低等。这些最直接的受害者是客户，而最终的受害者是 SOHO 自己。为了省去不必要的麻烦，该有的形象支出是不能少的。

（一）办公室

早期 SOHO 多是居家办公，在客户有看厂需求时会直接安排客户去工厂参观，事先可以选在咖啡厅见面和客户谈论具体的价格、条款等订单事项，再在看厂的过程中确定产品细节。对于办公室，不同行业的必要性是不一样的。通常来说，客户来中国看厂会事先告知我们行程安排（或者我们主动询问），也可能会让我们帮他订酒店，在具体的行程安排确定以后，很多 SOHO 会按照客户来访时间提前租好办公室为客户的到访做准备，用最小的成本保证“办公室”及“公司”的形象，国外客户初期对于 SOHO 角色的谨慎也仅仅停留在第一次合作前，如果这一次的形象展示给了客户十足的信任感，后期客户不一定会每年来访。这种提前租办公室的做法有一个缺点是缺少人气，但合租办公室的方式可以完美解决这个问题，在闹市区的高级写字楼，自由职业者、创业者等聚在一起合租一套100～200平方米的办公室，这个办公室不会挂专门的公司牌，每个人都有其独立的办公桌，共享会议室、茶水间等，客户来访时见到办公室里的人忙忙碌碌，哪怕听不懂实际交流的内容，也会信心倍增。这种合租办公室的方式适合国外客户来访率较高及目标市场客户非常谨慎的情况，原因是很多客户必须来中国查看公司、工厂的实际情况以后才会安心下单，有些谨慎的客户来访前不愿意提前打好招呼，会悄悄地来访看看公司的实际情况。除此以外，如果有必要，完全可以租独立的办公室。首先，客户来访有一个较为独立的空间和客户沟通具体事宜，能开诚布公地和客户谈谈自己的处境；其次，在收发样品方面更为方便，在面对国内供应商的到访时也更游刃有余；最后，在办公室的工作状态会比居家办公更好。在积累一定的业务量后，SOHO必然会对办公室有需求，早期可以通过更为灵活的方式渡过难关，这一阶段通常也不会持续太久。

（二）目录册

产品目录册指的是在对客户进行公司、产品介绍时向客户展示公司全貌、精美设计的产品手册。欧美客户对产品目录册是很重视的，每年都会及时更新产品目录册以方便他们的终端客户了解公司每年的产品方向、产品价格调整、新品等，所以当他们从国内采购的时候，也希望通过产品目录册去了解公司的基本情况、产品线、产品品质等。一个优质的目录册包含公司信息、公司历史、产品分类、主营产品、产品工艺、产品亮点、团队组成、产品市场、优质客户、联系方式等。这样一个产品目录基本上把公司的基本情况介绍清楚了，但是设计得精良与否直接决定了客户对SOHO最直观的印象，在有做SOHO的打算时就应该提前做好目录册的设计，且最好找专业人员进行排版设计。目录册在客户来访、发送开发信、和客户谈判、做公司介绍时都可以派上用场，在客户没有看到实际样品前，目录册的制作水平和设计感直接决定客户对产品质量水平的判断，目录册的设计及制作不会是一笔巨大的开支，但是对于辅助客户开发来说是最有必要的形象支出，这个费用视具体设计水平而定。

（三）客户接待

只要是做国际贸易的生意，就会遇到客户来访的情况，这是一个给予客户信心的方式，而对于 SOHO 来说，一是可能没有具体的办公地址，二是没有公司团队人气，在客户来访时不好应对或者局促不安，没有信心。其实大可不必有这些担心，我们看看实际客户来访的原因：对所筛选的供应商做一次摸底，最后锁定几个长期合作的供应商；国内有相关展会；在工厂订单开始生产后来工厂监督生产；货物有问题需要见面解决；其他私人原因，如旅游等。客户来访在公司待的时间也并不会很长，大体上会有两次相对正式的商务沟通，第一次是初次见面相互之间认识和公司产品的介绍，第二次是在确定实质的合作后相互之间对订单细节进行确认。其他时间客户可能在看其他工厂或者在旅途中，毕竟大部分客户的时间有限，安排得很紧凑。所以 SOHO 只要了解清楚了客户来中国后的计划和安排，完全可以做好接待工作。无论是以公司的场景进行接待还是直接安排客户到工厂，只要解释得当，很多客户是不会太介意 SOHO 到底是什么身份和角色的，相反在整个接待的过程中给客户一个好的服务态度和服务能力印象是决定 SOHO 和客户之间长期合作的关键。

客户的住宿、餐食、交通等支出可以先和客户做好确认，哪些部分客户承担，哪些部分 SOHO 承担。当然大多数客户对来访时的费用都会自觉承担，只是 SOHO 的主动和积极应对会大大改善客户对 SOHO 的印象，哪怕部分费用由 SOHO 承担也无妨，客户一定会在后续的订单里做出补偿。就如同前面所讲到的，外贸是一个一分耕耘、一分收获的行业，放在这里也同样适用，当 SOHO 为意向客户提供了优质的服务、安排了良好的接待、承担了相应的费用，客户都会看在眼里、记在心里，不会让 SOHO 蒙受损失。所以在资金的安排里预留出这一部分客户接待费用也很有必要。

（四）差旅

SOHO 很少会直接去国外拜访客户，所以差旅费大多支付在国内，比如去参加行业展会、筛选供应商、验货、工厂下订单等事项。

有很多 SOHO 创业的灵感是从一个良好的供应商开始的，这种情况围绕工厂做好客户的开发就可以。但很多 SOHO 也面临产品要从零开始开发，要熟悉产品在全国供应链中的分布、质量水平、出口行情等的情况，通过展会接洽、实地拜访等筛选出符合国际市场习惯的产品和供应商，对产品行情、竞品市场进行了解。在客户的订单接近完成时，很多时候 SOHO 要履行验货的职责去工厂抽样检测产品是否符合国际标准及客户要求，每一批大货生产完成前 SOHO 可能会入驻工厂进行产品生产监督直至装柜出货，以保质保量。在客户下订单以后，SOHO 会依据客户的要求与工厂签订购销合同，但很多产品在没有见到产品时能够想到的要求和实际见到产品生产时反应出的要求是不一样的，所以有时候是非常有必要在下单前带着客户的要求去工厂列出详细的生产方案以后再安排生产的，不然一旦机器开始运转，后期要做修整就很难了。在实际的 SOHO 创业中，因为质量问题导致客户损失的情况也存在，究其原因主要是对于工厂的生产能力和质量把控能力太过信任，没有给予生产压力导致某一个环节出问题直至客户收货才发觉，这是非常不划算的。所以 SOHO 创业前期这一部分的差旅支出是非常有必要的。

（五）验厂

有很多优质客户在筛选一家供应商时会对工厂的资质、产能、员工情况、劳动保障等做一个调查，到工厂做实地审查来确定工厂是否有资格承接订单。而 SOHO 应该提前和工厂打好招呼，对 SOHO 是工厂业务员、经理还是工厂合伙人统一说法，杜绝工厂人员向客户索要联系方式，提防产品生产成本或者报价被工厂无意识地泄露，找到在审厂过程中关键的联系人解决客户可能提出的关于技术、工厂生产能力、员工福利、社会责任等各方面的问题。SOHO 需要与客户或者客户指定的验厂机构确定好验厂的计划安排，再依照客户的验厂流程做好对应的安排。这一部分的费用支出也可以做好计划。

四、货款

货款放在形象支出之后是因为有前期形象支出的铺垫，才会有后面的订单和货款的问题，也因为货款在大部分 SOHO 实际操作中问题不大，因为国际买卖中一般有预付款。我们来看看实际问题：

“Chris，请问我和客户以及供应商如果都是三七分的付款方式，是不是不太需要垫付资金？毕竟客户预付我 30%的款，我也可以这样操作支付给供应商的款。”

一般对于新开发的供应商，在一定比例（30%、50%、70%）的定金付清以后会安排生产，但要求尾款在出货前付清，这是内销的购销合同付款方式。在实际的国际贸易付款方式中，100%前电汇（Telegraphic transfer，T/T）的方式很少，大约只有 5%的客户会接受生产前付清货款，但是付款期限可以和客户谈判，比如可以要求客户在发货前付清尾款，大概有 20%的客户是愿意接受这个要求的，绝大多数（50%~60%）客户会选择预付一定比例，再在船出运以后凭提单的复印件付尾款。这里客户的预付比例直接决定 SOHO 垫付给工厂的资金比例。通常情况下客户的预付款比例在 50%，如果选择出货以后付尾款，SOHO 就要在出货前将剩余的 50%垫付给工厂，这剩余的 50%的货款也即 SOHO 要对这一笔订单所准备的资金。

SOHO 为每笔订单的尾款进行垫资的风险性倒不是首要考虑的，因为只要客户确定了订单，货物如期出运，客户一般都会按时付清尾款，资金到账的安全性不是问题。关键的问题在于 SOHO 与客户对预付款比例进行谈判时的优势，大部分企业可能为了争取客户会选择降低预付款比例，比如预付 30%货款就可以安排生产，而 SOHO 坚持预付 50%货款可能就会失去谈判上的优势，换做任何一个客户都会优先考虑 30%的比例，特别是新客户在初期都不想支付过高的货款比例。而如果 SOHO 选择接受客户货款 30%比例的预付款，自己就需要向工厂垫付 70%的尾款，这里就需要考虑预付款和自己能够承担的尾款比例，以及多笔订单的尾款支付问题。我们这里设定的预付款比例 30%和尾款比例 70%基于国外客户的总付款金额（PI 金额），PI 金额含有 SOHO 利润且大于工厂货款，假设付给工厂的总货款是总金额的 80%，实际最后垫付给工厂的资金比例只占 56%的 PI 金额。

如果 SOHO 谈判能力比较强，相对工厂比较强势或者工厂对于货款能给予一定时间的账期，SOHO 对于资金的使用会更加灵活，提供给客户的付款比例更有优势，开发到的客户也会更多，这会是一个良性循环，所以工厂与 SOHO 之间是一个相辅相成的关系，工厂能够多提供一些便利的条件，SOHO 就能多创造一份惊喜。

五、人员分工

除了资金投入以外，人员的投入和分工对于 SOHO 创业来说也很重要。大多数 SOHO 是一个人处理所有事情，但也有因朋友之间的想法不谋而合最后走到一起创业的。该怎么分工才能最高效地去做好创业，如何在创业过程中确定人员之间的角色和职责等，这些问题都需要提前进行商定，一旦业务开展起来，每个人都有付出，都认为自己的付出是产生业绩的关键，分歧随之产生了，最后闹得不欢而散的例子比比皆是。

（一）一人 SOHO 创业

一人 SOHO 创业的情况较为简单，所有的事情都由自己处理，一个人创造收益，一个人拿定方向。这其中会有一个比较大的问题是一个人创业缺少人监督，很容易因为业务的不景气而自暴自弃，因为长时间地与外界相隔离，失去了对新鲜事物的关注和理解，且一个人创业需要较强的自我约束力，总感觉每天都有无穷尽的事情需要解决，总感觉时间不够用，但又不知道从哪里着手。我们看看这个案例：

“Hi，Chris，这是一封咨询求助信。去年 9 月份我出来 SOHO 了，产品是促销礼品。到现在正好一年了，整理了这一年的业绩表，发现自己只做了××万元，毛利 30%，距离自己 100 万元的利润目标还有很长一段路要走。由于有老客户的支持，我的模式基本上是客人有询价了就帮客户找工厂做货下单，所以工作也是忙一阵闲一阵。自己深感这种状态不可取，但是想发力的时候又发现自己无所适从。自己建有一个网站，但是没做推广，流量忽略不计；主动开发能搜集到对口客人的邮件及手机信息，却坚持不下来持续开发跟进；心态有点不稳定了，想着要不要开阿里巴巴国际站，又觉得自己投入成本太大一个人怕做不好。我知道 SOHO 这种犹犹豫豫的状态很不好，却想不到有效的方法去改变，所以想问下 Chris，对我有没有可以深入的方向上的建议，如蒙回复，不胜感激。”

这个案例里把一个人 SOHO 所遇到的问题都囊括了，正常来说，第一年就盈利了其实是很不错的，促销礼品这类产品如果客户稳定的话，应该每年都会有比较稳定的返单，所以这个基础打得很不错。但礼品行业维护好客户也很费精力，可以看得出 SOHO 在这个过程中是付出了很多的时间和精力的。至于 100 万元的目标和他的犹豫我们来找找解决方法。

现在看来他比较擅长的是客户有需求再去询价这样一个开发模式，但会遇到一个问题：客户的需求一旦出现变化，他的销售额和利润就会大打折扣。这个时候最好的方式应该是“以战养战”，把老客户的订单看成是你去开发新客户的基础，就像很多工厂的做法——以内销养外销。如果要扩大销售额，要么挖掘老客户的购买力，要么增加相应的获取客户的渠道。

首先，老客户的购买力需要结合客户实际的采购计划，可能随着合作的深入，订单量会增加。自己可以以 100 万元的利润同比计算销售额、老客户的订单量，预估达成目标可能性。其次，获取新的客户渠道，既然自建了一个网站，就要把它利用起来，学习基本的 SEO 方法，转变思想，哪怕做得再好，不主动地去做营销，客户是不会自己找上门的，前面的章节提到的免费 B2B 平台网站、社交媒体等都是可以主动获取客户的途径，至少也是增加外链的方法。既然迈出了 SOHO 这一步，那必然要想到 3 年、5 年后的持续开发效果，现在能做的是把 3 年、5 年后无法回过头去做的事情做到。无论是阿里巴巴国际站、自建网站，还是谷歌，都是获取客户的方式。我不认为仅仅依靠老客户就可以完全支撑盈利目标，所以这些平台是否该投入做推广，自己是否精通这些推广的规则和费用，或者在哪个时机去做推广，这些推广是否适合自己的产品以及推广效果如何，如何用最少的投入去获取最多的有效客户资源，这些是 SOHO 要考虑的问题。他犹豫的是冒进地去投平台，还是稳妥地服务好现有客户。在我看来，有老客户做支撑是好事，但也是坏事，SOHO 很容易因为有客户的支持最后陷入完全围着客户转的被动局面，根本无心主动去做开发。有压力才是创造奇迹的动力，我建议可以往前面再走一步，走了这一步以后，会由当前在门外徘徊变成破釜沉舟地冲进去。心态和精神面貌会完全不一样，就像背水一战一样。至于现在工作里的时紧时慢，客户联系后没能及时跟进等，这是工作态度和工作方法的问题。

试想有一天老客户都离你而去，该如何对待现在所有跟踪的新客户呢？那时这些新客户个个都变成救命稻草了。而在工作方法上，要回顾这一年的工作内容和时间分配情况，思考老客户的订单集中在哪些季节，怎么合理提升新客户开发的比重。将每天的工作内容固定地从客户渠道拓展、老客户维护、新客户开发、供应商管理等几个方面进行计划和执行，久而久之形成习惯，效率就提升了。从长远看，在新客户有了起色以后，可以选择招跟单人员做老客户维护或者新客户开发，但前提是初期的基础要打好。

一年以后，我收到了他的反馈：

“Hi，Chris，我又来了，这次算是报喜帖了。在一年时间里，我自己在开发上做了很大的调整，主动开发也坚持下来了，开发成功了好几个行业内对口的大客户，主要是客户黏度很高，有一个开发的客户第二周就下单了，后面每周都有询价。另外让我最意外的一个方面是自己建的网站来了一个大询盘，目前沟通进展顺利，下周要开始打样了。在老客户方面，今年大订单和询价也多了，感觉和他们更熟络了。你去年的指导真的很有帮助，特别是‘SOHO 要多跟别人交流，不能闷在自己的世界里’这一点。”

（二）两人或者多人 SOHO 创业

两人 SOHO 创业主要分为两种情况。一种情况是自己作为业务主导，全权负责开发的一切事宜，而另外一个人对外贸和行业不怎么熟悉。最好的分工方式是这样的：自己做业务主导，负责客户开发、推广渠道搭建、供应商筛选合作等，后期也不容易产生分歧；另外一个人可以负责行政、财务、后勤、接待等辅助工作，在后期业务稳定下来以后再慢慢转到客户开发上来。另外一种情况相对较为复杂，两个人都是 SOHO 创业的人，都有过丰富的外贸经验，相互合作主要是取长补短，通过合伙人的方式共同将业务推向高峰。

“Chris，我和一个朋友各自有自己的产品，都是工业产品，现在双方都有意向，想合伙去开拓一个新的产品，和原来的产品跨度很大。利润平分。遇到事情相互协商和讨论，我们年龄差不多，彼此都想把事情做好，没有谈也没有必要谈谁主导谁。”

外贸人都是非常有想法的，尤其是能够走到 SOHO 创业这一步的都是不走寻常路的人，想法一定是很多的，在行事风格上大多是特立独行的，如果两个这样的人走到一起去，简单地约定利润平分不足以解决合伙中存在的问题，好在每个人都有自己的产品做开发，在很大程度上避免了双方就推广方式、设计风格、产品方向、工厂合作方面的分歧。至于合伙新开发的产品，最好做好角色的分工，设定一个人作为主导人，全权去推动新产品的开发，另一个人尽全力去辅助主导人，可以对新的产品提供自己的建议，但具体的执行和掌控权要完全放给这个主导人，这件事情的成功率才会提高，否则在很多事情上双方都各执一词，在产生分歧的地方耗费精力和时间可能会错过产品开发和销售的最佳时机。

这个案例里的两人后来还是在合作过程中发生了分歧和争吵。中英文邮件如下：

"Hello,

I reconsidered our quarrels yesterday. I think all of us have our reasons to insist on our own way to work, whatever at home or office, if one thinks the surrounding is helpful for her work, then it is totally ok. Because today I went to office very late, I thought too much in your position. I do not think I can force you to do anything. You have your choice. You have your reason and your pace.

After many arguments and quarrels, I think we will understand each other further. It will help us go forward more smoothly. I think I should slow down and you just speed up a little. Then we will keep in step with each other. And if I did something wrong, please let me know without hesitation."

(你好，

我再次思考了我们昨天的争吵，认为我们彼此都有理由坚持自己工作的方式，无论是居家办公还是在办公室办公，只要认为周围的环境有利于自己的工作是完全没问题的。我今天进办公室晚了，考虑了很多你的处境。我无法强迫你做任何事，你有自己的选择。你有自己的判断和工作节奏。

在经过多次分歧和争吵以后，我认为会加深彼此的了解，这些会让我们的创业之路更平稳顺利。我认为我应该放慢速度，你稍微加快一点，这样双方步调和节奏能保持一致。如果我有任何做得不对的事情，请直言不讳。）

不得不说，SOHO 要珍惜每一份精力，如果因为意见分歧等耗费了精力，就要思考合伙本身的合理性了。

我们再来看看多人 SOHO 创业的一个案例。

创业者 A 有一个不错的产品，对国内供应链非常熟悉，对价格、品质等都了解得非常清楚，这是他的绝对优势，唯独不擅长业务开发，因为之前没有外贸客户开发的经验，英语也不是特别好。但他自己一直尝试做外贸，也有几个稳定客户下单。正好有几个从外贸公司出来的业务员想一起合伙把这个产品出口的事情做起来，A 来问我的建议。

在 A 描述完产品市场前景及客户情况以后，我觉得产品未来的潜力还是不错的，如果慢慢积累完全可以做大，最主要是供应链端他非常熟悉且能谈下不错的价格。这几个并不知根知底的精通外贸的人与 A 合伙以后可能会出现一个情况：国内的供应链端并没有什么排他性，即谁有订单，货就会供给谁，在后期的合作过程中，这几位合伙人不可避免地在具体业务中会接触 A 擅长和经营的供应链，再把他们熟悉的客户开发出来后，客户很容易会对这些有经验的外贸人产生信赖，而 A 的利益将得不到保障。所以在合伙时要弄清楚合伙人的真实意图、合伙 3~5 年以后可能出现的情况、利益划分等，如果这些事情没有提前考虑清楚，到最后可能是为他人作嫁衣。A 实际上已经有稳定的客户在合作，他所担心的业务开发能力是可以随着业务的增加而不断提升的，从长远来看他自己独立完成创业会比较好。

CHAPTER 9
供应商管理

一、供应商筛选

供应商筛选是SOHO必须要经历且重视的一个过程，良好的供应商储备和支持能够让SOHO在开发客户的前线毫无顾虑，相反如果后方供货端不稳，一直有这样或那样的问题掣肘，一定会影响开发客户时的心态，哪怕是一个犹豫的信号被客户捕捉到了也会陷入被动。我们来看看一个因为供应商的问题导致可能失去客户的案例。

“我2021年年底给工厂介绍了一个客户，这个客户是一个美国的全球知名品牌在中国国内的公司，当时我和这个工厂合作时，工厂的品质、配合度都还可以，因为信任我，客户就直接跟他们采购了，我当时是想着促成他们的合作，这对我后续开发客户也是有优势的。一开始出货很稳定，但是半年之后就有批量产品出现致命质量问题，我提出质量问题后，工厂就是不承认，后来全国各地的经销商退回相同问题的产品，工厂拿到不良品，也没好好去分析研究，因为他们本质上没有一个质检员或是工程师。客户的检测设备能检测出不良品，但工厂拿着客户测试过的不良品竟然测试不出问题。最后我们一再要求重新检测才发现问题，原来是某个配件的供应商混了一些不良品进去了，这两个月我也去调查过他们配件工厂的基本情况，我把我调查的结果实事求是地发回给工厂，他们就怎么都不回信息了。”

可能有一部分 SOHO 创业是从一个不错的工厂、不错的货源开始的，但是再优质的工厂配合度不行或者沟通起来问题频出，最后受伤的一定是客户。从人性的角度出发，越是熟悉的人，越是稳定的订单就越不会被珍惜，也往往最容易产生问题，再加上不乏少部分工厂会人为地制造问题，破坏创业者与客户之间稳定的关系，最后导致创业者丢失客户。国内工厂的质量是参差不齐的，在产品上也有一种跟风的现象，某一个产品火爆，就会有众多工厂挤进来分一杯羹，所以很多时候 SOHO 对于工厂的认识会有一种雾里看花的感觉，不知道如何在众多供应商里找到最适合自己的。

对于 SOHO 来说，合适的工厂不一定是那些规模大、人员多、产品成熟的工厂。一般来说工厂越大，其内部流程越复杂，变通的可能性会越低，也意味着 SOHO 的话语权会越少。如果内部管理能对订单生产起到有效的监督和管理作用，那其实 SOHO 把要求列清楚也能够安心地等待订单生产和出货，只是在实际的合作过程中难免需要变通和调整，有些工厂却尾大不掉，出了问题也只能被迫伤害客户的利益。虽然 SOHO 没有较稳定的订单前在和工厂的合作中没有较大的话语权，但仍可以通过一些考核策略和技巧找到未来有合作潜力的工厂。

（一）调研供应商，做好工厂分析

1. 规模

工厂规模越大，对合作的 SOHO 要求也会越高，会更倾向于大客户的订单，原因是大客户的订单较为稳定，更容易开展物料采购、排单和生产计划等系统工作。所以很多人接触大厂时感觉难沟通、态度差、拒人于千里之外，实际原因是他们手上有几个重要的客户维持生产和运营，在生产和工作流程的制定上也是为这些重要客户服务的，对突然来的 SOHO 订单很难适应。除此以外，规模较大的工厂大多会有内部的外贸部，由外贸部承接国外订单，很多客户的询盘可能正好同时发给了工厂外贸部，也发给了和工厂合作的SOHO，如果遇到与这些工厂在客户上有冲突的问题也会让SOHO处于被动。当然如果订单量和订单金额处于中上等水平，这些大厂也会欢迎，只是SOHO得做好适应他们行事风格的心理准备。

SOHO没必要紧盯着有几千或者更多人数的大厂，最重要的是要挖掘出工厂对于外销的态度，有些中小规模的工厂人数可能在200~300人，每年内销能达到几个亿，但是国内市场已经趋于饱和了，国际市场一直是空白，一直在积极尝试将产品打入国际市场，这对于SOHO来说是个不错的机会，工厂的管理水平和配合度上也会好很多。工厂有对外开拓的想法会给SOHO很多支持的条件，比如价格、交期等。基本上国内所有的工厂在国内市场趋于饱和又寻找不到新的增长点时都会把希望放在国际市场上，原因一来是通过对国际市场的尝试提升工厂和产品的竞争力，二来是国际市场对产品品质是一种背书。对于这一类外销观念很强，一直想尝试外贸出口的工厂，他们在合作方式上就会有更多的可能性了，比如找SOHO领导外贸部，工厂出人、出资金、出产品，而SOHO负责搭建团队、培养人才并创造出业绩；又或者是工厂出资注册公司、开立办事处，由SOHO独立搭建团队且归属于工厂。这些可能性背后的意义都是为工厂打造一个可以持续获取客户的平台和渠道。从个人的发展来看，这样的模式最后还是会导致个人受制于工厂，与自由创业的初衷背道而驰，对于与中小规模的工厂合作时或多或少会收到的工厂抛出来的橄榄枝，SOHO还是应该把眼光放长远一些，原因是SOHO的优势是整合各个工厂的优势资源而不是在一开始就受限制于某个工厂。

对于几十人到上百人的小规模工厂，SOHO更应该看到机会才是。这些工厂的灵活性更高，他们对于市场的嗅觉更灵敏，对于SOHO初期在各个方面需要一些灵活的协助和变通来说是很有利的。对于某些传统产品来说，国内像这样小规模的工厂的订单走进全球知名品牌商超、连锁店等供应链的很多，他们对于外贸订单的敏感性更好，对于国外的各项准入和要求更熟悉。规模小有小的好处，他们在集中力量攻克难关上有更好的优势，这种反应灵敏度和 SOHO 需对客户各项要求的及时反应完美匹配，SOHO 更需要这种配合度和灵活度。有一些小工厂确实在生产能力、产品品控、物料准备上存在各种问题，但还是有一些有梦想、精益求精的工厂严格控制品质，保证交期，SOHO 应该多给一些机会培养这些工厂，未来一定会有不错的收获。

虽然大多数 SOHO 在创业初期还没有足够的实力和一些大型企业平起平坐去洽谈合作细节，可能会遭遇到冷眼甚至是讽刺，但我们从长远看问题，这个世界每天都在上演“前浪”和“后浪”的故事。

2. 价格

价格水平是筛选供应商的重要因素。在价格制定方面有两种较为普遍的思路：一种是在高、中、低价格上都有相应的产品或者款式，用来满足国外不同国家和地区的价格要求；另一种是产品集中在平均价格水平，在这个平均价格水平上筛选出满足条件的所有供应商，让整体价格给外部的印象是平价，再选择少部分较高价格的供应商，在部分产品的个别款式上筛选出高出平均价格水平的产品和供应商，这种“平价+极少高价”的策略会给国外客户一种注重质量的印象。如果将价格水平定得太低，也许会打进一部分对价格敏感度较高的国家市场，但最终会陷入价格战，只要有更加廉价的商品，客户就会更换供应商，没有任何黏度。对于 SOHO 来说，以低价作为常态并不是长久之计，必须要找到自己的竞争力。

3. 质量水平

质量是唯一不能打任何折扣的筛选条件，出口商品的先决条件就是产品的质量要达到国内和国外标准，一旦有一批订单进入某一个国家后发生质量问题，撇开国际退换货等烦琐的事情不谈，以后在该国家很难有再次进入的机会。国际贸易建立在诚信的基础之上，这个诚信包含的最重要的因素就是品质的保证，这是国际贸易最基本的共识，品质来不得半点虚假。所以对于供应商的筛选，质量也应该放在重中之重，当然现在绝大多数工厂在质量控制上做得也都是不错的，只是难免会有些工厂在旺季期间以次充好，没有严格把控好质量。

出口货物的每一批质检、验货都很重要，这关系到每一批货物的质量，哪怕是一个不起眼的标签出现问题可能都会导致货物被拒收、退回的风险，这对于创业前期容错率很低的 SOHO 来说可能是致命的风险。

4. 管理水平

工厂的管理水平也是筛选供应商的重要因素之一，管理水平决定产品质量水平、生产效率、开发和服务客户的能力以及解决突发问题的能力。目前国内工厂的普遍问题在于员工的基本素质不高、流动率较高、归属感较低，家族式企业模式内耗严重。先进的管理水平无法贯彻到日常操作，对于一些人员流动性较大的企业，管理更为棘手，特别是在新老员工不断交替的过程中总是会产生各式各样的问题。生产制造端的管理建立在规范日常的生产制造流程、明确每一道生产制造工艺的标准上，大多数企业的管理手段比较落后，先进的管理理念无法普及，收入、奖惩制度无法做到公平有效，对于 SOHO 订单里的各项要求协调性较差。家族式的管理对于部分工厂来说会出现人情大于工作效率本身的情况，管理和规则多流于形式。

在筛选供应商时，可以从一线工人的精神面貌入手，仅仅从工厂员工每个人所表现出来的精神状态就可以看出该企业的管理水平，这个是没有办法隐藏的。工人们神采奕奕、有条不紊和无精打采、眼神空洞形成鲜明对比，再加上对日常订单量、福利待遇、收入、工作量等的询问，高下立判。内部管理问题很大的工厂，员工在面对这些问题时多少会流露出不满的情绪，而管理严格的企业员工会给人训练有素的印象，无论是工作技能还是工作态度都有做过相关培训，所表现出来的情绪、归属感和气场截然不同。可以想象把订单交给带有情绪的人去做将会出现什么样的问题。

5. 出口资质认证

工厂出口的各项资质认证对于 SOHO 来说也是至关重要的，是否有产品需要的每一个准入资格会影响产品进入目标市场。当然有些产品对于某些国家来说，并没有专门的准入限制，这会让 SOHO 在通关方面毫无顾虑。在对供应商进行筛选时，这些出口资质是考量的一个重点。当前很多愿意去尝试国际市场的工厂在各项出口资质认证上也会积极地配合。如果工厂的产品质量优秀、价格便宜，但出口的各项资质认证不齐全，这类工厂也应放在重点考虑行列，一方面可以督促工厂尽快申请认证，另一方面也可以在认证时间和费用上和客户做一些商量，一起讨论找出解决问题的办法。当然有一些产品要进入某些国家市场必须要通过某种认证，比如美国 UL（产品安全和经营安全）认证、欧盟 RoHS（电子电气设备中限制使用某些有害物质指令）认证、美国 FDA（食品药品监督管理局）认证等，对这些工厂的筛选是要以认证为前提的。

除了出口资质以外，筛选工厂也应该考虑工厂对出口的理解和敏感度、出口的能力。有些工厂在愿景上想把产品出口到国际市场上，但是在实际的操作中对国际市场认识不足，或者想用内销的思维做外销，这种思维从最开始就错了，在后面的合作过程中与 SOHO 不可避免会出现分歧。

6. 样品

很多 SOHO 的产品是不需要样品的，比如说机械设备等，有产品的视频做介绍就可以了，如果客户对于产品的性能有担心，可能会来访参观工厂，这时将考验工厂对于国外客户来访的接待态度。但是对于传统产品来说，样品是业务谈判中重要的一环。工厂对于样品的策略很大程度上影响到后期的业务开发。

获取样品的动作本就是客户尝试对 SOHO 或者工厂有更深入了解的重要信息，如果工厂在样品的种类、款式、费用等方面一直拖拉、迟疑，势必会影响到谈判的进度。工厂谨慎对待样品的原因在于担心被仿制、对客户的订单没有信心、样品费用不清等问题。如果存在这些问题，则必须在前期筛选供应商时对样品问题单独重点进行沟通，一旦业务开展起来，向客户承诺了样品，最后工厂迟迟无法提供，对 SOHO 的信誉有很大影响。

一般来说，成品样品哪怕工厂收取样品费，SOHO 或者客户也很有可能接受，只是对于有些原始设计制造商（ODM）模式的产品需要工厂技术根据客户的图纸打样，工厂急于确认打样后生产大货的可能性，但样品都没有，没有哪个客户会承诺一定有大货订单。这是很多 SOHO 将客户新的尝试、新的设计制作样品需求反馈到工厂时遇到的问题。工厂对样品开发的态度、开发能力等都需要 SOHO 结合产品实际情况提前考虑和沟通。

7. 大货交期

大货交期是筛选供应商过程中容易被忽视的因素，目前国内大货生产的交期在 25~45 天，长的达到 60 天。这样的交货期是由物料采购、上机生产、包装验收、出库这几个主要动作组成的，但还是不乏工厂在订单确认以后对交期无法保证、一拖再拖，或是工厂产能达不到、工厂资金出问题、人员流动导致订单拖拉，或者就是工厂对订单不重视。在筛选过程中要尽可能地把样品交期、大货交期确认清楚，不能等到订单确认好以后，工厂无法准时交货导致对原本向客户承诺的交期无法交代。

SOHO 最关心的事项可能在于款什么时候到，但是换位思考，客户付款以后，最担心的是什么时候出货，在这个重要的环节如果失信于客户，后面很难挽回客户的信任。很多客户采购的是有季节性的或者明确用途的产品，比如节日用品，客户可能提前计算好采购谈判的时间、运输时间、清关时间和当地的节日时间，如果交期出问题，又无法找到备用工厂就很被动了，客户很可能因此蒙受巨大损失。

8. 对于客户信息的保护态度

工厂对于 SOHO 客户信息的保护态度往往决定了 SOHO 未来的发展潜力。当下有很多工厂是欢迎 SOHO 采购来打通国际市场的，客户的所有权通常也是 SOHO 自己的，工厂专心解决生产的问题。但是也不乏很多工厂想越过 SOHO 自己私下与客户联系，又或者是客户私下想寻找工厂源头，最后 SOHO 和工厂两败俱伤、不欢而散。

大多数工厂是不擅长客户开发的，毕竟他们的主要职责是把生产端做好，确保货物的质量和如期出货，但是如果他们想去触碰前端的客户，也是有很多的机会向客户释放工厂信息的，在某一个内盒、外箱里放上工厂二维码、塞纸条等方式防不胜防，但是这种做法无论从法理上还是情理上都是说不通的。有的 SOHO 每天服务客户到凌晨，客户最终还是找到了工厂。如果工厂对于国外客户信息的处理原则是不触碰、不开发，即使客户找到了工厂，最后还是会回到 SOHO 这里来，SOHO 的客户沉淀和后期返单会得到最大限度的保证，工厂也会有源源不断的订单，这是双赢的。所以需要靠策略和方法解决客户信息的问题，就客户信息及归属问题和工厂谈清楚，提前对归属做清晰的界定，当然客户信息毋庸置疑是属于 SOHO 的，在归属问题确定好以后，最好能签订协议形成字据。对于工厂有意或者无意泄露信息、争夺客户资源的情况提出惩罚和赔偿措施，这种措施是维持稳定的合作关系的基础，否则一旦考验人性，合作最后都无法收场，更何况后期客户可能会有验厂、验货等情况。明确工厂的职能和重心就是生产，而 SOHO 的重心在于服务客户和渠道，彼此都拿到属于自己的那一份利润。当然大多数工厂在归属权的问题上是能分得清的，这就要求 SOHO 在进行供应商筛选时能够找到以诚信为基础、深刻理解互利共赢的工厂。

从这几个方面对工厂进行筛选以后，大体上有哪些可以合作的工厂心里就有底了，从优先级来说，产品质量和配合程度放在第一要素，其他因素要结合产品及市场需要进行考虑。

（二）收集筛选后的供应商信息

对工厂初步了解和分析以后，可以进行实地拜访或者再次拜访获取更加真实的供应商信息，一般来说单纯的电话、线上沟通很难让供应商对 SOHO 敞开心扉，实地拜访一来是体现对合作的重视，二来也能从供应端寻找支持 SOHO 的信息和条件，真正意义上做到知己知彼。

既然是与筛选以后的工厂寻求合作，实地拜访的目的也更为清晰，围绕价格表、工厂体系文件、出口资质、材料、环保、国内外市场分布、出口行情等收集供应商的信息，这些在以后和客户谈判的过程中是一定能派上用场的。

1. 价格表和成本核算

工厂对 SOHO、代理商、外贸公司可能会制定专门的价格，SOHO 获取价格表的意义并不是传统意义上地让工厂对某些款式做报价，而是多方面地考察工厂的生产成本，包括物料成本、人员成本、生产损耗、厂房租金、人员工资福利等，这些是实地考察时要想方设法了解到的信息。SOHO 对于熟悉的行业在成本上可能了如指掌，但是以合作者的身份去了解工厂就需要将所有成本都考虑进去，分别从领导层、管理层、执行层面的人员多角度去获取这些信息，会发现每个层面对信息的理解都不同，要学会提炼和总结出这些信息。只有全面了解这些信息以后，才知道每一笔报价要核算哪些成本、工序、损耗、税金、利润点等，自然而然地对对外报价才有更深的理解，才知道在和客户做报价时，价格弹性空间如何拿捏。

2. 出口各类文件

国外客户进口产品时对卖家的资质、安全、诚信是最关心的，特别是欧美国家的客户，在业务开始之际都会以相关的资质为由打探公司的实力。安全与资质无法仅通过语言描述说服客户，这就要求有相关的证明文件。SOHO的角色决定了没有办法一一提供完整的证明文件给客户，而一般工厂对于自己产品的资质、测试报告不愿意轻易公开。所以 SOHO 在实地拜访工厂以后可以就当前对于产品的安全与资质文件的缺乏寻求工厂支持，收集工厂（质量管理，食品、药品安全管理，社会责任认证等）体系文件、出口的资质文件、材料安全报告、环保测试等以补充产品的“软实力”。

在对出口相关文件的认识上，SOHO 与工厂应该建立充分的信任，双方明确各自的角色和责任，由 SOHO 对外展示产品、资质、报告等，工厂积极做好辅助工作，才能真正做好配合。

3. 国内外市场分布和出口行情

SOHO 需要掌握一定的数据分析技巧，也要知道从哪里分析出目标市场、客户分布、采购周期和采购习惯这些数据。通过互联网工具去获取这些数据不是难事，但这些数据是否完全准确，是不是有尚未考虑周全的因素，这些市场分布背后是不是受供应端、市场准入、国外竞争、国外专利等的影响也有要自己的判断。

在实际拜访工厂的过程中，完全能根据工厂当前国内外市场销售情况、客户分布情况去以另一个视角看待产品和市场，相对来说工厂的氛围较为单纯，通过数据分析和处理结合工厂实际的市场情况做判断，某些区域市场数据中存在但工厂没有涉猎到，原因很可能是工厂没有能力获取到那一部分客户，又或者是那些区域市场趋于未开发或者饱和，SOHO 可以判断自己的机会在哪里。哪怕工厂当前没有开展外贸，也一定会关注到行业内的竞争者的国外市场情况。

SOHO 最忌讳一直在自己的想法里去思考行业的潜力、客户市场、客户的偏好等，久而久之，思维会受限，要全面客观地去了解行业里的种种，听听行业里各个价格水平、不同生产环节、不同目标市场的人对于产品、市场、出口的认识，试着去理解他们对行业的理解产生差异的原因，这样才能多维度地了解行业。虽然从生产端获取到的消息不可避免地会夹杂消极情绪，但是要取其精华、去其糟粕。SOHO 以不同的角度去看待国际市场和出口行情对未来的很多决策是有帮助的。

实地拜访的意义在于和工厂在合作上达成一致，寻求工厂对于 SOHO 外销的支持，工厂对 SOHO 也会有自己的评价，但从本质上来说 SOHO 还是买家，该有的买家气势和态度还是要有。

（三）对接人员考核

如果前面的铺垫都很顺利，进入实质的订单阶段以后，就应该重点考核对接人员的能力和素质了。通常在和工厂确定好了合作意向后，工厂会指派一个人专门负责报价、售后等问题，当然这个人可能是老板自己或者销售负责人等。如果对接人级别较高，可以全权处理价格、技术、产品、售后等问题，很多事情会较为顺利和高效，但对对接人还是要有一定的考核，或者说是与之进行磨合。考核主要从这几个方面展开：

1. 对问题的反馈及时性

有些对接人大部分时间在处理生产等事宜或者待在车间，很难有机会处理 SOHO 的询价等信息，当对接人有很明显的拖延感时，要分清是内部管理机制的问题，还是对接任人的业务素养问题。SOHO 的询价是相当珍贵的，因为报价迟疑一个小时或者一个下午而失去客户的情况比比皆是，如果产品是常规款、标准款倒能及时做出报价，一旦遇到客户有自定义和特殊要求就需要工厂及时做出反馈，而且反馈需争分夺秒。如果对接人没有这样的意识，会对询盘造成损失。

2. 耐心程度

客户在开发过程中有很多要求，也会有很多犹豫甚至是怀疑。这是很正常的现象，但反馈给工厂，有些对接人可能会认为这种现象很奇怪、难以理解，带有情绪去处理这些问题，或者在回答几次问题以后就觉得很麻烦了，这样的话长期合作难免会出现问题。

3. 与 SOHO 的默契

很多工厂的对接人很强势，处理问题风风火火，但是很多问题是带有他们自己的主观倾向（或者是工厂的立场）的，不是在帮忙解决客户的问题，而是在教客户做事，这种服务意识最后会导致不欢而散。

4. 对接人的情商或者灵性

日常的对接和沟通任务并不会有太多复杂的工作内容，情商主要体现在处理问题的时候能够最快速地找到 SOHO 的客户端的真实需求和意图，给出合理的建议，也能轻易地理解 SOHO 迫切想要了解的信息或者需要解决的问题、分歧点等，最好能给出有效的建议。在双方产生利益分歧时，能够起到化解尴尬、矛盾的作用，而不是激化矛盾、火上浇油。如果对接人在以上几个方面都能够有不错的评分，对 SOHO 会有很大的帮助。

（四）打样和试单考核

在满足以上条件后，SOHO 可以开始尝试进入实质阶段了，从询价转入打样和试单是水到渠成的过程。

1. 打样

如果说前期的询价和磨合是在考验该对接人的自身素质，那么对样品的需求是考验对接人为人处世和内部沟通斡旋的能力。很多工厂在样品上的策略是很保守和烦琐、比较敏感的，特别是对于一直索样但是订单杳无音讯的情况。外贸的订单尤其会出现这种情况，需要反复打样和反复确认。在这个过程中，对接人需说服工厂安排样品、协调内部订单和打样的冲突问题，对接人的管理权限、对 SOHO 样品与大货生产的合理安排、技术能力都会得到全方位的考验，当然如果对接人是公司负责人、部门负责人，对他们来说，这些并不是难事。一般来说管理权限越高的人在处理样品这些事情时越会缺乏一些耐心，原因是每天的任务和指标较重，所以工厂多会倾向于找一个专门的业务人员对接处理前期较为具体的事务。走到样品这一步对工厂的各个方面应该有了更深入的了解，完全可以判断工厂是否适合继续下订单，或者该给怎样的订单。

2. 试单

打样顺利完成后，如果考核情况良好，会从实际的试单展开合作。当然合作与样品的意义是完全不一样的，合作会涉及具体的产品报价、利润点、购销合同条款、生产要求等细节，也包含付款方式、交货期、售后等问题，每一个细节的疏忽都可能造成后期难以弥补的损失。以试单的形式才能真正考核对接人，实际上也是真正认识一家工厂，因为在这个过程中各自都在争取切身利益，对共赢、支持、长期合作等的认识都会完全显露出来。在行事风格上的果敢与干练有时候也是专业的一种体现，但是作为 SOHO 来说，对其具有一定的包容性是必要的。如果出现问题，好在这只是试单，后期还可以及时调整。

二、品质管理

以买家的角度去看待与供应商的合作，无论买家实力的强弱，都应该以管理的心态和思维去对供应商做好把控，这是 SOHO 这条路需要一直不断摸索和实践的重要工作。羽翼未满时需要借力打力，待到时机成熟了需要给予对方适当的压力，生意本就是博弈的过程，SOHO 应该适应和习惯这种思维方式。一旦疏于施加压力，工厂可能在质量上就会出现问题。

哪怕是千挑万选的优质供应商，在品质上也难免会出问题，原因包括人为操作不当、机器出现问题、程序设定失误等。返工一来费时费力，二来耽误交期，最好是让工厂像生产管理大客户订单那样形成专门的生产流程单，细化生产线上每一道工序的操作规范和标准，尽可能地减少质量问题。SOHO开发客户本就不容易，如果产品在质量上再出现问题，无论是对客户还是对SOHO自己都会造成伤害。在企业里产品为流程化生产，质量的把控一般会有专门的质检员或者验货员处理，但走到创业这一步该有的质量把控环节也不可少。

（一）样品管理

对品质的管理和要求并不是等到问题出现时突然向工厂发难，而是需要一点一滴地在日常沟通中传递出对质量的高要求，双方的磨合过程从工厂的角度来看就是在试探底线，在最开始 SOHO 没有给工厂传递出较高的标准要求时，产品是不足以让工厂引起足够重视的。所以在对样品进行沟通时，应该将 SOHO、客户对于样品的要求传递到工厂，无论是样品的质量，还是客户要求的契合度、款式、颜色、标签等。在重要的要求上，态度应该尝试更坚决一些，对样品的妥协也会被工厂误认为在大货里也可以妥协。

寄送样品很多时候只是向国外客户展示产品质量的一个方式而已，最终没有达成订单其实是一件非常正常的事情，但是收到样品后没有任何回复，不代表未来毫无机会。有很多人受到样品供应的限制从各个方面对客户的真实意图进行揣测和试探，这其实是违背生意法则的，作为买家来说没有看到实物就仓促下单也是不合常理的。至少作为 SOHO 来说，要尽可能多地为客户制造提供样品的机会，也应该尽可能多地让工厂做好样品储备的工作。

工厂对于样品的限制和吝啬也多是因为在以前的样品环节有过很多不愉快的经历，比方说遭遇设计被仿制、恶意压价、索样后消失等。当然有一些人在向工厂索样时会“画大饼”，鼓吹国外有一个连锁店、大买家正在向国内采购或者招标，承诺如果产品合适会有源源不断的订单，最后把工厂所有的信息、样品都拿走了，填了一张又一张的供应商准入表格后，消失得无影无踪。由于出现过这些采购行为，所以很多工厂会对样品进行严格管控。应该避免使用这些看似高超的索样技巧，这些技巧没有任何责任感，SOHO 要更多地从样品实际用途、寻求工厂的支持方面去沟通。

很多工厂打样是有成本的，比方说存在一些制版费用或者手板样的费用，如果这个成本较高可以找客户收取，这是合理的成本支出，客户一般都能接受。如果样品的成本不高，最好是 SOHO 自己承担这笔费用免费给客户提供样品。这样的做法能够让样品更快速地运转到客户手中，而 SOHO 的每一笔支出客户应该是能感受得到的。

（二）产品检测

产品在出货前，工厂一般会严格按照 SOHO 对于产品的要求明细做相应的检测，如果管理得当，可以对准备的物料、生产各个环节、成品进行检测。一般情况下产品的质量是能够得到保障的，但工作疏忽、人员流动等导致的难以预见的失误也是难以避免的，出口货物一旦发货，再进行补救就很难了，所以很多知名品牌采购时会委派质检人员或者第三方检验公司在出货前对货物进行验收，他们会有严格的检测项目和检测合格标准，验收合格以后再安排订舱发货。但是对于一般新客户来说，他们可能是新加入行业的人，没有很成熟的采购经验，SOHO 应该主动承担验货的任务，在产前、生产中、大货即将完成前几个阶段对产品各个方面进行检测，及时找出可能发生的问题，进行完善和修改。有一些 SOHO 在大货生产时会驻厂监工直至货物安全出运，相对于国外委派和第三方检测公司对产品进行验货，SOHO 的驻厂会更加纯粹和有效。

（三）抽检

抽检指的是在大货里随机抽取少量产品进行检验，通过抽检的结果来推测整批货物的质量是否合格。如果抽检的结果不合格，再对货物进行全检了解整批货物的情况。目前从国内工厂整体的生产水平来看，流水线生产的每一个环节都有具体的操作规范，产品质量大多数是可以得到保证的，即使是这样，在产品检验上也应该足够重视。SOHO 的人手不足，所以大多数情况下需要自己安排验货工作，通常 SOHO 对于产品的包装、外观、颜色、功能等方面的要求和标准是足够清晰的，再结合初期的样品比对也可以完成验货工作。如果客户对于验货标准有要求，可以和客户确认好可接受质量水平（Acceptance Quality Limit，AQL）的检验标准和产品缺陷等级，验货结果符合标准后出货。

在实际操作中 SOHO 与工厂距离太远或者选择性忽视导致验货工作处于空白状态是会有风险的，一旦产品质量出现问题，会损害客户利益。SOHO 至少要保证不定时地对产品进行检验，一来在质量上做好把关，二来维系好与工厂的关系，三来也能够及时了解工厂的生产经营状态甚至是资金状态。

（四）售后

在售后问题上，一旦产品出现质量问题，会由 SOHO 对客户负责，而工厂对 SOHO 负责，所以最后也通常由 SOHO 与工厂协商解决，前提是质量问题确实是由工厂的生产、操作、材料、人为因素造成。无论是客户、SOHO 还是工厂都不愿意有质量问题发生，但是发生问题也不用逃避，直面问题反而能打好翻身仗。

通常来说，客户出现质量问题了，SOHO 可以要求客户拍照和拍视频确认问题的真实性，反馈给工厂确认导致该质量问题的原因；同时对产品质量问题的严重程度做一个界定，包括是否影响安全使用、是否影响正常使用。如果只是轻微的瑕疵问题而不影响使用，可以仅就瑕疵问题做出相应的补偿；如果是完全无法使用，可以和客户商讨退货、退款或赔偿金额，尽量协商一个各方都满意的解决方案。通常情况下，如果资金压力较大，可以尝试让工厂后续免费生产订单来弥补这笔损失，同时也可以保证工厂生产运转。毕竟货物收到后再执意进行退换货、返工的成本对于 SOHO 和客户来说代价太高了。

三、与工厂谈判

SOHO 与工厂谈判的主要问题在于，一个全新的创业公司在向工厂寻求合作时他们的接纳态度问题。但是这也是无法回避的问题，并不是每个创业者都是带着订单去和工厂谈判的。每一个新的公司进入市场总会遭受质疑和不信任，只是每个人在面对这些质疑时所表现出来的态度和气场不同，让创业这条路走入不同的轨道。

（一）谈判有底气

人的精气神是很容易影响对方的判断的，内心强大的人在举手投足间都会给人传递出信心，外贸人在与工厂的谈判中也要打起精神，在有限的时间里释放出对于事业的信心和决心。气场来源于阅历、知识的全面性和完整性、对行业的认识和理解。工厂对创业者的态度取决于创业者自身的素质，大部分 SOHO 对于行业相关内容都有深入的理解，但是对超出行业范围的就显得捉襟见肘了，对全球市场的敏感度、对国际形势的预判、对宏观政策的理解、对产业链的理解等都决定了创业者的综合素质。其实所有行业在本质上是一样的，只是随着发展出现了不同的阶段和可能性，对知识的全面理解体现在对万事万物找寻规律的能力。

与工厂谈判的过程中，正常沟通行业里的专业知识并不会有太大的问题，但是在谈判的空隙里谈及平时生活状态、创业合伙人、办公环境等时，工厂的目的不言而喻，SOHO 最好提前做一些准备，才能在谈判时有底气。很多人在和工厂谈判时会夸大自己公司的实力来获得工厂的认可，其实现在无论是注册资金也好、股东信息也好网上都能查询到，对于新成立的公司来说，SO-HO 的故意夸大反而是一种没有底气的表现。如果 SOHO 以前所在公司规模尚可或者个人能力突出，可以从 SOHO 创业前所在公司的规模、订单、营业额打开话题，从自己服务过的知名客户、客户规模、业务量等方面向工厂介绍自己的优势。这些是工厂想要了解的实实在在的实力，是工厂愿意选择相信SOHO，把产品和市场交付给 SOHO 的最强说服力，因为工厂同样在考察 SO-HO，只有实力匹配了，他们才相信 SOHO 有能力帮助工厂将产品销往全球。当然，无论 SOHO 以前有过多么辉煌的成就，与工厂的合作也会从最基础的试单开始，在这一点上工厂是能够认可的，SOHO 也可以给自己以后的订单进度留有余地。

（二）合作有诚意

对于有心想开发国际市场的工厂来说，最担心的是那些打着合作的幌子，让工厂大费周章提供了一切信息，最后却没了踪迹的合作者，这种行为也可能来自竞争同行。SOHO 应该向工厂表达出诚意，首先，对工厂进行实地拜访，在沟通的过程中所表现出来的对产品的专业性、对行业的未来研判、对竞争同行的了解都是一种诚意的体现；其次，在与工厂的沟通中能够对未来合作的进度有一个大概的规划，对可能遇到的问题有相对清晰的计划及可行性建议也是诚意的表现，没有哪个工厂会排斥沟通具体的合作细节。有很多工厂的负责人对于外贸人才是爱惜的，也更加明白顶尖的 SOHO 可遇不可求，如果在与工厂的谈判中能让工厂看到 SOHO 的潜力是完全能够打动工厂的，甚至他们因此抛出橄榄枝出钱、出人、出资金“开疆扩土”的情况也时常发生，诚意往往能创造出很多可能性。比如 SOHO 遇到的这个生产线的情况：

“Hi，Chris，想跟你咨询一件事，现在一家工厂老板（我有订单和他们厂合作）想拉我合伙做一个新项目（一个新的产品），我不用自己开厂，就是包下工厂的一个生产线自己生产和销售。”

所以 SOHO 寻找工厂和与工厂合作的过程也可以看作是个人能力和魄力展示的过程，诚意的展示可能会带来未来人生的转折。

SOHO 的诚意还体现在对于产品的认可和有足够的信心。工厂在与 SOHO

的谈判中也会担心 SOHO 因对产品前途的不信任在合作的过程中打退堂鼓，会打乱工厂的计划，更重要的是影响工厂的士气，SOHO 要抱有坚定的信心与工厂一起面对行业未来所有可能发生的问题，大部分工厂会尽可能地为 SOHO 提供帮助。

（三）订单有盼头

除了必要的诚意以外，也应该让工厂看到实实在在的利益，这是长期稳定合作的基础。在和工厂谈判时最难解决的问题也正是在于无法就订单给出工厂承诺，得不到工厂的重视。对于以采购为导向的 SOHO 来说，有实在的订单时，在和工厂做谈判时是有很大优势的，而对于以开发为导向的 SOHO 来说，只有开发和利用好每一个询盘，尽可能打开客户开发的局面，哪怕是有潜在客户也能让工厂有盼头，如果谈成一笔试单，合作的基础就打好了。SOHO 如果对于开发能力有足够的信心，很早就能对客户的意向和订单有把握，带着这种信心和把握再去找工厂谈，效果会更好。

早期很多创业者会渲染每年的订单量，比如价格、付款时间、交期等，而实际的订单量可能自己根本无法预测，有一些人确实也因此和工厂谈成了不错的价格和条件，并不是工厂对这些“水分”没有察觉，而是看到了 SOHO 的信心与决心，愿意给出不错的条件做支持。有些人确实也抓到了机会从此改变命运。笔者不建议这种夸大订单量的方法，但是 SOHO 应该自带一些乐观和自信的态度，哪怕带有一些盲目也是可以的。眼光放得更长远一些，万事开头难，创业就应该整合利用好每一个对 SOHO 有利的条件，在这个思路的基础之上，就应该摒弃掉全凭自己能力去单打独斗的想法，要想尽方法去把对自己有利的优势条件和资源抓在手中，必要的时候放下身段也是可以的。

（四） SOHO 有实力

工厂对于 SOHO 经济实力的打探是常态，毕竟他们对于一个名不见经传的创业者是持有怀疑态度的，如果 SOHO 再在谈判过程中过于放低姿态、丧失自我，在想要争取的谈判条件上一定不会取得理想的结果。这是很多 SOHO 在与工厂的谈判时容易出问题的地方，当被工厂负责人带到工厂里参观一片繁荣的订单生产景象，而自己的事业一切还是未知数时，SOHO 难免会有一些不自信。但深入了解工厂的财务状况，可能他们每年都是亏损的或者刚刚维持经营，只是拆东墙补西墙，表面上一切平静而已，所以 SOHO 不需要过分放低姿态。

SOHO 的实力不在于表面上有多少注册资金、投入了多少创业资金，而在于个人的能力和潜力。创业这条路不是靠资金堆积起来的，而是看个人的勤奋和悟性，再加上坚持，如果 SOHO 运营得好，很快就会迎来爆发期，最后反过来入股工厂来控制供应链的情况比比皆是。在工厂对 SOHO 的实力进行打探时，SOHO 的心态自然与平稳是最重要的，客户是最好的实力体现，这也是外贸最有魅力的地方。

四、工厂资源补充

从国内产品的技术领先性来看，各行各业并没有哪家工厂处于一骑绝尘的领先地位，工厂大多质量水平相当，只是不同工厂的战略不同，在这个认识的基础上，SOHO 应该不断地补充自己的工厂资源来提升自己的行业竞争力。对某一家工厂的依赖程度越高，后期受制约的情况就越多，产生分歧的地方也越多，生意的思路也会越来越窄，到那个时候 SOHO 处处被动。有足够的工厂资源才能在面对各种复杂的情况下有更多的解决办法和思路。

从供应链的要求来说，工厂资源的补充是对供应商的常态化管理，SO-HO 并没有那么多的时间和精力做好对每一个供应商考察、考核并与之进行磨合的工作，但循序渐进的积累和沉淀在关键的时候能起到作用。寻找新的工厂、供应商的方法很多，比如通过行业展会、互联网里各行各业的垂直网站、行业内人员的介绍等都可以获取大量的工厂资源。从“存在即合理”这个思路来思考，每一家工厂一定是克服了某一个技术难题、优化了一个工艺、开拓了一个市场区域、解决了供应链的某一个难点等才得以生存和发展，反之早就被市场淘汰了。SOHO 应该探究这些得以生存的深层次原因，让工厂为自己所用，补充的工厂资源应该在 SOHO 的精力范围以内越多越好。

除了与自己产品关联的直接工厂以外，SOHO 应该不断尝试与这些工厂的上游企业取得联系，如果有机会也可以储备一些相关资源，这里的上游企业可以简单理解为工厂的供应商或者间接供应商，他们处于整个产业链的源头，可能直接接触到原材料的采掘、供应等。因为对于直接联系的工厂来说，这些上游企业的话语权更强，他们的每一个变动都会影响工厂的价格、交期等，能够越早对这些变化做出应对，就能更早地做出一些有效的调整。当然除了上游企业资源外，SOHO 也应该尝试与工厂的相关服务型企业做好联络储备，这些服务型企业诸如包装、印刷、模具工厂等，他们的一举一动也牵动着工厂的生产，比如包装材料的上涨导致工厂的生产成本上涨，因为包装材料的紧缺或者印刷工厂的环保严查导致交货期的延长。这些上游企业、服务型企业有时候就是生意成败的关键，综合信息获取越全面，越能够对行业做出最准确的判断，对什么时候进攻、什么时候防守了然于胸。

补充的工厂资料想要达到可以在关键时候解决问题的目的，SOHO 并不是仅与这些工厂交换名片、互留联系方式，而是讲究日常点滴的经营。这些日常经营不需要太刻意，身处同一个国家、同一个文化环境和同一个行业总是能够找到共同话题，至于 SOHO 通过什么方法与这些工厂保持联系和互动就要靠每个人按照自己的习惯和风格去发挥了。优秀的 SOHO 既要理解国外客户的需求和处事原则，又要明白与国内工厂人际交往的法则。

每一个优秀的 SOHO 必然对行业内的工厂有自己独特的沟通和合作的模式，发掘出工厂的优势将其自然地变成自己的优势加成，这是非常考验情商和沟通技巧的，当然最重要的是在这个过程中对于竞争力、原则、底线、目标的理解和把握。

CHAPTER 10

心态管理

擅长外贸开发的人，应该会有一个深刻的体会：心态对于订单的成败起决定性作用，心态好的时候，心里充满阳光，会感觉每一个客户都能最终走向谈成订单，而且最终客户确实是谈成订单了。原因是积极、热情、乐观的心态能感染到客户，让客户感受到生命力，这种生命力可以无限提高信任度。在拿下一个难度非常大的客户以后，信心倍增，带着这种信心能感觉到没有什么事情可以难倒自己，这种状态延续到下一个订单，很可能直接拿下新的订单。

从某种意义来说，SOHO 给每个创业者的机会应该是一样的，有的人能坚持做下来，但有的人中途放弃，归根结底是心态的差异导致不同的创业者面对绝境时的态度不同。变化来临时，有的人觉得这是一个转机，有的人觉得这是一个危机，认为是转机的人能冷静地把握机会，而认为是危机的人处处在妥协和思考退路。两种状态下自然有的人抓住了变化带来的机会，有的人在变化中选择了放弃。

在所有收到的创业问题里，最容易导致失败的不是操作技巧，不是收汇核销，也不是寻找客户的方法，而是心态和情绪的问题。这种心态上的变化在创业之前大部分人从没有经历过，每个人都是摸着石头过河，但走着走着发现这条路与自己原来设想的那条路完全不同，无迹可寻，也没有可借鉴的创业模式和方法，每天睁眼面对开支、三三两两的询盘和未来的不确定性，大部分人都会心态失衡，甚至陷入无助和迷茫。其实走上外贸这一条路就应该有很清晰的认识：这份职业注定和大部分职业本质是不同的，每天都要面对崭新的问题和局面，每天都要否定自己再重塑自己。我们可以总结 SOHO 成功的经验，去探索他们在 SOHO 过程中的心态变化，再结合自身在创业过程中遇到的问题进行心态的调整与管理。

一、SOHO 各个阶段的心态及变化

（一）兴奋期

大部分创业者在下定决心进行创业的时候，都是很兴奋的，他们在向我咨询时虽然带着一些疑问，但能看得出心中的那份喜悦，这份喜悦主要来自以下几个方面。

1. 自由

有的外贸企业的老板们对员工较为苛刻，包容性较低，在处理员工关系方面也较为淡薄、冷漠，所以很多感性的人明显感觉不适应，而感性又是优秀外贸人的必备条件，他们在职场里找不到拼命的动力，感觉自己只是一个赚钱的工具。为公司创造最多的利润这本是职场人的天职，无可厚非，但在赚钱的过程中，要遭受上司的排挤、工厂的刁难、老板的苛责、资源分配的不公、交货期的一推再推、付款方式的一变再变，自己的开发大受限制，没有办法完全发挥实力。这是很多能力很强的 SOHO 普遍遇到的一个问题——对自己开发客户的能力毫不怀疑，但公司种种限制、询盘分配不公等导致自己处于闲置状态，空有一身本领无处施展。特别是在毕业工作后的几年时光

里，大多数有追求的人对自己的要求是每天要有进步，闲置的状态对于他们来说是不可接受的。SOHO 自由的意义在于询盘自由、议价自由、报价自由、付款方式自由、产品选择自由，个人成长不被限制在条条框框下。SOHO 有时候像是一种打破常规、桎梏的态度，很多朋友从一个行业进入新的行业会发现，有很多以前没用到的、没碰到的、没想到的在这个新的行业已经很普及了，同样的市场与客户，同样的客户思维习惯，同样的客户诚信度，卖家选择了不同的处理方式，结果就大不相同，这就是 SOHO 需要去努力开拓的地方。

目前绝大多数外贸人认识这个行业都是通过企业，但很多企业追求能最快速进入战斗状态的方式，让外贸人能最高效地为公司赚钱。在这种环境下，很多外贸人心力交瘁，不知道到底是公司利益至上还是以客户的满意度为重，与自己的初衷背道而驰了，走上 SOHO 这条路时，会有一种如释重负的感觉。

2. 无限的潜力

走上 SOHO 创业这条路，大多数人对前一份工作是不满意的，想改变这种不满意的局面。新的旅程会有新的展望、新的困难，也会有惊喜。外贸这份工作其实是一个随处都有惊喜的工作，这种惊喜不仅仅是订单，也包含行业的一个变化、一个技术难关的突破、一个新的目标市场的突破。所有人在最开始的阶段都会充满无限的憧憬，认为选择的行业、产品正确，再加上自己的运营、开发能力等，一定可以释放出巨大的潜力。

聪明的创业者，在创业前能找准掣肘企业的关键因素，只是大多数企业选择视而不见，他们认为没有到生死存亡的时刻，一切按部就班，只要还剩一个客户就说明企业的思路是对的，是客户不懂得欣赏，是大环境变差，其实大多数是因为企业自身没有跟上行业的发展。而创业者的兴奋也多是找到了解决价格水平、产品质量、售后服务这些问题的方法。

还有一种兴奋来自产品是新的需求衍生出来的，可以预见未来的一段时间，这种产品会逐渐成为主流，会有源源不断的订单，这种兴奋感和早期外贸里开拓出一个新的目标市场很相似，那个时期的兴奋感是面对一个无人踏足过的市场、全新的谈判习惯、全新的消费习惯、潜在购买力等产生无限的遐想，而在新的市场里，卖家有足够的议价权。尤其是当前的新产品面向的可能是全球市场时，这种潜力的想象空间是无限的。

可见的利润、无限的市场、纷至沓来的订单会让每一个外贸 SOHO 感受到人生正在通往梦想的轨道，每一笔订单的利润是实实在在的收入，而不像以前在外贸企业里，是将销售收入减去成本，甚至减去各个平台广告费用、办公成本费用以后再乘以相应的提成比例，最后得到的所剩无几的提成。如果客户积累和维护做得好，实现人生的跨越不会太遥远，这种人生跨越的基础是真正热爱外贸这个行业，由兴趣发展成为职业，再通过职业实现财富自由。

3. 自己把控一切的感觉

外贸人的一生有两件事是印象最深的。

第一件事是第一次成功地拿下客户，收到客户付款的那一瞬间，完成了一个不可能完成的任务的那种兴奋感终生难忘。认为不可能完成的原因是：面对的是一个远在大洋彼岸的人，双方可能都没有见过面，在买卖双方之间深入地沟通以后，建立信任，再由信任转向合作，很多时候客户甚至都没有见到产品，这种由信任转换成金钱的过程让每一个外贸人理解到生意不一定要面对面交谈，也不一定要彼此争得面红耳赤、不欢而散；反倒是可以跨越时差、地域差异、文化差异和年龄差异去完成订单。

第二件事是自己创业，拿下客户的第一笔订单，款到账的那一刻，整个创业之路打通了，而且每一步都可以实实在在地触摸和把控，那种自豪感是自己仿佛可以创造新世界。在此之前站在公司的平台上，有很多事情无法做到亲力亲为，会意识到职场里经验也许是片面的，对很多知识点是有盲区的，比如创业以后要自己寻找货代安排货物出运，自己处理收汇、退税，自己做好供应商管理，自己核算利润报价等，并不是所有公司都有机会让自己去接触或者经历这些事情。换句话说，在职场里大部分人的行业经验都是以“知识点”的形式存在的，而 SOHO 创业的成功基础是将这些知识点串联，无论自己擅长与否，都必须将所有点连在一起，而将这些知识和新产品做好结合，虽然是一种前所未有的挑战，但整个过程都在自己全程把控之中，款到账那一刻，比外贸生涯中第一次成交订单收到外汇要兴奋百倍，因为此时的款到账才算是完全意义上地掌控了全部流程。在创业这条路打通的那一刻，会瞬间觉醒，创业并没有想象中那么难，它并不是一件难于登天的事，最重要的是第一次尝到了把握一切的感觉，也看到了一切的可能性，因为在创业过程中所面临和需要解决的问题换一个产品、一个市场同样行得通，人生的道路变宽了，兴奋的感觉油然而生。

会做生意的人，永远知道该在哪些地方进行突破，怎么把握生意的节奏和进度。外贸生意同样如此，每个产品在出口时面临的问题都不相同，但国外的市场是一样的，不同区域人群的习惯、消费能力、做生意方式都有相似之处，只要走通了一条线，剩下的就是不断“滚雪球”了。

在职场里，每个人需要在限定的框架下发挥自己的能力去做到极致，这种人生理想的实现有个大前提是行业一直欣欣向荣以及企业最顶层的决策不会出现重大失误。但是大多数外贸人是难以参与到企业决策上的，更多的是将自己的人生和企业做捆绑。外贸的世界变化太快，很多企业被淘汰的根本原因在于负责人过于坚持自己创业成功时的生意思维和诀窍，跟不上时代的发展。再加上不同年代的生意模式、竞争环境、政策扶持、利润空间等都大不相同，大多数人也很难及时做出调整变化，坚守生意信条是没错的，但对掌舵人的要求是需要更全面、更积极的思维。而大环境并没有给每家企业缓冲、调整的时间，企业一不小心就面临被淘汰，在这种情况下，很多有更高追求的外贸人不愿意眼睁睁地看着自己的命运不受自己掌控，所以在实际的外贸工作中，大部分 SOHO 是看到了公司难以解决的弊端，从失望到绝望以后才开始毅然决然地向自己的理想出发。

从选择创业的那一天开始，SOHO 的每一个决策都将影响到自己的前途与未来，当然每个人都可以选择固执和任性，因为选择了自己为自己打工的方式，实际就是自己对自己的人生负责，有勇气承担因为固执和任性产生的一切结果。固执与灵活求变虽然相冲突，但又是创业的两个必备条件：在创业过程中没有对自己未来的充分信任、没有对行业和产品的笃定、没有对创业的深刻理解，是很难走到最后的，坚持不足以形容这种执着程度，用固执或者偏执会更贴切；而面对复杂的外部和内部环境，在固执的同时，更应该灵活地应对各种事情，特别是新兴的事物，比方说新的开发客户的方式、新的关联产品、新的客户需求、新的付款方式等，只有这样才能找到属于自己的机会。

4. 人生新的阶段

国内大部分人在创业以前，人生都是沿着固定路线前进，如学习、考上理想学校、毕业工作。但是创业以后，有很多的问题是没有固定答案或者说最佳答案的，每一个选择都会导致自己走向完全不同的路。SOHO 必须自己安排工作和生活，甚至生活和工作没有清晰的界定。

从固定路线前进到自我安排，乐观积极的人会如释重负、信心满满，未来的创业之路只要在法律和道德的允许下进行，没有什么可以约束自己。前二十几年形成的思维方式让很多创业者会像寻找标准答案一样寻找创业的捷径，其实创业就是一个尝试、摸索、调整、改进的过程，在经历过这些以后还能存活下来基本上就算是创业入门进入另一个阶段了。

既然是自我安排人生，必须要抛弃以前的准则、走捷径、拿高分、拿好评的思维定式，要明白创业的本质是解决问题。比如，防护产品解决了防护问题，机械产品解决了某类生产制造一体化的问题等。而决定未来规模的即是面临这些问题的人群规模，比如户外运动人群的规模、需要防护产品人群的规模、需要生产制造人群的规模等。人群越多，未来的规模越大，但利润率会先升后降；人群少，规模不会太大，但未来竞争更少，利润率可以得到保证。当然需求人群越多，一般越能保证行业的存活率。

只要能够发现问题，并秉着解决问题的想法和思路去做，创业离成功就只剩时间问题了。

（二）迷茫期

在度过了短暂的兴奋期后，接下来要收起兴奋将人生的宏伟蓝图勾勒出来，一步步地执行下去。少部分 SOHO 会一帆风顺地向自己预定的目标前进，但大部分 SOHO 还是会遇到很多问题，特别是对于自主开发能力很强的 SOHO，从职场转变到创业，一旦遇到让自己措手不及的问题，心态就会发生巨大的转变。

1. 客户没有回复

不同 SOHO 都会遇到客户不回复的问题：

“Chris，自上次找你反馈客户情况到现在也一个多月了，这一个多月我增加了 2 个寄样板的客户，跨行业创业以来暂时开发了 5 个样板客户，之前寄样板的客户还没有反馈，也不知道下不下单，眨眼从公司出来就几个月了，每天都觉得时间过得好快，心理压力也不小，有时也会雄心壮志，有时又觉得毫无斗志，反复的心情应怎么调整?”

“这个摩洛哥客户在寄样板之前其实说是要下单的，但是因为运费太贵，他们决定先看质量再决定订单，他们付了运费后我才寄样板，收到样板几天后回复了一封邮件，后来联系就再也没有回复了，这个客户之前给人很有礼貌的感觉，不知道为什么突然一点消息都不回复了。”

“我给越南寄了 7000 元左右的免费样品，好担心白费力气了。”

创业以前，在遇到久久无法拿下或不回复的客户时，心里想的是在价格、优惠、公司实力、公司产品质量上存在问题，客户无法接受，总有一个客观原因存在。那个时候有一个缓解压力的想法可能是下一个客户更可靠、下一个客户更优质。但是创业以后的心态大不一样，从搭建产品展示渠道、推广产品到最后客户询盘，每一步都是不容易的，自然每一个询盘、每一个客户的回复都成了救命稻草。再加上开发客户需要一定的周期，从建立信任到最后客户下单会有一个相互熟悉、了解的过程，等待让每个 SOHO 心态失衡，而过分关注每一个潜在客户给予了客户相当大的压力，让开发陷入困境，让 SOHO 陷入迷茫。

迷茫的一个原因是在职场里并没有清楚地意识到自己在成交的每笔订单的整个业务过程中承担的比重。目前大部分外贸企业的管理流程化，就连推广运营也都交给第三方运营，大多数业务精英需要负责的是开发客户直至拿下订单，最大化地将业务时间和精力投放到客户开发上，即专注和客户的谈判环节。但是谈判环节需要供应端、生产端、成本核算等各方面的支持，当所有的事情都由自己独立解决时，SOHO 一个人分饰好几个角色，既要充当采购进行询价，又要当技术人员和品控，又要充当最终决策人，任何一个环节的脱节都会影响业务开发角色的心态，而这些心态的变化会直接影响到成单率，导致在创业初期会因为无法完全把握所有环节而陷入迷茫。

迷茫的另一个原因是对于 SOHO 创业需要承担的风险的理解不够清晰，以打工人的身份在职场里纵横驰骋的时候，只需要对自己的业绩负责，保证自己的业绩稳定、连续，大部分人不需要对团队负责，更不需要向团队发工资。也忽视了公司的业务开发以团队形式存在是一种风险分摊，是另一种形式的“东边不亮西边亮”，会让整个业绩维持在相对稳定的水平上，让团队每个人的心态都较为平稳。有句话很有道理：同样的痛苦如果有几个人一起分摊，痛苦程度就变成了原来的几分之一。这个道理放在业绩压力上同样适用。

擅长企业团队管理的管理者都会在团队最低迷、业绩最惨淡的时期及时向团队做业务及业绩低迷分析，背后的主要目的其实是对心态的调节，很多业务人员在低迷时期会迷茫和自暴自弃，原本该拿下的订单因为心态的失衡最后拱手让人了，这是非常不划算的。所以 SOHO 创业者应该有承担业绩和成本风险的能力，同时应该学会及时地调整迷茫和焦虑的心态。内心强大、积极乐观的人对于暂时的业绩空档期、销售淡季采取的策略是积极寻找解决办法，而内心不够强大的人在这个时期很容易一蹶不振，原因是选择创业的主要原因恰好是对于自身开发能力的信任，在这个最不应该出现问题的环节一筹莫展，会导致怀疑自己、陷入迷茫。

如果创业以后一直都有稳定持续的业务和订单，迷茫和阴霾会随着具体的业务一扫而尽；若是在业务的推进上没有建树，所有问题都会接踵而至，任何平常可以轻松解决的问题仿佛都成了难题，开始自我否定，否定产品的定价、否定和客户谈判时的语气、否定选品。这是创业最危险的时期，如果因为业务始终无法突破选择了放弃，若干年后当自己的心态成熟，能够承受一些压力和问题，再回想起现在的一切一定会后悔，更何况只是短期的业务不振，只要找对了方法还是可以打一场漂亮的翻身仗的。

2. 成本与日俱增

作为打工人不需要考虑每天的办公成本，不用担心每天的生活成本，也不需要过分担心每天的推广费花出去没有获得相应的价值询盘，哪怕今天的询盘质量、业务开发效果不尽如人意，明天可以继续补回来，明天不行还有后天。到了需要自己独当一面却又迟迟打不开局面的时候，发现每一笔开支都是“巨款”，因为这里涉及一个机会成本的问题。

选择 SOHO 相当于放弃了职场的这一部分收入，也放弃了职场里的历练、能力的提升、管理技能的提升、低犯错成本等。所以踏上创业这条路的 SOHO 对自身成长、创业技能、综合素质的每日提升要求会比职场高很多，在业务迟迟打不开局面的情况下，内心的落差巨大，会反思作为打工人时哪些技能没有提升、哪些知识没有获取、哪些经验没有积累。反思是可取的，但相比较一个不错的机会、一个有潜力的产品，要坚信 SOHO 的选择是正确的，很多人迷茫的地方在于通过创业这件事发现了自身在某方面能力的欠缺而不自信，这种想法其实是很致命的——从此被绑住了双手双脚不敢向前冲。在和所有创业成功的人谈到如何度过创业初期的迷茫时，他们的回答大同小异：看准了一件事情就去做，边做边学习，坚持到底自然就过来了。

无论是初创企业，还是成熟企业，都是需要一直学习和探索的，而初创企业的优势再明显不过了，轻装上阵，没有很大的经济和心理负担，反倒容易在摸爬滚打中找到盈利的方向。所以任何不懂的知识也好、经验缺乏也好，都可以在实际的操作中学习和积累，迷茫时，“选择”是大于努力的，因为当很多人经验足够丰富、知识足够全面了，市场已经被别人抢占了，产品已经处于成熟期了，只能感慨“时不我待”了。相反，在企业里获得的能力与经验多少会带上某些企业的烙印，思维方式多少会因为企业、产品而受限，所以创业的过程能够让每个人很清晰地明白以前公司里令人诟病的做法形成的原因，而自己需要找到解决这些问题的方法。

每天支出的成本是可见可控的，但犯错机会不是人人都有的，这一点也是团队管理者与企业负责人产生分歧的地方，大多数老板的想法更直接，认为公司不可能给员工试错机会，也没有时间给他们试错。这是职场人和公司负责人绕不开的话题，但因为害怕犯错，畏手畏脚，是永远得不到成长、无法独当一面的。记得有个朋友的问题是公司让他去办认证手续，但是他因为没有经验很担心。其实聪明的人看到这些困难和棘手的事情时，都觉得是机会和未来的竞争力，因为如果哪天自己创业 SOHO，需要办认证手续，那个时候毫无经验，且每一分钱难能可贵，试错成本很高。SOHO 过程中每一个决定、每一个细节都是“真刀真枪”的，会发现自己要为做过的所有事情买单，自己以前实际操作过与之前看到别人做过完全是两回事。有些话或者说有些道理不要等到对行业放弃希望了才幡然醒悟，那个时候已经毫无意义了，这也是为什么有些人能做出来而有些人一直原地徘徊的根本原因。

3. 不知道如何突破

不知道如何进行突破是一个对创业者来说无法避免的问题，不可能每个人天生都适合创业，而且大多数人以前的工作模式不太需要考虑如何寻找突破点，盈利模式、开发方式都比较成熟固定了，面对迟迟打不开僵局，大部分人是手足无措的。从 SOHO 的问题反馈来看，每个人认为棘手的问题都不相同，没有统一的突破诀窍，问题可能就出在了自身知识和经验的全面性上，其实每一个职场人都应该尝试更多地去承担风险和责任，只有将自己背后的支撑点全部卸掉以后，才会积极主动地去寻找解决办法，这个过程能够让职场人更加快速地过渡和适应创业过程中遇到的各种问题。一般来说在创业过程中迷茫不知道如何突破时，可以从以下 3 个方面着手进行调整。

（1）学习竞争对手

无法突破的原因，可能是自己在知识、技能、思维方面存在盲点，最快速地找到这些欠缺知识点的方式是学习行业内的竞争同行，逐一去查看和分析，看看这些同行们选择的款式、选择的语言、确定的市场、定价策略、决定的起订量等，结合这些参考信息和自己对于行业的理解，分析出同行们的深层次想法。同行们在制定这些参数和信息时花费了大量的时间和精力，即他们也在寻求突破，最终结合自己公司的产品类型、品质、能力等制订出了这样的销售方案。SOHO 并不需要完全复制同行的销售方案，但是要从这些方案中逆向思维找出背后的逻辑，这对于自己是否有必要从销售方案、产品方案、价格方案上去做调整非常有帮助。学习竞争对手的过程其实是一个寻找灵感的过程，大部分 SOHO 无法突破时会感觉“草木皆兵”，感觉所有问题都扑面而来，不知道该从何处下手，而对竞争对手的理解和分析是可以找到方向的。

除此以外，同行不仅仅是一个战略上的参照物，也是行业客户的集中地，SOHO 完全可以找到竞争对手的客户分布、公司名称等信息，这样可以在客户开发方向上快速找到可以突破的客户群体。当前互联网里的信息关联性已经很强了，比如通过社交媒体上的痕迹去查找到客户或者查找类似客户并不是难事。

（2）熟悉产品

外贸这个行业在入门时，对产品的熟悉主要集中在产品的材质、工艺流程、制造方法上，有了一定的外贸经验以后，会开始注重产品的检测、认证等，到了创业阶段，我们应该对产品有更深层次的理解了，比方说当前这个产品之所以在国际市场上有需求或者畅销的根本原因到底是什么？是中国的人工成本低可以保证较为稳定的价格，还是我们有不错的自主研发能力，或者我们拥有专利权、不错的产能、解决了环保问题等。找到产品能够在国际舞台站稳脚跟的根本原因，寻求突破要多想想如何放大这些根本的优势，只有放大了这些优势，才会找到突破口。创业期留给每个人准备的时间并不多，最重要的是要将个人优势、产品优势快速结合并发挥到最好。每个人的状态调整到最好是可以办到的，但对产品的深度理解也许在职场生涯里并没有做过很多的探索。在职场里总会对产品“扬长避短”，宣传产品好的一面，或者说呈现出来产品好的一面，很少有人有机会去探究这些好的一面背后的付出，如廉价的人工、严格的质控、物料的选择，这些恰好是进行突破的重要因素，很可能我们认为不起眼的某进口配件恰好成了产品能够获得客户青睐的最重要因素，只是在平常的客户开发中并没有过度渲染这些因素。创业阶段对产品的学习，要把停留在“纸面”的产品知识消化成对产品完整、全面的理解，这样一来客户的任何一个问题背后所隐藏的原因很容易被发掘，这才是突破的重要方式。

在寻找这些根本原因的同时，要进一步定位产品的市场空间，找到更加符合自己产品的市场和客户群体。打一个简单的比方：

如果说创业以前的产品，销售终端最多的是连锁超市等，那看重的是品质、认证、检验、付款周期，到了创业阶段，要分析自己的产品、价格是否适合商超，分析是否有打通商超这条路的实力，分析供应链的支持程度。如果始终无法销售到商超，应该转而向卖场、便利店、当地的网店等进行销售。很多人在创业期间认为国外客户是第一开发对象，但大部分人没有意识到他们当前并不是最适合自己的市场，在这些客户身上耗费了很多时间成本、资金成本、精力，最后被客户轻描淡写的几句话语拒绝或者明确地告知这个订单不做了后，才开始后悔前期耗费了太多的时间和精力在该客户上，才从无尽的期待中醒悟过来，原来一直是自己在一厢情愿，客户自始至终都没有把自己考虑在内。为何不寻找那些更匹配自己的实力、风格、周转率的客户呢?有一些客户群体看起来并不高大上，但他们有稳定的采购需求，只要找准了，一定会有重大突破。除了上面所说的市场方向，还可以考虑有需求的特殊客户，比方说监狱、学校、实验室等，这类客户群体是90%以上的人不可能想到的，但只要产品符合目标市场的要求，销售给这个用户群体比商超等要高效和快速很多，利润也高很多。

所以在产品上的突破还是要和自己的创新思维相结合，或者说是颠覆对于行业的印象，始终把客户的需求放在第一位，哪里有客户需求，而其他人又想不到的，我们就把突破点放在哪里，而不是哪里的客户最优质就往哪里突破，因为这种突破的思维到最后的结果很可能是一场空。因为同行、国外的竞争对手都在争取优质的客户。差异化的思维逼迫 SOHO 在没有形成绝对优势前要学会去思考自己的竞争对手们在哪些市场和客户群体上发力，他们容易在哪些市场上懈怠和疏忽。

（3）注重推广

无法突破还有一个重要原因可能是 SOHO 在短期内没有将产品推广有效地铺开，互联网的信息是巨量的，随便搜一搜，同一个行业、同一个产品在互联网里存在的信息量都是巨大的。而新加入者要在短时间内形成不错的效应需要花费大量的时间做好运营和推广。如果说 SOHO 创业这件事的核心内容是产品和推广，产品对于每个创业的人来说应该不会陌生和棘手，但是在推广效果上，因每个人的推广和运营能力不同而不同，SOHO 应该想尽一切办法去增加销售渠道。在面对窘境时，可能会出现大脑空白的情况，再加上每天睁开眼感觉要解决的事情有千万条，根本不知道从哪个方向去做突破，这个时候多回归到销售渠道和推广上想想办法一定是没错的。

SOHO 以后，大多数人身处的环境是相对闭塞的，每天面对的人和事都相对单一，所以很少有机会去接触外面更多的行业信息、行业方向、客户信息等，但会有比较灵活的 SOHO 知道如何与工厂捆绑在一起。当工厂参加展会时，会第一时间联系工厂参展（提前确认好自己的角色定位），一来是和供应商有更多直接交流的机会，能更了解产品和行业未来的方向、竞品信息；二来可以增加一个客户开发渠道，如果行业相对小众，展会的指向性越明确，展会的效果一般会越好，或者说参加展会的客户的意向更为明确，这个时候挖掘到的客户会更有价值，至于客户的归属、利润分配等可以和工厂进行协商，可能工厂有自己的外销团队，但是在客户服务意识、开发能力、全局把握能力上会逊色于 SOHO，这就有 SOHO 发挥的空间了。

外贸生意还讲究一种“里应外合”，即自己负责国内的产品端，在国外有合作伙伴、朋友、同学甚至是老客户帮忙负责国外的采购渠道、需求产品等，也许他们不经意提到的一个机会正好是 SOHO 命运转折的关键。而要把一个客户发展成为朋友，也并不是一件难事，对是否在做每一件事时都设身处地地为客户着想这方面，SOHO 需要形成思考和总结的习惯。如果这方面真的办到了，有一个好的机会时，SOHO 和客户是真正意义上的共赢，没有哪一个客户会拒绝。

（三）绝望期

迷茫期是 SOHO 创业的第一道坎，有很多人在这个阶段及时调整，找到了战胜迷茫的方法，又或者幸运地碰上了行业的一个小高峰，用忙碌短暂地度过了迷茫期，接着就是一切顺风顺水；还有一部分人是做了调整，无奈因大环境不好或者老客户数量急转直下，导致从迷茫期直接进入绝望期，如果内心不够强大，很容易在这个时期选择放弃或者自暴自弃。很多人在放弃的时候甚至不知道创业失败的原因在哪里，会将原因归咎于没有提前做好规划、没有选择合适的产品角度切入或者运气不够好。

如果说在迷茫期 SOHO 的状态是手足无措，那么到绝望期的时候就变成了彻底否定，开始怀疑这次创业不是明智的选择，开始认识到风险与收益并存的真正含义，开始意识到对自己的人生负责需要筹备哪些知识和底蕴，开始深刻地理解在创业以前的职场生涯里，之所以能够成为金牌销售员是背后有无数人在支持自己，每个人都在背后为自己解决了某一项事情，为了自己能够释放出所有的精力去解决客户需求这一个问题。创业其实很大程度上是在和自己的精力做斗争，一个能力极强的人在处理一件或者几件事情的时候可以做到完美，同时处理更多事情时就不一定了。

绝望的其中一个原因可能是之前的工作经验过于侧重某一个方面而完全忽略了另一方面，或者是在某一个方面的基本功不够扎实；反之是完全能够找准当前陷入绝望的主要原因的，比如产品价格、产品质量、市场推广、渠道、技术壁垒、国家政策等，能够找到原因就会始终保留有希望，不会陷入绝望。SOHO 创业有时就好比一个优秀的歌手有一副天生的好声音，想通过作品把自己的声音传递出去，这背后需要一个制作团队，包括作词者、作曲者、编曲者、乐器演奏者等，美妙的歌声如果缺少优美的旋律或者引人入胜的歌词，声音再美好也会缺少灵魂。所以在绝望期的 SOHO 应该深刻意识到自己在创业这件事中所发挥的作用，也要尽快意识到自己在这个过程中的作用是把“作词、作曲、编曲”等进行整合，什么时候整合成熟了，作品自然就出来了。如果能够中和一下外贸公司和工厂两种外贸方式的经验和思维就好了，外贸公司思维能够兼顾生产和质量端，工厂思维更注重培养大小客户的开发能力。

除了知识结构不完整的原因以外，另一个普遍的原因是 SOHO 创业的大部分人是精英中的精英，他们是对自己各方面要求都很高的一类人，在创业前对未来每年的营收、阶段性目标、客户市场占有率都有非常明确的计划，甚至有一部分人创业就是奔着财富自由去的，难以接受自己的短期失利，特别是当生意变得一筹莫展时，这种落差感足以让曾经引以为傲的顶尖业务高手们产生无穷的挫败感直至绝望。很多人对于 SOHO 的理解是复制公司的模式，或者在公司的原有模式上进行优化，一定可以创造出比公司更大的收益。简单地复制公司原有模式其实也有成功的案例，但被复制的公司不是停滞不前的，也在生存、发展与壮大，而且因为在行业内有一定的口碑、人脉，其竞争力及市场占有率等也同时在不断增加，早已形成自己的“护城”，这些容易被 SOHO 选择性忘记。作为新加入者的 SOHO 要在创业初期就战胜其他公司很多年积累的口碑是不容易的。所以这一类精英对于产生的绝望要试着把创业的计划和周期拉长，甚至是通过开展其他副业的方式贴补创业，等待业务的爆发。

（四）冷静期

SOHO 在绝望期时会感觉无论自己如何努力，客户一点动静都没有，大多数会在这个阶段选择放弃，要么是对产品和公司没有信心，要么是对整个外贸行业绝望。坚持下来的是一批内心强大或者执着的人，他们在冷静中慢慢寻找突破的方法。早期做外贸并没有多少清晰的渠道，互联网还没有像现在这样精细化发展，那个时候的外贸人在绝望期做的事情是通过搜索引擎搜索到国外邮箱，把哪怕跟行业完全不相关的人都当作客户开发——这种方法让人想起现在的社交媒体网络的六度空间理论，这是一个数学领域的猜想，也叫“小世界现象”，指最多通过6个人就可以认识地球上任何一个人。所以早期的外贸人虽然看似盲目地在开发，但却遵循着这种理论。

很多人认为自己有才能、有学识、有经验，之前在职场上叱咤风云，在冷静期就应该好好想一想，在外贸职场里是否有力挽狂澜的能力，在关键的战略上自己是否起到了决定性的作用，还是说自己更偏向于做个执行者；在危机来临时，自己是独立地思考和解决还是害怕承担责任而将问题推给上级或者其他。如果全程是自己想办法解决，且整个过程孤立无援，甚至是障碍重重，那么在SOHO最绝望的时期，一定能够从绝境中摆脱出来。而对于那些更偏向于执行的人，遇到问题时会感觉更棘手，一部分原因可能是SOHO年轻化了，往往在外贸企业里历练了3~5年就出来自己寻找商品开始创业，虽然在职场里资历浅，大多是执行者，但是并不代表缺少谋略和创业的信心。创业与年龄无关，而与创业的这个人是否有善于学习、发现问题、解决问题的能力有关。在和这些SOHO创业的朋友们沟通时，我发现一个很明显的特点是他们的思路很清晰，且很主动地去探究问题。这一部分SOHO会主动将自己所处的阶段、想法、所遇到的问题以及思考的解决办法实时地跟我探讨，和人探讨本就是一个自我梳理的过程，有了这个习惯，在绝境中也更容易找出突破口。

“Chris，你好。我有个思路不知道对不对。1. 做机械产品，找到中国前10名厂家，参考他们的机械产品范围，将品种和网站信息全面覆盖，主要选中小厂家合作，难开发的品类选大厂合作。2. 拓展产品线，张家港的同行做的品类很多，可以参考他们的网站，弄清他们的类别，筛选出来可以做的产品，这样选品的方式如何？”

在他遇到的创业问题中，寻找中国前10名的厂家去参考他们的范围，这确实是一个不错的想法，也是在遇到瓶颈时能加快找到突破点的方法，但我给他的建议是最好先从研究国外的需求端开始，先尽可能地分析出国外每个国家和区域对于机器的需求倾向、需求程度，同时对机器的国外竞争者信息也要了如指掌等，再去查找国内行业前 10 名厂家的范围，对国内外信息进行对比分析，一来可以缩小范围，二来可以一定程度地判断出需求量和未来的增量。至于建立机械行业的产品线，除了参考同行的网站以外，最好的方式是围绕主营的机械拓展相关联的产品。

绝望期过渡到冷静期时，大脑里一定会反思自己的所有经历，自己对人生会有更清晰的认识，清晰地意识到在创业阶段的自己有哪些不足，会有以下的心态变化：

1. 置之死地而后生

有人说，创业最好不要给自己留有退路，一旦有了退路，创业的意志就会变得不坚定，容易在中途放弃，这个说法不完全正确，试想哪怕失败了，失去了什么呢？难道是失去了投入的一笔创业资金？这笔资金用来购置资产捉襟见肘，用来投资自己又感觉时间不够用，还不如抓住机会闯一闯。难道是觉得自己虚度了光阴？虚度光阴的明显特征不是失败，而是一直都没有成长，每个创业阶段 SOHO 都在不断成长，思想觉悟更是快速提高，会更清醒地认识到自己以前的工作能力与经验的不足，更加有全局把控的能力，更主动地去解决问题，更知道在日常的工作中哪些是有意义和价值的事，哪些是让自己失去价值的事。大多数人在初入社会时对自己的职业规划和人生规划都很迷茫，所以选择了随波逐流，“飘”到哪里就去哪里，从来没有思考过当前的人生轨迹是不是自己想要的，经历一次创业以后，人生规划会无比清晰，而且每个人从创业中汲取的经验和财富都不一样。也许有人担心会失去了面子、尊严，事实上从选择创业这天开始，会意识到面子和尊严这些以前过分在意的东西变得不那么重要了，甚至都来不及去思考是否重要，因为当你的创业没有产生实际的价值，尊严和面子一文不值，只有当你找到合适的方法把自己擅长的东西通过创业这件事发挥出来，你自然受到所有人尊重。如果SOHO从绝望期顺利过渡到冷静期，未来的前途都是不可限量的，就好比经历过一场战役，无论在生活还是工作上都会更坚定。

2. 降低期望

我们不去讨论那些在最初的阶段就搭上“顺风车”，生意一直红火的SOHO，因为大部分人在创业过程中还是会遇到问题的。人只有在冷静期思考的问题才是最有价值的，所以在冷静期里，SOHO开始进入一个新的阶段，仿佛涅槃重生。SOHO开始降低期望，从前信誓旦旦会走向财富自由，现在设定的具体目标由在第一年做到多少营收等转变为尽量做好每一天、服务好每一个客户、写好每一封开发信并做好报价。这个时期SOHO的心更稳了，长期目标开始冷静地转变为短期目标，将重心放在每天的日常工作上，会发现来自创业或者他人的压力瞬间全释放了，浮躁的心沉静下来了。在开发客户方面，倍感珍惜每一个质量并不高的询盘，开始主动地向客户发去关心和询问，每天发的开发信和报价再也不是简单地复制群发，而是尽可能地通过自己的介绍吸引客户点开邮件。开始主动地去学习营销、渠道的各类知识，也开始沉下心来钻研各个平台的内部规则，开始关心全球市场的形势变化，因为心中的压力得到了释放，就可以更好地吸收更多知识了，如果心里被固有思维、盲目、自负、焦虑所装满，是完全无法接受任何有用的知识的。

在这个阶段，从实际操作来看，越来越多的SOHO开始把重心放在几个断断续续有联系的客户身上，他们让SOHO看到了曙光，断断续续有联系证明他们有明确的采购意向，还有突破的机会。SOHO会主动地去了解客户公司的信息、所在行业、公司实力、产品特点等，开始把这些精准信息融入后期的客户谈判中，有的放矢，SOHO的精力会从波动的情绪上转移到具体的开发、营销、调研等一系列的开发工作中。有这样一个转变后，SOHO的执行层面会更加有效地进行，从而增加成功机会。

（五）调整期

大部分人这一生的心态是相似的，“三十而立、四十不惑、五十知天命”，在不同的年龄阶段，看待事情的心态不同，总有一天回过头来看年轻时的机会完全能领悟到哪些是真的机会、哪些是浮云，但只能留下遗憾了。所以这些年一直有来自不同行业的朋友咨询与外贸、SOHO 创业相关的事情，他们可能是遇到了行业危机，也可能是遇到了中年危机，人到中年，专业技能一直中规中矩，没有特别优秀，又迟迟无法上升到管理层，想趁着还有学习的冲劲寻求外贸创业的可能。SOHO 创业的心路历程其实和人生历程有点相似，没有一帆风顺的，总会历经坎坷，只有讲究方法进行调整，才能开启人生的新篇章。

SOHO 一旦进入冷静期，接着便是自我调整，因为没有任何人会给 SOHO 一个明确的思路，只能靠自我调整去突破当前的窘境，在这样一个自我调整的过程中，SOHO 主动发现和解决问题的能力得到全面的提升，而这种能力是创业过程中一直需要的。

1. 调整方向

很多时候 SOHO 对某一个事情太过自信，反倒会让自己陷入绝境，所以试着换个方向去思考，要记住 SOHO 的最终目标是盈利，而不是验证自己出类拔萃的能力。很多外贸人从业的成就感来自拿下订单的那一刻，排除万难最后收到了客户订单，这个时候感觉自己掌控了所有，但是走上创业的那一天起，拿到了订单的那一刻只是起点，从那一刻起背负的是货物安全送达客户手中的责任。所以成熟的创业 SOHO 到后期会把重心放在订单确定后的生产、维护过程上。有的 SOHO 开发客户的能力极强，重心全部都集中在客户开发和开拓上，毕竟这是自己擅长和最有信心的，不断进攻固然可贵，但如果每次进攻都没有明显的效果就要找找原因了。不能盲目地向前冲，要思考是不是在供应链端出现了问题，也许是供应商给的价格出现了问题，明显高于其他同行，也许是新的技术革新让客户的需求发生了改变，也许是目标市场制定了新的准入标准等，也许是自己的公司被其他人攻击和诋毁了，SOHO需要找出背后的原因，及时地调整方向。记得以前有一位开发能力非常强的SOHO一直都苦于没有成功开发客户，他对自己的开发能力有足够的信心，但总是在谈判渐渐进入佳境的时候突然感觉客户疏远了，排除了被其他同行抢走的可能性后，我让他把自建网站发给我看看，果然发现了问题：由于产品的高货值性质，大部分客户都是通过供应商的网站判断公司的资质和产品水平，他的网站太过简易，产品本身的高货值明显与简易的产品发布网站的图片质量、网站布局、网站内容等不太匹配，这导致客户在和他深入谈判以后，特别是谈到付款方式后，回头去看看他的网站时失去了一些信任。另外，SOHO选择了50%或者70%比例的预付款方式，以减少自己给工厂垫付的资金，虽然缓解了自己的资金压力，但预付款比例也会让客户重新审核与之谈判的这位SOHO的实力以保证其资金安全。订单成交是从询盘到下单的整个过程，客户永远可能在某个细节上产生不信任感，而如果你带着这种关注订单过程的思维去重新回顾职场里的各个环节时，会发现有些公司其实是有注意到这些细节的，无论是有意还是无意，他们能够注意到客户对细节的担忧，这种注意就是长期积累的经验。

有一些SOHO可能在互联网运营和运用方面经验不足，索性形成一种自我逃避的习惯，选择性地相信了客户并不在意网上的营销方式和内容的说法，这个想法是片面的，客户固然可以不相信网络上的营销方式而选择相信自己的所见、所听，但如果同行的网络营销已经做得很成熟了，都注意到了细节，自己却没能达到平均水平，那客户可能对我们的印象是不认真、不关心、不注重细节。事实上找到客户不下单原因的方法很简单，将自己的角色转变成客户，思考如何才能放心地把订单交给供应商。不可否认的是，当SOHO有非常出色的开发能力、谈判能力、产品专业能力时，是可以在某种程度上打消客户疑虑的，但硬实力和软实力结合才是促成订单和事业走向成功的关键。

2. 调整产品

SOHO 创业者 A 的客户开发能力极强，但产品端遇到一些问题，国外客户了解到这些问题并暂缓了采购需求，导致 A 在创业初期一直因为产品问题而受限，没有办法把自己开发客户的能力施展出来。A 一直认为只要产品的问题得以解决，客户还是会回到他身边的，到那个时候所有的问题迎刃而解，但产品问题较为复杂，且一直无法找到替代品，于是在纠结和等待中 A 的创业初期陷入绝境。

创业者 B 的客户开发能力一般，也正是因为开发能力一般，他不去挑战和过分纠结开发客户的能力，而是懂得从需求端着手，把创业的目标定位于满足客户的一切需求。无论是一块手表、一面国旗，还是一把螺丝刀，只要客户有需求，他就竭尽全力地去满足，量变引起质变，客户购买一件产品都享受到了好的服务，那当有批量产品需求时，照样会选择合作，这个时候 B 的创业开始渐入佳境。这条创业之路就是在这种以需求导向为中心的模式下越走越稳的。

总结两种销售产品的思路：一种是从产品出发，去寻找有需求的买家；另一种是从买家的需求入手，再去国内寻找能够满足需求的产品。我们来看看两种销售产品的思路带给 SOHO 的潜力。

从某一个产品出发，这个产品的需求端是全球的行业客户，比如说有 1000 个，由于种种原因，最后能够和国内产品相匹配的客户有 300 个，自己能够开发出 50 个。而从客户需求出发，如果某一个客户在 A 类产品上有具体的需求，这种需求可能意味着在 A 类产品上开发出来的客户有 50 个，B、C、D 类产品上同样可能会各有 50 个行业客户，这些客户的增加大大地增加了创业的成功率。所以我们反过来问问自己，创业的目的是什么？是要将自己对于产品的热爱通过创业表达出来？还是在不断的摸索中生存下来，最后找到一条适合自己的创业之路？70%的创业者在陷入迷茫时想不清楚这个问题，单纯地认为有一个好的产品就可以在全球大卖。所以对于产品的过分偏执，很容易将创业带入一个漩涡。

外贸产品需不需要坚持？对于某些在未来会增长的产品，一定要坚持，大多数 SOHO 是能感受到产品在未来会有爆发式增长的，但是产品要合时宜，否则产品还没有进入爆发期，SOHO 自己已经坚持不下去了，这样是毫无意义的。这也正是 SOHO 与实体工厂最大的区别所在，工厂的核心在于专注产品生产和研发等，并且工厂投资了生产设备以后很难转做其他产品，而国际采购商的采购需求是多样的，一家工厂不能够满足所有产品需求，而 SOHO 单独成立外贸公司，把工厂当作供应商之一，不断挖掘其他市场需求的产品，正好可以将不同工厂的产品整合起来满足国外需求。这其实就是 SOHO 的生存空间。

从国际贸易的本质来看，由需求端发起需求，再由供应端满足需求是合乎国际贸易规则的。相比较其他国家，中国市场有一个天然的优势是几乎可以提供全产业链的所有商品，也就是只要国际上有需求，中国都可以做出符合要求的商品来，这个是 SOHO 可以灵活改变商品的基础，相反如果 SOHO 过分执迷于某一个商品，实际上他在创业这件事上并没有“借”到中国制造业的优势。

3. 调整价格

很多 SOHO 是非常在意产品的价格和利润率的，毕竟 SOHO 和在公司上班时的经济压力截然不同，而有一部分 SOHO 又对于短期盈利有执念，认为放弃了原本稳定的工作，选择了 SOHO 就要保证利润。甚至有一些以维护老客户为主的 SOHO，报价比行业平均水平或者以前计价方式下的更高一些，他们这么做的原因有 3 个：一是希望在前期的成本支出压力下尽快达到收支平衡；二是认为轻易地降价会让客户对产品质量失去信任；三是认为第一次什么都由自己全盘操作，对后续的问题无法做到全权的把控，所以收费高一些算是对未来潜在的风险做一个预防。这些想法不是创业时的好想法，因为好的价格是杀手锏，没有任何人会拒绝优惠的价格。

外贸这个行业的思维习惯和内销完全不一样，外贸的思路永远是换位思考。站在客户的立场上，他要考虑的不仅仅是 SOHO 在沟通水平、理解水平和服务能力上的优势，也可能他正面临的是竞争对手的不断施压，选择和一切都从零开始的 SOHO 合作也是想看看是不是可以借此机会拿回属于自己的市场份额，这是客户看中的“利”。如果在价格上并没有给客户较为优惠的价格，甚至达不到以前的平均水平，那么客户很可能会因此丢失，毕竟客户对 SOHO 的实际情况、困难、所处环境都是不知情的，所以正确的做法是：对于老客户来说，最好能开诚布公地讲述自己所面临的处境以寻求客户的理解；对于新客户来说，除了弄清楚同行的价格水平以外，还要给予客户一定的优惠，让客户真正的有所得。当前订单的开发并不能把盈利作为核心，而是应该尽可能地把客户抓到手，同时打通供应环节，毕竟一笔订单不可能致富，而多笔订单却可以薄利多销。

很多 SOHO 在创业以前对于出口的利润率认识不够，这是因为所处行业的利润率让 SOHO 更愿意相信外贸的整体利润都差不多，比方说劳动密集型产品的利润率保持在 10%～20%，但技术密集型产品的利润率高一些，在 30%～50%，因为技术优势，有些产品的利润可以是成本的十几倍。在制定新老客户的报价时可以酌情考虑，调整创业即盈利的思路，要把新老客户对于自己作为一个行业新加入者创业的接受程度了解清楚，通过价格的调整把产品的人气做出来，产品的热度起来以后，在国际市场上必定会慢慢地产生不错的影响力，在国内也让供应商知道作为创业者的我们是有实力拿下客户的，且订单数量不错，后续才可能争取更好的交货期，甚至是付款方式。

在成功学的概念里，创业者在初期会有一段“原始积累期”，意思是抓住了一次机会，赚取了数十倍甚至数百倍的回报，再通过原始积累的资金去运营公司，从此步入正轨。早期的外贸如果抓住了机会，会有一部分人能有原始积累，比如通过谷歌搜索找到一个有潜力的客户，可以有百万、千万美元的订单，会有人因为这样的客户选择 SOHO，全权负责该客户的订单。能够有这样机会的原因是早期国内市场刚刚开放，国外对中国产品高度认可的同时价格也非常合适。当前的外贸已经越来越少有这种机会了，原因是国内市场越来越透明，国外客户对于价格水平和利润都非常了解，不会盲目地确认订单，又或者对于资金比较保守，更偏向于接受付款条件好的供应商。当然机会虽然少，但一直是存在的，只不过与其等待这种机会的到来，不如通过自己的运营吸引客户群体，一旦这个客户群体足够庞大，大客户自然会找上门，后期的爆发力是很强的。

（六）爆发期

SOHO 面临的大部分困境其实来自心态，要么是因为对产品、开发方式、渠道有执念，要么是因为某一个环节没有打通而束手无策。如果顺利渡过调整期，很大的概率会进入爆发期。外贸有种“外贸就看下半年”的说法，实际的原因是对于很多产品来说，国外的采购都有一定的周期，会形成比较明显的淡旺季，下半年国外的圣诞节会刺激一部分的采购，弥补上半年的冷清和萧条，所以外贸企业的下游货代及船公司有“金九银十”的说法，九月和十月这两个月的航运生意在全年里也相对更好。“外贸就看下半年”的引申含义为外贸在于积累，有了上半年的客户积累，下半年才会迎来销售爆发。虽然在创业过程中伴随着迷茫和绝望，但日常的每一个客户开发和维护都认真对待，心态调整好了，潜在客户积累好了，总会迎来 SOHO 的爆发期，爆发期有如下表现。

1. 询价多了

无论是网站的 SEO 或 SEM，还是所投的各个推广平台，在前期的运营和维护后，会慢慢产生微妙的变化，SOHO 的产品会从各个维度在整个互联网里产生权重，如果所选产品是新兴行业较为新颖的，这种权重会体现得更明显，所以在询盘数量上有更为直观的改变，询价明显比以前更多了，且询价的质量也有质的提升。在业务开发阶段，一个高质量的询盘是完全可以让人兴奋不已的，客户对待询盘的态度也完全不同，如果对于业务开发很有自信，是很容易捕捉到这种高质量询盘信息的。除此以外，在经过创业思路、产品的调整以后，会收到很多对于新上架产品的询价，并且收到这类询盘的概率是很高的，原因在于产品上架会吸引相应的行业流量，很多老客户似乎也能感受到 SOHO 的困境，也在从新的品类着手帮 SOHO 想办法。

询盘数量和质量的提升可能有偶然性，也可能有必然性，毕竟全球市场的需求很多时候也存在偶然性，比如某个国家兑换美元的汇率在某一个时期很有优势，相同货币量的采购能力提高了，这个时期当地的进口商会加快采购节奏，从而增加对相关产品的询价和采购；又比如在当地要举行某个活动，导致突然对某类产品有大量的需求；又比如某个节假日的到来增加了一部分节假日产品的采购需求等。这些看似偶然的因素放到全球范围来看，似乎就成了一种互补的必然性——“东边不亮西边亮”，今天在某个国家某个城市里举办了一个活动有采购需求，明天在另一个国家有一个盛大的节日有采购需求，让采购行为产生了一定的连续性。

2. 订单来了

初期询盘量增加导致的兴奋可能会给 SOHO 带来一种错觉，只要有询盘就一定要让客户下单，在谈判的节奏上稍不注意就会陷入一种操之过急的状态，让客户有一种压迫感，原因是大部分客户不喜欢被人推着走或牵着走。创业者的身份从业务员（Sales）转变成经理（Manager）、总监（Director）或者老板（Boss）以后，还能否保持着做业务员时的热情、谦逊是很重要的。由于身份角色的变化会影响 SOHO 在初期客户谈判中的措辞、语气、气场、定价策略等，掌握好身份变化以后的客户开发态度很重要，而气场不稳等细节很容易被客户捕捉，直接影响到谈判的成败，进而影响订单的转化和进度。在迷茫期很多 SOHO 的心态失衡，到了绝望期，很多 SOHO 甚至忍不住向客户打电话去询问订单情况，要知道很多客户并没有明示或者暗示过这次询价就一定会有订单，这种盲目的订单询问是下策。调整期时会明白最好的业务方式是给客户足够的时间思考和权衡，用心服务好每一个询盘，把重心放在解决每一个客户的疑问上，而当潜在客户开始推进节奏时，预示着离签订单的时间越来越近了。SOHO 的心态在经历过大起大落以后必然会变得异常坚定和平稳，在遇到新老客户和询盘时会更加平静，更加意识到合理推进的重要性，而不是机械地催单。人的心态平稳了，更容易静下心来发现客户的真实需求，从真实需求出发服务客户，订单的成功率自然会增加。

（七）稳定期

订单的爆发会让 SOHO 的业务和心态都进入相对平缓的状态，客户和订单的稳定会让 SOHO 的日常工作开始逐步偏向产品供应端，每一个客户的订单都有详细的要求，要把这些要求毫无遗漏地反馈到生产端，在这个过程中要做好跟单、质检、单证的工作，要完成生产的监督、质检、订舱出货、退税、售后等事宜。所以如果找到一个价钱合理又足够信任的代理公司，是完全可以把单证、退税、出货这一部分事情交给该公司的，这样 SOHO 可以释放一部分精力去做更有价值的事。

在稳定期，一般有两种状态：一种是以客户维护为主，这种情况下客户每个月的订单已经达到不错的量，自己一个人应付客户的订单都稍显吃力，所以没有精力去做新客户开发；另一种是客户的订单有季节性，在客户旺季的时候订单量很不错，淡季时自己的业务也会显得很冷清。

保守是 SOHO 稳定后的一种常态，用保守的心态去考虑业务发展，慢慢将客户的订单稳定下来，再视情况开发新客户或者新产品。在经历过创业各个时期的问题以后，大部分 SOHO 不会盲目地进行扩张，而是抓住自己或者行业的一个优势去不断扩大并将其变成自己的一项核心竞争力，这是认清自己的能力以后所做出的调整，当然这一项核心竞争力至少能保证 SOHO 的收入比 95%的打工人要好很多，毕竟出口的利润是有保障的。每一个成交的客户都做好维护，再从客户手中去开发出更多的订单，这种想法是没错的，但是经历过疫情以后，这种维护客户的方式就会感受到危机，所维护的客户一旦发生不可预料的危机，订单很可能就中止了。因此在客户维护上更应该未雨绸缪，要时刻观察客户国家的政策变化。

还有一种是激进派，认为进攻是最好的防守，当客户和订单相对稳定以后，自己会梳理出 SOHO 日常工作中的工作重点，抓大放小，当自己不具备所有事情都亲力亲为的时间时，可寻找创业伙伴把一部分事情分离出去，在几年内趁行业的热门期把业绩做上一个台阶，往团队的方向去运营。但是合伙也会有合伙的问题：

“Chris，你好，我大概一年前向你咨询过要不要 SOHO。经过这一年跟工厂的磨合与合作，我今年一个人同时负责业务、采购、单证处理，销售额有 400 万元，最近跟与我合作的工厂摊牌了，打算自己完全创业。我以前所在外贸公司负责采购的同事想跟我一起合伙，因为他对我所销售产品的供应商这一块很有经验，我在考虑要不要一起，但是我又担心合伙会产生问题，所以有点迷茫，不知道该怎么选择。”

关于和以前负责采购的同事合伙这一块儿我是不建议，我的答复如下：

1. 从身边朋友的实际情况来看，因为合伙人职责的划分不明确导致进退两难，最后分崩离析几乎是定局，只是合作时间长与短的问题。

2. 从合伙的目的出发，合伙是希望“1+1>2”，在 SOHO 彻底跟工厂摊牌以后，我觉得合伙的负责采购的同事发挥的价值有多少很难说。

3. 目前提问者几乎具备了业务流程上的所有能力——业务、采购、单证处理，从旁观者的角度来看，选择一个采购员来合伙的必要性不大。

4. 可以梳理下今年所有业务过程中的精力投放比或者说痛点，如客户开发端、跟单端、采购端，尽量细致考虑到工厂样品、交期、资金等问题，再权衡下采购端的价值，如果能自己独立做下来，我建议在第一年还是自己坚持做，后期再把需要分散精力的事务暂时以招人的形式分摊出去。

5. 业务与采购的思路不一样，特别是 SOHO 在创业初期，不敢保证同事作为成熟的采购员是否与你现有工厂产生良好的化学反应，是否和你一样认真对待客户的要求，况且他的职位和角色安排会较为棘手。如果 SOHO 较为强势，情况会好一些。

6. 最后我觉得公司大客户及关键客户的资源抓在 SOHO 手里是创业稳定的基础。

SOHO 的合伙人加入创业最好的方式应该是：当 SOHO 熬过创业期的艰难后，整理出一套属于自己的盈利模式，有一定的基础以后，再找人分担自己较为成熟的部分做好“锦上添花”的工作。这种方式一定是最长久的。除了找人合伙以外，招人解决这些问题也是不错的选择。

进攻与防守都是 SOHO 稳定以后较为常见的方式，也很难一笔概括哪种方式是最适合 SOHO 的，每个 SOHO 的性格、行事风格、产品风格都会影响 SOHO 的模式，有些人十年如一日地维护一个大客户也能保证订单量的稳中有升，有些人贸然激进寻找合伙人扩大规模最后被淘汰出局的情况也时有发生。最好的方式还是由心出发，如果认为该往前冲，要毫不犹豫地迈出那一步。这种由心出发可能来自对行业深刻理解后所产生的预判。

二、如何克服创业过程中的负面情绪

心态的变化是会通过情绪表现出来的，而情绪是能影响到外贸成败的，在业务开发上表现优秀的外贸人完全能感受到情绪对于订单的作用。如果用积极的态度对待客户，哪怕订单可能性为零的也可能谈成；哪怕被客户刁难，也会从好的方面去想，认为刁难是客户的考验，会想到在考验以后会迎来客户的大单，这种积极的态度会让客户感受到被尊重，甚至会反过来让客户尊重 SOHO 的这份热情和执着。而带着“客户是在找茬，这笔订单就成不了”的心态去开发时，会把客户的每一个正常的询问看作压力，本来可以轻松拿下的订单会因为情绪不稳而丢失。人成熟以后在面临相同的问题时，因为心态不一样，所表现出来的态度也完全不一样，就好像成熟以后去看待以前的事情，无法理解或者无法释怀的完全可以放下了。在 SOHO 的心态转变过程中产生负面情绪的可能性是很大的，而且最关键的是这种负面情绪没有任何人可以感同身受，这意味着 SOHO 只能靠自己去化解掉这种情绪，去慢慢地转变心态，强大自己的内心，SOHO 是孤独的，但还是有方法去克服这种负面情绪的。

（一）以经历的心态面对 SOHO

有时候人太过于专注某一件事情的细节，是很容易被这些细节的事毁掉情绪的，特别是有一部分人做一件事情就为了追求一个结果。因为有结果才好验证自己的方向和方法是不是正确的，但是对于一个新创业者，在被所有人考察，且客户、供应商、渠道、网络平台里的权重等方面很多时候是没有立竿见影的效果的，以结果为目的的创业者是很痛苦的，因为他们没有看到结果就没有动力。试着以经历的心态去面对，毕竟每一个人这一生的起点和终点都是一样的，但是过程是截然不同的。创业这件事也一样，是每个人为改变自己的境遇所做出的努力，也是为未来创造的一份可能性，无论这份可能性高还是低，把握好每一个创业过程中的机会也好，尝试每一份辛酸也好，都是人生不可多得的财富。很多人认为财富指的是钞票，是可以随心所欲地做自己向往的事情，这其实也是结果论。试着把创业这一份经历当作财富，人未来的可能性才会更大，没有足够的经历，再多的财富也无法驾驭。很多时候反而是那些把金钱看淡但注重点滴的人更容易获得财富。

哪怕最后创业失败了，也还可以继续在外贸这个行业里磨炼，有了创业的尝试和磨炼，在未来思考问题会更全面，更能从老板的角度去考虑和出发，会更加注重成本和支出，当行业危机来临时会更加侧重于学习老板们的策略——缩减开支、调价，或开辟新的渠道、开发新的产品、补充新的人员。也许哪天因为你的视野开阔和思路优势，公司会根据市场的需要直接安排你去国外负责国外公司的运营，这同样是创业经历带给 SOHO 的机会。

（二）适当地降低目标

创业者在创业前都信心满满，比如会定下目标：第一年要赚 100 万，平摊到每个月的盈利要达到 10 万。但欲速则不达，从企业管理的角度来看，过分地追求盈利，会很容易在生产、售后等各个环节出问题，SOHO 也是一样，有百万的盈利目标固然是好事，但为了这个目标可能会牺牲产品的品质、开发客户渠道的网址搭建的质量、客户维护的耐心程度、客户的信任等，这些在短期内可能不会很明显，但第二年和第三年必然会出现很多的问题。观察上市公司的财报会发现，很多名声响亮的企业每年可能只有几百万的净利润，但是如果每年的业绩在不断地增加，竞争能力在不断地增强，这家企业就称得上优秀的企业。所以作为个人创业者的 SOHO 来说，不一定要给自己制定很高的目标，循序渐进地把前期的基础打牢会更好，一般来说，在没有老客户支持的情况下，第一年能够尽量保持收支平衡，有持续稳定的订单把 SOHO 的整个流程走通，和供应商、客户打下比较好的合作基础就已经不错了。订单不一定要有多高的利润，SOHO 甚至适当的时候可以“让利”——把一部分利益让给客户去打造客户关系，谈成订单的客户意味着终身客户，这和职场生涯中的客户的性质完全不同了，哪怕这个客户每笔订单只有几千甚至几百美元，未来其也可能在自己的关键期成长为关键客户，在关键时刻改变自己的命运。

有人会问，如果一个订单也拿不到，一个客户也开发不成功怎么办？如果对产品有坚定的信心，客户开发不成功除了可以调整思维和产品思路以外，同样可以降低目标，对于一些未来一定会爆发的产品来说，在前期市场的认可度并不是很高，这时就会陷入开发困难的阶段，只有客户询价，没有实质的订单。遇到这种情况不要急，第一年的目标是尽可能多地去发展潜在客户，一来通过与潜在客户的沟通了解客户对于产品的所有需求点，二来等待市场对产品接纳，时机成熟了这些潜在客户一定会有实质的订单。客户的开发结构是一个金字塔型，只有当基础客户越多，才能发展出大量的潜在客户，也只有潜在客户越多，才可以发掘出金字塔尖的优质客户。创业期不用太在意金字塔尖的客户，只需要把塔尖下的基础打扎实，时机成熟了自然会有优质客户出现。

（三）用工作计划充实自己

SOHO 很容易被懒散的工作氛围消磨意志，在职场培养的工作习惯会因为 SOHO 形式而慢慢发生变化，因为 SOHO 的工作环境相对比较轻松，自己可以分配自己的工作时间和内容，在业绩稳定的阶段，会自动进入业务模式，能很轻易地区分轻重缓急，一切有条不紊地进行。到了业务瓶颈期，每天的工作任务相对比较模糊，工作目标不明确，就会陷入迷茫，情绪低落。这个时候最好的方法是自己制定每天甚至精确到每个小时的工作内容，结合行业的特点、客户群体的时差特点把与客户沟通的时间抽出来，在这一段时间里把所有的精力放在客户沟通和谈判上，再把其他的时间按照日常需要操作的事项（网站 SEO、产品更新、产品推广、客户跟踪、供应商询价等）制订工作计划，这样可以把杂乱无章的工作内容整理得有条理，让整个人的工作有氛围感，这种工作的状态会无限提升工作效率，也让 SOHO 看起来更加有精气神。有一批 SOHO 会和其他人合租办公室，这种方式其实也是在制造一种工作氛围，让 SOHO 一直处于紧张、正常的工作节奏中，一直保持良好的客户开发状态。

SOHO 的生活和工作有时候没有清晰的界限，长期下去人会陷入疲惫，影响工作效率。通过制订工作计划推进工作，每天都回顾自己的工作计划完成程度，养成一个良好的工作习惯，在工作计划里最大限度地充实自己，不在不必要的事情上浪费精力，在非工作时间再彻底地释放工作情绪。

（四）找到自己在 SOHO 中的兴趣

兴趣是最好的老师，也是能镇定自若地去解决困难和克服危机的必要条件。很多人很享受主动开发的过程，很享受主动地和客户打电话、通话的过程，所以他们会精益求精地钻研在和客户打电话时要向客户获取的信息，要让客户记住的信息，和客户打电话最合适的时间，应对不同实力、规模的公司的技巧，找到关键人物把自己的产品信息转告到对接的采购或者负责人的方法。为了找到准确的负责人，他们还会在搜索关键人物信息上下功夫，以提高主动开发的成功率。

SOHO 可以把创业当作自己磨炼开发技巧、运营技巧的一次尝试，把重新认识开发、运营、推广培养成一个兴趣，在兴趣的驱使下，任何复杂、乏味的事情都会变得有趣，最关键的是并不会因为结果而影响情绪。比方说有的人着迷于谷歌开发，就愿意去探索谷歌搜索引擎的算法、爬虫、分类规则、排序规则等，这种兴趣能够在 SOHO 发掘优质客户时起到关键作用。在实际的外贸工作中，有很多人一直在研究谷歌的规则、算法和趋势，甚至很多知名的外贸平台的规则和算法最开始学习的都是谷歌算法，所以这种兴趣能够帮助 SOHO 举一反三地从本质上理解更多外贸平台的思路。有的人对代码、编程、建站有兴趣，正好通过 SOHO 加深对于外贸建站的理解，程序语言是没有侧重点的，建站的出发点是满足用户需求，而这个需求只有当自己完全处于用户端去感受时才会最清晰，所以在这种兴趣之下，仅仅做好通过程序语言建站满足外贸用户的需求这一件事，前途便不可估量。

外贸 SOHO 要掌握的技能、知识、经验是多方面的，这也是外贸的魅力，所以要找到自己的兴趣并不难，而这种兴趣可以让 SOHO 在面对负面情绪时，对手上所做的枯燥、烦闷的事情时刻保持新鲜感，保持一种敬畏，这种态度可以让 SOHO 迅速从负面情绪中走出来。

（五）让自己动起来，去参观行业展会、运动等

SOHO 产生负面情绪的一个原因是生活和工作相对比较单一，除了工作上往来的关系人，与外界的接触较少，在这种情况下，一旦工作上出现了问题，很难把情绪调整过来。所以通常我会建议 SOHO 在迷茫期多去参加行业展会，去打破自己设定的一个工作小圈子，更好地融入自己所处的行业这个大圈子。负面情绪有可能来自对国内供应商、产品的期望值过高，但无法改变这种局面，所以多参加行业展会或者与行业相关联的展会，看看供应链上下游企业的状态、生存方式、生存能力，对一些自己非常看重的事情可以释怀，让自己能够开始接受现实，接纳行业里的种种现状，并且找到自己在行业里的价值，努力地把自己应该付出的事情做好。当然除了能克服负面情绪外，通过展会也可以了解到行业从业人员当前所处的状态，客户的采购趋势，头部企业、一般企业的生产经营状态，这对于 SOHO 调整方向有很大的帮助。

运动也是一种克服负面情绪的方式，在运动过程中，人的每个细胞都活跃起来了，看待问题时也会更积极，其实有的时候陷入低落和焦虑，只是因为自己在面对问题时先入为主地产生了认为事情会朝着坏的方面去发展的想法，所以在思考和解决问题时会带着这种负面情绪，比如下面这个案例：

“Hi，Chris，我有个头疼的问题，最近我在网上找到一个美国客户（品牌名气很大），从几个月前开始开发，前前后后寄了很多次样品到美国，客户是月初下的订单，因为是年关，而且美国客户国内的那个供应商也确实规模很大、品牌很好，当时就直接先做订单了，本来是要赶在过年前发给他们的供应商上产线组装的，前几天他们的供应商说年后上产线，今天我联系美国客户付款，但是这个客户所在公司的所有人（包括产品经理、销售总监、采购员）的邮箱我都发不进去邮件，我是不是碰到‘跳单’了？”

一般来说，美国公司，特别是名气大的公司不会没有任何征兆连同产品经理、销售总监、采购员一起屏蔽某个人的邮箱，这不是正常现象。我的回复是：“可能发送出去的邮件内容或者某个单词触发了他们的邮箱过滤系统，邮件被屏蔽了，建议打电话直接沟通。”过了几天我收到了询问者的回复：“感谢你，上次邮件发不过去，是因为客户系统把我的邮箱归为黑名单了，现在已经设置回来了。”

如果因为揣测客户“跳单”而带着不满的情绪联系客户，一个即将和大品牌合作的机会也许就此擦肩而过了，这是非常可惜的，因为你的每一个解决问题的方式方法，客户都看在眼里，心里自有相应的评价。

CHAPTER 11

审美

这个世界的万事万物是追求美的，相对于本能的物质需求，美是一种更高层次的追求。如果说所有行业都在不断地变化，那么唯一不变的就是对美感的追求。在产品满足基本的需求以后，所有人对它的进一步期望就在给人的视觉感受上，外观能直观地反映产品的层次感。国内的很多产品在功能方面不输于国外的同类产品，甚至更强，但在美感上要逊色很多。美感是很重要的，对于一些产品来说，一个简单的外观设计更改相当于一次产品技术革命。

创业者对创造力的认识会随着 SOHO 的不断深入而越来越清晰，当 SOHO 想在网站、样册上有一些设计的灵感和创意时会发现，很多设计者的思维模板化，他们会反过来要求提供一些成品供参考，最后在这些成品模板上进行删改，来寻求设计思路与 SOHO 审美的契合，但这根本就不是创造。SOHO 自身需要有一定的审美，面对这些设计者或者说开发者时最好的办法是尽可能地把自己抽象的想法具体化，把从 0 到 1 的过程做好，而开发者和设计者们把从 1 到 2 的过程执行好。就像产品的研发过程一样，研发和创造往往要经历一个漫长的过程，但是在有固定的设计图纸、材料方案、研发思路以后，开发就变得很容易了。SOHO 要形成自己的审美还有一个重要原因是外贸面对的是国外客户，国内的审美习惯和国外有很大差异，如果一直紧跟着国内的审美潮流，国内流行什么就做什么，迟早有一天会被国际市场淘汰。SOHO 的优势并不多，就更应该在个人能力上尽可能多地建立优势，有审美无疑是一个最重要的优势，从某种程度来说，一个人的成长过程、教育背景和生活环境决定了一个人的审美能力，而审美也相当于将这些思想沉淀有意识地进行表达。外贸这份职业有足够的机会去接触到不同的文化、生活环境、生活态度，所以很多外贸人会发现，南美国家人民性格中的热情洒脱，呈现在设计审美上的形式是色彩斑斓、线条轮廓变化多样、随性大方，与之形成对比的是日本和一部分欧洲国家等，他们谨慎的性格如实表现在审美上的是线条规整、排列规律整齐、色彩统一等。SOHO 应该在日常的工作中不断地接受和吸收各国的审美习惯，形成自己独有的审美。

一、审美三要素

外贸里的审美能力通常表现在对三要素（线条、设计布局、色彩）等的理解上，原因是外贸产品和公司呈现的形式大多数是平面的，即二维的。虽然目前呈现形式已经转成更加立体的“视频+声音”的模式，但网站、样册等还是以二维平面设计为主流，点形成线，线和色彩搭配形成图像，不同的图像排列布局就形成了二维平面设计。

（一）线条

拿图 11-1 中 3 个线条感很强的图形举例，我们来看简单的线条给人一种什么样的印象和美感。

1. 直线

第一个是直线，纯粹的笔直科技感线条像光线一样，具有肉眼可见的穿

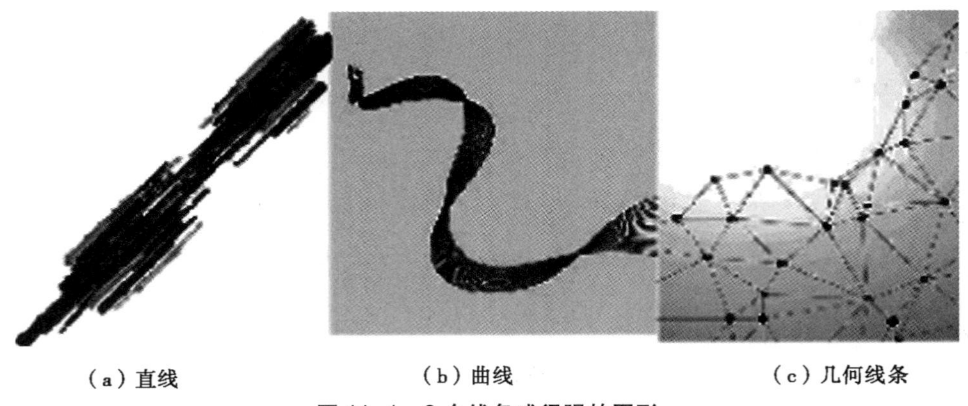

（a）直线　（b）曲线　（c）几何线条

图 11-1　3 个线条感很强的图形

透力，所以会看到很多科技类、材料类、电子电器类企业会将其作为设计元素放入网站、产品样册、宣传册等。线条粗细叠放、分割排列形成一种错落感，更重要的是向上倾斜 45°给人一种速度感，而速度在电子产品里代表传输速度，就像很多工业材料的性能在于导热、导电的传输能力，芯片传输、电路、设备、重工等行业也都可以通过这种线条表达行业特有的美感。除了在视觉上呈现出硬度、速度等以外，直线也可以更立体地表达出声音的美感、张力和穿透力，如果延伸到产品，这种线条可以很好地展现出声音输入和输出设备、乐器等发出的声音的美感。

除此之外，直线相比于其他曲线等形式给人一种正直、严谨的印象，可以用来表现产品本身的特质，也可以用来表现公司的文化属性或者创始人的性格等，如不会拐弯抹角，也不会迂回逃避。

2. 曲线

第二个是曲线，相对于直线，曲线给人的美感在于柔和流动性。柔可以理解为一种舒适性，比如日常的服装、鞋、袜子、婴儿用品等与人体直接接触的产品给人的感觉。如果用笔直、板正的线条，那种坚硬感跃然纸上，勾勒出的设计感和柔所表达的意思相悖。如果说直线给人最直观的印象是工业产品、重工业产品、设备、科技产品，那曲线给人的印象应该是日常用品、传统商品、运动用品、生动活泼的产品。直线好比字体里的楷体，曲线相当于字体里的幼圆。幼圆字体在刚硬的结构处做了柔和处理，相对于楷体的正式和规范感，被赋予了更多的生活气息，同样，波纹曲线的形式正好可以完美表现出这些产品对人体无伤害。除了舒适性以外，柔和的波纹曲线也有纽带的含义，可以传递友好合作的信号，表示一种主动寻求合作的姿态。

除此以外，波纹曲线能用来表现水、海、液体等形态，水可以延伸到饮用水、咖啡、饮料等，比如所有咖啡的宣传表现元素都有波纹曲线，这是遵循了水的特性；海可以延伸到相关的海底生物、船、生态保护等。

3. 几何线条

第三种是几何线条，相对于其他线条是复杂的，线条的结构、连接更有规律，这种几何线条让人最直观地想到了原子、分子结构。这种微观世界的元素所表现出来的美感是真实和具体的，可以突出产品的本质、内部结构等，所以像化工产品、日化产品或者偏原料型的产品会考虑使用这种特定的几何线条。化工品类的宣传表现形式有时是通过立体几何线条勾勒出成品的美感、特点和优势，这个成品可能是一个工具、配件。

几何线条会让人联想到实验室的权威、严谨等，所以化工类、医药类产品多以这种线条作为产品宣传的基本元素。与直线、曲线相比较，几何线条在表现产品创始人性格、公司文化方面就显得不那么突出，不能突出正直及灵活变通，只能用来客观地强调产品本身。

除了直线、曲线、几何线条等表现形式外，还有很多种衍生出来的线条美感值得每个人去反复体会。这些线条虽然看起来比较简单和纯粹，但不是每个人都能使用得好，不同的人对于线条的理解、取舍、使用频率、使用方向不同，呈现出来的意义也截然不同。产品应该展现出其宏观还是微观的美感，都是需要一定生活积累的。就好比原子是化学反应里不可再分的基本微粒，也有人把宇宙中的星球看作原子，即在不同的环境里，粒子所呈现出来的意义也完全不同，这里从审美上升到了哲学。

（二）设计布局

不同线条的组合就构成了二维平面里的各种图形，但是图形的美感大多也来源于这些线条所呈现出来的意境。我们以小米品牌的新老 Logo 来进行对比就能更深入理解这些线条的作用了（见图 11-2）。

（a）新Logo

（b）老Logo

图 11-2 小米品牌的新（左）老（右）Logo 对比

新 Logo 由日本设计师原研哉设计，设计费花了 200 万元，乍一看新老 Logo 似乎没有很大的变化，看起来设计费似乎很不值，但其实 Logo 里的“MI”字体及间距、角度等都做了微调。当然最大的变化还是直角变成了圆角，这种变化其实是互联网公司整体审美变化的趋势，比如微软的视窗操作系统（Microsoft Windows）里的窗口图标上的直角慢慢地转变成更加富有美感的圆角。而小米 Logo 的转变包含以下两个方面的原因。

第一，原来的 Logo 里面的直线、直角更符合科技公司的定位，科技公司讲求的是对技术的专注、对科技的追求和探索、知识的严谨。有一定审美能力的人在初看到这样的 Logo 时会有一种距离感，这种距离感可能来自科技本身与大众消费者之间的距离，也可能来源于科技自身的严肃性。也就是说原来的 Logo 是从产品本身品质出发的，它的美感是科技的力量感。没有考虑和传统大众之间的联系和带来的感受，也没有考虑到消费者对于该产品的认识和定位。由于产品慢慢地拓展到线下销售，如进入购物中心，店铺更多地与大众消费的服装、食品、玩具、电子产品等店铺并排展示，以科技为内核的直线型原 Logo 在这些消费品里就显得很突兀了。这是对产品定位的差异导致的，而新产品 Logo 的转变正好是一种从追求产品本身的品质转向市场需求的调整。

第二，手机的消费群体或者说频繁更换手机的人群主要集中在年轻人，但是时下年轻人追捧的手机特点是好玩、时尚、新潮，一板一眼、规规矩矩的审美并不会大受欢迎，哪怕产品本身的性能有很强的优势，脱离了新潮与时尚就相当于缺乏了最关键的竞争力。从整体印象来看，新 Logo 有一点“幼圆”字体的设计感，同样将直角处理成圆角，线条变化直接把产品的科技感转变为时尚感，瞬间将原本给人的严肃感变成了活泼感。这就是由线条的改变带来的整体图形所呈现效果变化的例子。

日本的工业非常发达，尤其是电子、汽车、精密仪器等，有非常突出、先进的技术，而且日本产品在国际市场上具有很强的竞争力，当然工业高速发展，与其做事严谨的风格分不开。所以很多日本行业的审美还停留在工业审美上，这种审美会相对严肃和内敛，不会有太多张扬的成分，这与工业产品的属性——严谨、安全、不出错相关，当然这也与日本的发展重心有关。所以日本的设计思路都是简约型的，不会浓墨重彩地去突出和强调。在小米的新 Logo 设计中，应该是把这种严肃的本质考虑进去了的，原研哉的设计保留了日本严谨的风格，也希望在这种严谨的作风上加上一种他们对于年轻、时尚、新潮的理解，这就是内在的设计只做微调而外框的直角转为圆角的原因。

每个人的审美或者所谓意识的表达，或多或少带有生活沉淀，也带有性格符号。自我审美能力提升后完全可以通过这些意识层面的展现捕捉到个人特点是积极乐观还是内敛沉稳，并进行辅证。

（三）色彩

色彩可以唤起特定的情感或情绪，一个优秀的设计离不开色彩的渲染，色彩所表达出来的情绪更为细腻，通过填充和搭配、色温和色调的运用，为设计注入了灵魂。外贸人对光的三原色（RGB）、印刷四分色（CMYK）、潘通色（Pantone）号并不陌生，尤其是 CMYK 和 Pantone 号，简单来理解就是 RGB 用于电子显示，CMYK 用于宣传册、海报等的印刷，Pantone 号用于丝网印刷、纺织品及产品制造或者当对颜色精度要求很高的时候，广泛应用于纺织、皮革、化工、印刷、陶瓷、五金、涂料油墨、食品、化妆品、玩具等。

在外贸中，对颜色的鉴赏和审美主要弄清 3 个问题：一是色调，二是特殊色系，三是色彩搭配。

1. 色调

色调指的是明暗、浓淡、冷暖等颜色基调，通过颜色让人联想到自然界中表现出相似颜色的事物，从而在心理、情绪上获取该事物所散发出的冷暖气息。大体上色调分为：冷色调、暖色调和中性色调。暖色调包含红色、橙色和黄色，这些颜色容易让人联想到太阳和火焰；冷色调包含绿色、蓝色、紫色，这些颜色容易让人联想到森林、大海、蓝天；中间色包含灰色、黑色、白色，这些颜色柔和，不那么耀眼明亮。

暖色调给人的感觉是温暖、明亮的，所以这些颜色在比如家纺行业里运用较为广泛，毕竟每个人都需要在家里寻找温暖、从情绪上感到舒适。英文单词 Blue（蓝色）有忧郁和情绪低落的含义，这也是在以颜色形容人的即时情绪，蓝色正好是冷色调，如果家里的主颜色使用蓝色，长时间会让人有冰冷、压抑的感觉，所以大多数蓝色、绿色运用在企业办公室、生产车间等，这些颜色能够起到警醒、提示的作用，如果再配合上直线条，警示作用不言而喻。

一些不夹杂情绪的颜色，比如灰色、白色和黑色，可以取代暖色作为家庭场景的主颜色，也是现在年轻人追崇的颜色，这些中间色较为纯粹和干净，正好符合年轻人的气质——既不张扬，也不会过于内敛。白色代表单纯、黑色代表神秘，而灰色代表诚恳和认真。

外贸人对于色彩的认识要从冷暖色调深入颜色本身象征的意义，比如绿色象征的是大自然的郁郁葱葱，也可以提升到产品的环保、亲近大自然、干净等方面，这与某些与人体相接触的洗护产品的要求相匹配，或者与产品某些材质取自大自然的特性相一致，比如说竹制品；又比如黑色代表神秘，所以很多拥有黑科技的科技型产品在设计上可以用黑色作为主色彩，既不会显得高调，也延续了黑色本身的气质。

从艺术的角度来看色彩，不得不提梵高，蓝色与黄色是两种完全相反的颜色，一般的画家不敢随意使用，而梵高的伟大之一就是对于色彩的运用达到了疯狂的状态，原因是梵高永远处在矛盾的中心，尊重自然与自然的对抗，在表现自我的过程中追求高于自我。他并没有接受系统的学习，只是在他的世界里，画就是自己情绪的表达，他偏爱黄色，因为黄色象征太阳和大地，也代表光明和希望。就比如他的《向日葵》就是以大面积的黄色作为主基调，再配合土黄色、柠檬黄及中黄色，让人产生一种对生活充满希望的感觉。外贸人对色彩的理解和认知不需要达到多高的艺术境界，但至少要理解色彩象征的含义，以及这种含义所表达出的产品内涵。

2. 特殊色系

如果所在行业对颜色的要求很高，人们会自然地接触到一些特殊色系，色系中的这些颜色在一个领域里被广泛应用，最后被众多行业推崇和使用，莫兰迪色系就是这样一种特殊色系，特别是在服装和室内装修方面影响较为深远。专业人士将莫兰迪灰色称为“高级灰”，随着颜色的受众越来越多，莫兰迪色系中的这些颜色又产生了越来越多的称呼，如雾都蓝、燕麦色、石英粉、丁香紫等。

莫兰迪色系起源于意大利画家乔治·莫兰迪，特点是在颜色里加上一种灰色调，像是给颜色蒙上了一层雾一样，灰色本身自带的低调和高级感，会使原来的颜色变得不鲜艳。“让灰尘笼罩静物”，释放出不张扬、淡雅、温婉的气息，有一种静态的美。当人经历过繁华，心里会越来越平静，喜欢平淡的感觉，于是低对比度的色彩就越来越受欢迎了。

每一种色系都是这些艺术家一生的气质、风骨体现，或者浓烈或者淡雅，而这些气质都是通过色彩表达，色彩让他们的作品有了生命，也让艺术家们对生命的理解和认识被世人熟知。外贸人也应该透过表面的色彩去寻找色彩赋予的更深刻的人生奥义。

3. 色彩搭配

设计往往包含众多颜色，色彩的搭配就涉及每种颜色所占比例、颜色与颜色之间的协调性与平衡，以达到一种整体的美感。除了认识色彩自身的含义外，色彩的搭配也是衡量审美能力的重要因素。在 SOHO 的实际应用中，如样册、网站、报价单、产品图片的制作等都会涉及色彩的搭配问题。我们从主色调、背景色与前景色、功能色来看看色彩的搭配。

主色调指的是一份设计画面呈现的主要色彩印象，相当于一种主题颜色。在宣传产品的设计里，主色调大多根据产品本身的属性确定，这些属性可能是行业特性、产品功能等。主色调也可以包含自己对于行业的理解，比如产品本身是带给人温暖的，主色调可以选择暖色调；如果产品科技感十足，主色调可以试试蓝色或者黑色；如果产品低调、内敛，主色调也可以试试莫兰迪色。

背景色和前景色搭配形成了主色调。做过设计的人对背景色和前景色

（图形色）并不陌生，在产品设计里，可以将前景色简单理解为产品本身的色彩，而背景色为产品背景颜色，在某一个时期，背景色与前景色曾经是B2B平台考核产品质量的一个维度。一个设计往往搭配多种颜色，背景色对图像里的图形做衬托，或者起到增强、减弱颜色的作用。

（1）对比色

浅色和深色形成对比突出强调前景色是一种普遍的搭配方式。在外贸初期的产品宣传照上，采用的色彩搭配多为通过前景色和背景色对比的方式来突出产品。这种方式也比较简单明了，多在浅绿、浅蓝的背景下置入产品图片，能让访问者的目光集中在产品本身。这种搭配方式其实是对色温的一种延伸应用，将不同的光源投射到产品上产生颜色差异，传统的白色背景稍显单调，而高色温恰好会让展示出来的画面偏蓝，会让人集中注意力。浅色与深色的搭配在外贸行业中较为中规中矩，因为面对的都是国外资深采购，用简约的色彩搭配的效果一般是不错的。

当然除了浅色与深色的搭配外，还有一些强调和突出颜色的对比方式，比如红色背景色加上白色前景色，黄色背景色加上黑色前景色，绿色背景色加上白色前景色等，这其实是一种逆向思维，使用较为鲜明的色彩作为背景色，很容易找到有对比度的颜色做前景色。

（2）背景色与前景色是相邻的色系

背景色与前景色是相邻或者相似的色系也是一种较为常见的色彩搭配方法，比方说百事可乐的背景色与前景色的色系很多时候都是保持一致的，由于产品本身的色系就是蓝色，而我们把产品的特性简单理解为清爽、冰凉，那其实蓝色系与产品的气质是最为吻合的，这种相似或者相同色彩搭配也会被认可。和这种搭配理念相似的还有口腔清洁类产品的广告设计，产品本身颜色为蓝色或者绿色，而背景色为薄荷绿，有一种自然、协调的美感。

（3）色彩面积比例

在一片设计区域里，某些色彩占有大比例面积，另一些色彩占有小比例面积，让画面主次分明。按照一般的审美习惯，面积的大小会影响人的审美侧重点，所有人都会更关注大比例的色彩来寻找关键信息，再转到小比例色彩寻找次要信息。联想到产品目录册里，热门产品肯定会占有大比例面积，这样的搭配会让客户对热门产品加深印象，起到对热门产品的推介作用。

（4）功能色

功能色指的是在设计里实现某种功能的颜色，也包含警告色、成功或者错误颜色。往往这些功能需要用其他颜色进行区分，比如网页里常见的询盘按钮、留言框、收藏按钮、产品对比等功能设计时使用的是与背景色或者前景色不同的颜色。功能色也起到一些辅助的作用，比如样册设计里用于对两种近似色之间进行区分的分隔颜色、栏目颜色，甚至是浮框颜色。功能色是彰显细节的地方，用怎样的色彩与主色调一致，怎么辅助凸显主色调的颜色又不会过于耀眼，都是值得思考的。在一份优秀的设计中，功能色也会让人有眼前一亮的感觉。

一份设计里的色彩搭配思路，要从产品本身的特性出发，从产品的类型、功能、属性等确定设计的主色调，也应该充分考虑产品目标市场的审美习惯，甚至是性别属性。产品是刚性还是柔性对于 SOHO 来说应该不难确定，刚性即指产品主要呈现出力量和厚重感，柔性指产品主要呈现出亲和力和柔和感。在判断出刚性与柔性的前提下，结合产品的某一项较为明显的特性找到产品的主色调并不难。主色调确定好以后，一般来说前景色即产品颜色，无论是对比色还是邻近色、背景色或者相关的辅助颜色、功能色都能确定好色彩范围。剩下的就是调整颜色比例、做排版和布局了。

二、如何提高审美

外贸这个行业总体来说应该对3件事情有足够的敏感度：一个是英语，因为和客户沟通主要通过英语，每个英文单词看似是简单的字母排列，但里面包含很多西方社会的文化、思维习惯甚至是美感；一个是数字，原因是生意最终都会回归到价格、汇率、时间期限这些具体事宜上来，对数字越敏感，对客户深层次的意图的理解就越清晰；最后一个是审美，从销售产品的角度来看，中规中矩的审美也能完成销售任务，但好审美可以无限提升客户对于产品的认可度和好感度，这是除产品品质以外最加分的内在因素，而审美能力并不像技术难关那样可以从技术层面去寻求解决办法，而是完全取决于个人对世界的认知水平、个人发现美的水平、追求美好事物的决心。

审美能力的培养非一日之功，但是在外贸这个行业，审美还是有很多学习和沉淀的机会的。一来是很多行业本身就有设计需求，哪怕只是在产品设计里也会考虑美感因素；二来外贸订单所涉及的设计都是当下国外最流行的元素，多接触可以加快提升美感。这里有几个自我提升美感的方法。

（一）对色彩敏感

任何能力的提升都是建立在兴趣的基础上的，一个销售如果对自己的产品都不感兴趣，再高超的销售技巧也没有意义。对色彩产生兴趣是提升美感的基础，在兴趣基础上会开始留意每一个设计里的色彩运用，会感受色彩与产品气质的协调性，会对陌生的颜色做好记录；会留意各行各业里的流行色，思考为什么会有这样的流行颜色，这些颜色如果运用到自己的行业和产品上是否合适；会研究诸如莫兰迪色系的来源、艺术家的背景和经历、这些高级色彩所表现出来的意义及表达出的情绪，思考是否还有更合理的色彩搭配可能性。

在艺术氛围浓厚的国家里，会有各个国家慕名而去的艺术家或者学生，他们会驻足在一幅画前欣赏很久，思考这幅画的历史、来历、线条、颜色，甚至是图形摆放的角度。无论来自哪个国家，他们会一起讨论对画作的认知和感悟。外贸人其实有很多的机会去提高审美，当有了兴趣以后会打破障碍深入思考和学习。

（二）学习客户网站、Logo 用色及风格

要在短时间内提升审美可以从客户的作品开始学习，如客户的网站、产品目录、Logo 等，这些带有客户属性的作品同样也是他们对行业和产品思考以后的结果，在色彩、排版、风格上会有一套他们的设计理念。如果在行业里有一定的经验，对于产品的理解和客户不会相差太多，试着用自己对产品的理解去感受客户的设计，一定能从中获取更多的审美认知。

对于 SOHO 来说，如果在设计上毫无方向，可以选取 50～100 个客户的网站或者产品目录进行学习，通过集中的学习和鉴赏可以在一定时期内对产品的设计思路有更深层次的理解，量变引起质变，如果归纳和总结的能力强，是一定能从中找到行业设计规律的。不同国家客户对于产品需求的侧重点不同，如环保、产量、款式、功能，认识这些侧重点正好是一个全面认识产品的过程，也是对于产品设计美感的领悟过程。当然这些美感是受客户影响以后的，不是纯粹局限于自己对美感和行业的认知而来的。如果未来你自己的美感能够通过产品等传递出去让国外客户认可或想去多了解一点，你就成功了。

（三）自己参与客户设计，思考客户设计思维

在具体的业务过程中，一定会接触到客户的设计图纸，很多人觉得理解图纸是一件很复杂和头疼的事，选择了逃避，直接将图纸传给工程师，由他们来理解这些图纸。如果没有相关的设计师来处理这些图纸，甚至可能直接拒绝客户。设计图最能体现客户的设计思维，如果自己能参与到客户的设计里去，是完全可以理解客户的设计思维的，这是一件很有意思的事。这个时候充当一个设计师的角色，把客户对于产品的设计通过线条、颜色、图形体现出来，会倒逼自己去学习所有和设计相关的软件、软件的使用、色彩的搭配、尺寸、字体等。使用设计软件本就是为了方便设计，在学习和使用软件的过程中又能加深对于设计理念的理解，每一个工具都可以解决设计中的某一个方面的问题，而设计软件的思路都是相通的，只要精通一种软件，其他的也能轻易掌握。

很多人对于自己参与设计的抵触和最开始开口说英语遇到的障碍是一样的，总担心自己操刀设计会被否定，这种担心完全没有必要，试想走到 SOHO 这一步，如果自己无法全权操刀网站等设计，很多时候都无法和设计师进行有效沟通，因为他遇到的问题你根本就无法及时理解，更别提将自己的美感要求加入设计了。

在外贸这个行业，大部分人刚进入时都是被动地接受，这个产品就应该这样设计，就该使用这样的颜色才合适。其实行业里没有那么多应该和不应该，行业也需要新鲜的审美思路和习惯。随着国内产品质量越来越高，人们会越来越注重与产品相关的美感，这是一个必经之路，而 SOHO 如果能提前意识到美感的意义和潜力，或者自身对于美感有独到的理解，在这条路上会创造出更多可能。

CHAPTER 12
自我运营

运营的含义：对运营过程的计划、组织、实施和控制，是与产品生产和服务创造密切相关的各项管理工作。简单理解，是为了达到 SOHO 的目标有计划、有组织地对日常工作进行自我约束、规范和管理。职场人在公司里会有较为明确的岗位职责，包含工作任务、业绩要求等，为了完成业绩目标还会配有相应的管理者、考核要求、培训计划等，这些是公司团队运营业务的一般方法和策略。但是很多 SOHO 创业时并没有非常明确的计划，更缺乏有效的自我运营和管理，日常工作较为散漫，久而久之，无法有效地把自己突出的能力发挥出来，直接影响 SOHO 的创业效果。当然 SOHO 追求的最终目标是自由，工作自由也是自由的一种，但拥有这种自由的同时如果白白耗费掉自己的青春其实是一种放纵，SOHO 的自由是当自己在公司舞台上受到了束缚，公司承载不了自己梦想时的一种更高追求。而 SOHO 过程中的自我运营是自己安排自己做什么、该解决什么、该注意什么，这其实是一种高度的自律。

一、学习

SOHO 并不是简单的身份转换，而应该是换一种学习方法重新开始，从企业管理的本质来看，每一家企业最终要达到的目标是通过不断地优化企业业务流程和管理规范尽可能多地减少人为因素，因为人会犯错误，人也有不可控的个人思想、个人情绪等，这些在企业生产过程中会产生潜在的风险。当在日常的生产过程中，人的作用过于明显时，他的任何一个动作都会对生产产生很大的影响，或者万一有一天他选择了跳槽，这对企业带来的损失是巨大的。在职场里很多时候不断地重复和熟练企业所需要自己掌握的那一个环节，不断地优化流程，不断地提速以增加个人的竞争力，更多的是一种被动的学习，比如公司的付款政策是“发货人发货前，付清 50%货款”（50%前 T/T），很多人的思路自然地变成了在 50%前 T/T 的条件下如何向客户更多地争取到信任，让其付款比例更高。客户的信任可以来自加速生产，让其能够更快地看到出货，可以来自邀请其来厂，或者通过客户的代理人出货等。而 SOHO 以后，可以从资金安全、出货成本、供应商付款方式、资金承受能力去完整思考一笔订单里的付款比例问题。SOHO 的特殊性在于既是身处业务一线的业务人员，又是全权联络供应商、负责出货等事宜的决策人，如果说一笔订单里可灵活处理的利益是 100%，当为业务员时，往往希望把这 100%全部放在客户端，当为 SOHO 身份的决策者时，又需要收回至少 30%以规避风险，业务员和决策者身份在利益的收放方面如何做权衡，这是 SOHO 该思考和学习的。在职场里，每个人按部就班地做好与自己相关的工作，接触的也是与自己上下环节相关的人和事，SOHO 后，需要学习如何与所有环节上的人打交道，如何把这些环节上的人、事为自己所用，最后让客户获利。

国内的很多外贸企业规模并不大，甚至很多时候老板不懂外贸，索性把客户端的谈判权利，如报价、利润、贸易方式条款，全部授权由业务员视客户情况而定，但还是拽着公司赖以生存最核心的东西，大多是供货渠道、核心技术、开发渠道等，这种授权的方式容易让业务员产生一种自己的谈判权利无限大的错觉，认为自己可以全权做主反而疏忽了最该学习的地方。当然很多企业更加自由地让业务员自主选择供应商，再寻找相应的产品客户，这背后可能是因为产品本身的特性，供应商对于资金的要求很高，公司的平台打造得较为完善等原因。

很多 SOHO 对于个人能力的误解在于：认为自己在公司需要自己的那一个环节或者部分做得太过出色，而容易忽视公司前端所做的铺垫，大部分外贸人为公司盈利的那一部分在于后端的开发客户、促成订单。之所以说是后端，是因为没有时间去思考询盘来自哪里、渠道如何建立、如何搭建稳定的渠道这些前端工作，而一家外贸企业的优劣很大程度在于前端的客户渠道获取途径，并且长期不断拓展开发客户渠道是会有滚雪球的效果的，询盘数量会越来越多，质量也越来越高。

SOHO 创业有两大核心——产品和渠道，理解产品的差异在于理解时间的长短，但产品总有精通的那一天，再加上国内大部分商品从技术难度上来说并没有到无法理解的程度，所以对产品的学习并不是 SOHO 遇到的最大障碍，真正的障碍在于渠道的打造和建立上，从 SOHO 实际遇到的问题来说，有很多问题的根源在于询盘数量没有办法保证，没有可持续的获取客户的通道，导致空有一身开发本领却无法施展。或者说把希望全部集中在某一个或者几个客户身上，当这些客户失去联系以后，就好像遭到了重挫。没有哪一个外贸高手是从有限的询盘数量里去追求 100%的订单转化率的，即使真的有这样的人，也不能保证在短期内让客户确定订单。而 SOHO 要和时间赛跑，最重要的是要解决获取客户的途径问题，这也是 SOHO 该学习的地方。

（一）网站

对网站的学习并不要求每个外贸人要精通 Java、Python 这类编程语言，也不要求能编程、获取相关的数据信息，而是要知道网站的构成包含哪些，网站前台和后台的区别，要明白外贸型的商品展示网站包含的栏目、服务器的承载量、对多语言的设定、数据统计功能、客户留言信息处理等。很多人仅仅把网站当作公司“存在”的一种象征，至于网站有没有人浏览就不管了。其实应该反过来想想国外的客户看到网站以后会有哪些反应、哪些行为动作，比如，客户通过搜索关键词、社交媒体、B2B 平台链接进入网站，他们首先看到的是一个网站的整体布局和色调，这种整体感相当于人与人见面的第一印象，这个人穿着的，是休闲装还是正装，颜色是严肃还是活泼。休闲装、正装、严肃、活泼等都是客户对 SOHO 的阅历、经验、行业理解、个性的一种判断，这种判断一般来说是非常准确的，因为每个人对自己在乎的事业都会或多或少地加入自己的理解和认知。外国人更喜欢研究很多心理上或者是直觉反应的东西，因为那些无法掩饰。当客户对网站有了整体的印象以后，网站制作是敷衍了事还是细致用心一目了然，和识人一样，第一印象如果不太好，后面弥补起来会很费力。有了整体的印象以后，第二件事通常是看看网站里产品与自己感兴趣的产品是否一致。一般存在两种产品展示的方式：一种是首页的产品展示，另一种是产品栏目的产品展示。大多数客户对于公司网站全貌的了解是从首页开始的，也就是从各个网站引流进来第一眼看到的页面，所以首页的布局一定要清晰、明确地将 SOHO 所在行业通过产品表现出来，这其实也是在梳理 SOHO 所属行业及该行业的产品展示习惯，首页的展示毕竟是有限的，产品太密集给人杂乱无章的印象，太松散又让人找不到重点，所以首页的模块布局尤为关键。如果首页没能展示出客户所需求的产品，等到客户第二步打开产品页寻找所需产品时，印象一定会打折扣，原因是只有在单独打开的产品页面才能找到所需产品，会觉得该公司的产品专业性、纯粹性有待考量，最后如果还没有找到所需产品，他可能会尝试搜索，但也会犹豫搜索是否会留下访问痕迹。如果这几个访问动作还没有让客户找到所感兴趣的信息，大概率这次访问就结束了，这个结束意味着 SOHO 前期苦心经营的网络推广、渠道搭建的最后实际效果为零。这也是很多 SOHO 最头疼的事情，明明看到了客户的访问动作，但最后客户没有留下信息。网站如果不能做得很精致，至少要让客户知道 SOHO 的服务意识，让客户很轻松地找到他想要的信息，能够猜中客户的心思，帮助客户完成每次访问的目的，这是很多 SOHO 在网站搭建、创业过程中所缺少的服务意识。

如果客户从首页、产品页里找到了自己想要的产品，下一步会从公司介绍页详细地了解公司历史、公司实力、客户市场等，很多 SOHO 在编辑公司介绍信息时会从别处复制过来，只为充实网站的内容，但这一处的疏忽可能会导致功败垂成，原因是客户很容易分辨出公司信息的真假，很轻易看出所描述信息是否是从别处简单复制，如果信息中还有几个英文单词拼写错误或者缺失，很多客户会感受到不尊重。如果客户在付款阶段想再回头看看公司介绍信息这个关键时候发现了问题，支付这笔款时就会迟疑了，这是很不划算的。如果公司介绍信息也让客户满意，客户的下一步动作可能是发布询盘了，网站是否有一个明显的发布询盘的端口，是否考虑到了客户发布询盘时产生的动作，比如客户对某一个产品感兴趣，产品下端是否有发布询盘的端口，是否有清晰的产品款号供客户填写相应的询盘信息，询盘表单里是否有足够的信息可以联系到客户。这样的思考才是 SOHO 完全从客户的角度出发考虑客户一步步走向询盘的需求，且要不断地总结客户浏览和操作的习惯，不断修正和优化网页功能。所以 SOHO 要学习的是如何从实际出发让所有为你服务的渠道能够发挥出应有的作用，而不是简单地展示商品信息，这才是为自己工作的方式。再回过头去看职场中，网站大多数是从包含的内容、内容展示顺序信息展示方式、是否能够体现公司的气质、是否能够表达公司负责人的喜好等方面展开的。

网站运营一方面是从客户的角度出发去思考客户的动作和行为，找到一种让客户最自然和放松的方式，在这个过程中去学习、发掘可以提供商品展示和服务的网站功能，考虑越全面，效果越好。另一方面是通过网站运营让每个SOHO知道客户对自己是什么印象，这些印象是怎么形成的，怎样改进和突破这种印象，很多时候SOHO面对客户时过分地用文字等展示自己的实力，但其实客户也需要找到和SOHO的表述形成印证的证据。一旦发现实际和表述完全不匹配，就为SOHO的长期发展埋下了不利的种子。在这个学习的过程中，SOHO应该冷静地分析出自身的优劣，找到自己的真实定位去接纳客户。

运营网站的原因很简单，因为从某种程度上来说，SOHO的优势在于客户获取渠道的多样性和专业性，和客户进行专业谈判的机会也建立在有足够询盘资源的基础上，如果最开始没有搭建好获客渠道，哪怕在后面做其他平台的推广，花了大价钱却得不到应有的效果，或者在面对规则越来越复杂的平台时，根本无法选择最适合自己的平台和服务内容。

（二）排名、搜索、推广及费用预算

1. 排名

有了网站以后，自然而然地会主动思考下一步该如何让更多的人知道自己的网站，这样才能网站作用最大化，所以很多人想到了借助热门的B2B平台网站、谷歌等引入流量，但是学习如何从这些竞争激烈的平台获取最优质的流量，必须要了解排名的含义、搜索的方法。当然也有一部分SOHO犹豫的是当前B2B平台的服务已经很成熟了，到底要不要自己搭建网络渠道，又或者每个平台的各种服务套餐该如何做选择。排名的意义在于获取更多的流量，流量也即实际的效益，但是排名永远在和两个因素做斗争，一个是时间，另一个是费用。如果SOHO的产品足够优质，撇开排序算法，哪怕不花费大

量的投入，在一定的时效下产品的排名也会不错，因为优质的产品所吸引的关注度和浏览量会自然而然地上升，而所有排序算法是不可能排斥优质产品和优质信息的，因为互联网的一个本质就是推崇“新”。关注多了，口碑好了，排名自然而然地就靠前了，只是如果单纯以产品新的特性去开拓市场，可能需要半年、一年的时间才会有比较好的反馈和排名。但是半年、一年以后是否被竞争者先入为主地抢夺了市场，是否因为排名靠后而丢失掉话语权和定价权等是每个人必须要考虑的问题。为了让产品产生更多的“非自然”权重，就需要通过投入推广费去购买这些额外的权重来获得更好的排名，到最后无视产品的好坏，争相购买权重、流量以维持稳定的排名。所以在理解排序问题时，SOHO 要弄明白产品本身足够优秀时并不一定要通过第三方平台的推广去获取流量，甚至有的新兴产品出现时，会选择对产品进行隐藏，只是定向地对行业客户进行开发，因为一旦发布到第三方平台，产品的信息变得透明，会迅速增加很多国内外行业竞争者。SOHO 在争取排名的时候也要充分考虑自己的产品优势，如果产品优势很明显，并不需要花费大量的推广费去争取更高的排名，可以尽量地发挥出产品优势去争取流量。所以很多 SOHO 在面对复杂的推广套餐手足无措时，首先要考虑的是根据产品本身的特性来判断投入的必要性，而不是考虑这些推广平台的客户经理们说的优惠、折扣等。

SOHO 对于排名的学习和要求不同于一般外贸企业，更应该追求理解排名的本质，以及这些排名给 SOHO 模式带来的实际收益，而不是人云亦云地去追求高投入。

2. 搜索

我们在前面介绍了通过谷歌寻找客户的搜索技巧和若干方法。外贸人进入 SOHO 创业阶段，如果需要找到客户公司、个人信息，应该是可以通过自己的搜索技巧找到相关联系人的。因为这个时代极少数人是与互联网绝缘的，只要在网络上有使用和访问痕迹就一定有被搜索到的可能，更何况生意人不会拒绝通过互联网去拓展人脉。除了通过搜索引擎搜索以外，SOHO 更应该主动地去学习搜索引擎和各个渠道相互融合的搜索方法，比如“搜索引擎+B2B 平台”“搜索引擎+社交媒体”等。

搜索能力的高低取决于对行业的理解、行业关键词的储备、想象力这 3 个要素。对行业的良好理解能帮助 SOHO 无论在哪种渠道进行搜索时都能第一时间找到行业定位，流量的属性都是综合性的，一个对行业有丰富经验的人可以通过很多种方法快速找到自己需要的信息。搜索离不开关键词，而关键词的本质其实就是一个搜索条件，通过数据库里的相似信息进行匹配，行业关键词的储备直接决定了搜索行为的广度和深度，能找出其他人不容易发现的信息。拿手机举例，大部分人想到的是手机的品牌、处理器、内存、颜色、手机系统等这些关键词，搜索“续航”这个词的结果可能不完全是手机，但一定会有搜索其他常用关键词得不到的结果，或者搜索到的产品的排名并不靠前，但它确实是手机购买者关注的一个参数。SOHO 通过这些搜索行为是完全可以学习到一些运营高手们的技巧的。续航可能并不是决定购买手机最关键的因素，但是这部分手机的制造商恰好通过续航这个特性吸引到对续航要求高的这一部分客户，比方说一部分不发达国家对于手机的性能和娱乐功能要求不高，但要求续航尽可能地长，又比如一些旅行人士、探险发烧友等，他们同样对续航有高要求，而这些客户群体又是最容易被忽视的。这些就是通过搜索找出的新的市场、新的行业客户方向，而“续航”只是一个搜索可能性很小的行业关键词。把这些关键词和搜索出来的结果和思考记录下来形成关键词表是 SOHO 运营的一个重点。最后搜索是离不开想象力的，这种想象力是把 SOHO 的搜索水平和其他人拉开的关键，大词、热词、常见词每个人都知道，但是这些词搜索出来的结果也相对固定，要么被大的品牌商锁定了排名，要么一直在几个搜索结果之间交替出现。既然是搜索一定是希望看到不一样的结果，给搜索条件加上一定的想象力，想象这个行业里常人想不到的搜索习惯并大胆尝试，一定会找到让人惊喜的结果。

外贸的所有平台里都有搜索功能，要彻底弄明白搜索还是要不断地在这些平台里进行搜索尝试，弄明白这些平台的搜索和排序规则，也要争取机会成为被搜索的一方，即争取将自己的产品和信息展示在这些平台上，在搜索条件、关键词和产品信息上不断地变换，这种变换是在揣摩客户端进行搜索时的想法，根据搜索条件变化以后搜索结果的变化，再来优化供应端发布的信息。

3. 推广及费用预算

很多 SOHO 创业者并不是不愿意做推广，而是很少接触到推广费，只能大概知道公司在推广方面每年投入了多少钱，很难知道具体的费用。我们来理解下各个平台的费用规则。

简单来说，平台是供业内人士做生意的一个地方，平台里的各种类别比如工业产品、日用化学产品、机械设备等，就好比一条商业街里包含各行各业的店铺。商业街修建好后主要有两个任务：一是寻找卖家来租借店铺，二是邀请买家到商业街购物。作为卖家来说，租借店铺需要有相应的租金，在平台里需要的就是所谓的年费、会员费。实体商业街里是完全可以通过店铺的装修、人员、面积等了解到店铺的规模和实力的，但想了解线上店铺的实力很难，只能通过开店时长、成单记录或者网页的装饰水平等判断。除此以外，商业街会想方设法地做营销活动、吸引人流，这就好比平台的推广，店铺支付一定的推广费以后能够有更多曝光的机会。由于平台日趋成熟，购买推广的卖家也越来越多，导致推广费越来越高，甚至出现没有购买额外流量的卖家难以获得正常流量的情况，这也是推广的本质。

很多平台鼓吹商家的使用效果好并做经验分享，这很容易让 SOHO 产生误解，是不是没有在平台开店就会跟不上行业的节奏。我们可以发现背后的真相：一是该行业或者产品在某一年内有爆发式的需求；二是商家在平台投入很多，可能一次性购买了平台的多个推广，形成在该平台下的行业垄断，这样的分享和借鉴没有任何意义，毕竟成千上万的行业里有一个产品热销这也是很正常的事情。SOHO 要了解这些平台的真实效果，最直接的方式是找和自己产品种类相似的产品，看看他们的实际效果、曝光量、询盘数和订单情况，甚至可以要求平台销售出具一些实际的数据。这些数据可以帮助 SOHO 更清晰地了解产品在平台上的推广效果，一般来说不会有太大的偏差。

如果平台的真实效果不错，那 SOHO 应该将大部分资金投放到平台，但是一定要走差异化的路线——绕开与行业巨头的直接竞争而是选择小而实际的推广方案，因为行业巨头的推广方案大多垄断了行业热门和畅销的那部分流量。从推广的逻辑上来讲，除了基础的租金会员费以外，额外的推广服务费用投放应该是循序渐进的，也要结合自己的预算，初期基础的租金会员费和额外的推广服务费用的比例控制在 4∶1，因为基础的租金会员费是固定的，后期可以逐渐将比例调整到 1∶1，当然如果是小众产品，额外的推广投入效果不错、平台上的竞争者不多时，也是完全可以大幅提高推广服务费用比例的。

二、筹备

在进入正常的 SOHO 接单状态以前，是要进行一些筹备工作的，这个筹备工作是为了让 SOHO 能够持续稳定运营，不至于成交一笔订单以后就完全搁置了，但是大多数 SOHO 并没有系统地思考前期需要做哪些准备、该解决哪些问题，而是在客户的紧急订单下直接步入了业务期。创业初期想了很多该做的事，但真正执行起来时又忘记从哪里开始准备了，最后在手忙脚乱中进行下去。苹果公司最开始诞生于车库，最后从软件到硬件一步步地成为世界品牌，前期做了很多的铺垫和积累，最后通过一款产品把这些沉淀和积累表现出来被世界认可，没有长远的计划和高效的执行力不可能完成这样的壮举。既然是创业，哪怕只是 SOHO 形式，也应该有一份执行力，把前期的执行当作一份美好的回忆，不需要华丽的仪式感，也许这次创业会产生一个伟大的奇迹。

（一）网站从设计到上线

从行业出发，寻找符合产品气质的网站风格灵感，对网站布局有一个大概的设计框架，找到有技术能力实现网站要求的建站公司，逐步地把自己对于网站的布局、功能要求清晰化，做好前期对于网站的需求，SOHO 可以尝试用网站画图工具（如 Sketch）将网站的各个板块清晰化，即前期的网站需求调研尽量做细致。有了较为清晰的设计图以后，可以让建站公司出具相应的设计 Demo（演示），确定网站的大小功能、设计风格等，一般定制开发的网站从开发到上线需要 15~35 个工作日，功能越少，开发周期也会越短。在这个过程中确定好网站的域名及服务器，验收后上线。

正常的网站开发会经历这几个阶段：需求调研、设计样板、网站开发、验收上线。在执行过程中 SOHO 最应该注重的是前期的需求部分，从自己对于网站的设计概念发展到实际的页面有很多需要思考的，也需要和建站公司深入探讨，从美感、模块展示、用户习惯、功能提醒、数据沉淀、询盘接收等角度把关，只有这样才能把自己前期的想法完全地融入网站，尽量减少网站上线以后耗时耗力的返工，网站算是 SOHO 的第一件“产品”。

（二）图片、视频、样册

对于产品，SOHO 最缺乏的准备是将产品图片、视频优化，充实网站的内容最多的也就是能直观反映产品的图片、视频。图片和视频的质量会直接影响到客户的访问体验，谈判的关键过程中一张图片或者一段视频的作用远胜于大幅文字。所以 SOHO 在前期要尽可能地考虑到哪些图片、视频会贯穿到整个谈判过程中，在准备阶段和工厂保持充分的沟通，及时准备好这些未来每天都会使用到的信息，并将这些图片、视频信息做好细致分类。前期筹备工作中的大部分时间都在与图片、视频打交道，需要通过这些信息充实店铺，这就好像在做开店装修。这也是一劳永逸的前期筹备工作，如果能够完美执行，在后期的谈判过程中以文字、图片、视频的多种形式展示产品将更加及时有效。擅长做主动开发的外贸人深刻理解样册对于外贸的重要程度，当SOHO向客户做介绍时，感兴趣的客户会主动地索要样册，所以在前期的执行过程中有必要做一份详尽地介绍公司及产品的精致样册，这样可以大大减少双方的信任和沟通成本。

（三）办公条件

首先，无论是有独立办公室、共享办公室，还是居家办公，都需要配备相关的打印机、传真机、扫描仪、电话等，这些基本的办公用品并不需要很高的置办成本，但在关键时候能解决很多问题。其次，在寻找办公地点时要考虑样品等的国际物流收发条件，在紧急的情况下，办公场所有可能会直接变成发货场所，而对于很多样品来说，国际快递公司是否能够取件、取件是否方便也是一个重要参考因素，方便取件会省去后期很多时间成本。

办公室并不是SOHO的标配，但也要适应时代的发展和要求，如果有条件可以尽量制造出独立的办公条件，这样可以让SOHO一直保持工作节奏，且在处理很多公司行政实务、进行会客方面会更方便。

（四）工厂

SOHO角色在初期应该向外贸公司靠拢，无论外贸公司做到怎样的规模，有一件事情是一直在进行的，那就是对工厂、供应商的开发。所以对工厂的开发对SOHO创业也应该是一个必不可少的筹备工作，这个筹备工作甚至会决定SOHO未来的成败。改变重客户而轻供应商的传统思维，对待工厂合作应该像对待客户开发那样重视。在了解工厂的生产、资质、认证、产能等方面的基本情况后，很有必要在筹备期和主要、次要产品的工厂就出货、付款、交货期、样品等各个涉及后期业务谈判的内容进行沟通和探讨，确定好对接人，必要的时候甚至签订合作备忘录，将工厂的各项要求落到纸面，形成记录，以防止在后期对合作细节产生分歧。

对接好工厂，第一，会增加创业的信心，很多时候工厂给出的条件是因人而变的，如果 SOHO 的能力、诚信能被工厂认可，能切实帮他们拓宽渠道，打开国际市场，提高国际知名度，很多工厂是愿意给出意想不到的支持条件的；第二，会在沟通过程中发现新的机会，或者有潜在风险也可以提前进行规避，不至于等产品推广都跟上了，供应端出了问题。

（五）注册公司

有很多外贸人越来越倾向于直接注册国内公司，一步到位地解决收款、收汇、退税等问题，注册公司的必要性还是结合实际的业务量，又或者国外客户想寻求开立国内的采购办、分公司等具体情况而定。当然如果选择了注册公司这一步，一定是想长期地运营和维护下去，这个时候就要认真地考虑下公司名、域名、行业方向等，最好在公司名里体现出行业信息和标签。至于注册资金要求，有极个别的国外客户会查询供货商的注册资金信息、出口备案信息等，但大部分客户并没有这样的动作，所以注册资金并无特殊要求，在现行认缴制下，大部分企业的注册资金为 50 万～100 万元，SOHO 的注册资金在这个区间也比较合理，而股东方面如果有合伙人，可以按照约定的比例出资。

三、计划表

创业是需要做计划的，计划可以帮 SOHO 梳理出工作进度、工作状态、工作失误等，SOHO 很多时候都在处理较为烦琐的工作细节，记忆力再好也会在这烦琐的事项中疏忽、遗忘某些重要的事项，可能导致原有的方向走偏。将整个创业过程涉及的方方面面做出详细的计划，在迷茫期可以拿出来看看当前在原有的计划上完成了多少、多少未完成，这样会很轻易地找准方向。计划考验的是对创业这件事的综合理解和规划，也是将创业的远期目标分解成可以完成的短期、中期目标。

这里的计划表需要用数字对 SOHO 的各项筹备工作进行统计，有效地帮 SOHO 统计出真实的工作情况，反映出在各个阶段的实际工作效果，也可以很轻易地对每一段工作进行总结。很多人认为 SOHO 创业难，并不是因为自己的能力问题，而是因为缺乏对这件事情的清晰认知，在山脚下观望着，很想爬上山去看看山那一头的风景，却害怕山路陡峭充满危险。计划表的作用也就是把上山的路进行分割，设定每一段的路线、做好标记、制定到达时间、优化路线等。

（一）资金使用计划表

资金的使用是每一个创业者最关心的，也是最不容易分配好的，我们在前面章节详细地讲解过创业投入的各个方面，基本上涵盖了 SOHO 创业的资金使用情况。可以按照这些资金使用的类目对资金预算、实际支出、使用时间、使用目的等进行详细的记录。

例如，租办公室的资金计划里，年租金预算是多少元，在这个预算里是否有能力独立或合租办公室，能租哪些地理位置等，在实地探访以后有哪些新的想法，有哪些调整，投入这笔资金和实际的收益做对比，有哪些显性收益和隐性收益等。在阶段性的使用过程中可以跟踪记录办公室的使用便利情况，比如地理位置、交通便利、物流便利、银行便利等。又比如在做网站的产品广告推广的资金计划里，可以记录初期的基础推广费和相应的曝光量、点击量、询盘效果，而在投入一部分增值推广费以后，记录推广效果情况，如果再细致一些，可以将推广费里由哪些平台发布的产品、使用的关键词引进的流量最多、是否为有效的流量做好详细的记录。循序渐进地加大对广告费的投入后，对实际产生的效果做跟踪记录和对比，这些运营的方式才是真正地把资金使用落到实处，要不了多久，在投放费用、定义推广策略、将关键词与产品相结合做推广等方面一定会驾轻就熟。

资金计划表要反映出每笔资金是否产生了它该有的价值，如果持续的投入没有应该有的效果，要么停止该资金类目的投入，要么减少投入。除此以外，资金计划表的记录可以供创业未来每一年的资金计划做参考，结合每年的收益情况，详细地梳理出每年在每个支出类目上的具体投入，做到心中有数的同时，及时在第二年做出调整。

（二）客户开发计划表

客户开发当然是越多越好，我们也应该追求尽可能多地开发客户，不设定上限，但是当开发陷入迷茫时，客户越多，思维越乱，越不知道在哪些客户身上发掘出可能性，又或者总是认为开发数量还远远不够，过度焦虑，让创业一直处于一种紧绷的状态，长时间下去会精神压力过大。

制订客户开发计划表其实是给 SOHO 定一个客户开发的基本线，结合产品的热门程度和市场环境对每一年的客户开发数量做计划。比如按照是否有订单将客户分为每年开发成功的客户、潜在客户、不活跃客户等，潜在客户意思为购买意向很强，但一直没有明确表示下单需求的客户；不活跃客户意思为有过联系，但没有深入进行沟通的客户。这些客户的数量不是完全凭 SOHO 的热情或者感觉来确定的，而是结合每一年的盈利期望、产品的利润率、返单情况来定的。

假如 SOHO 期望达成在第一年盈利且做到 100 万美元销售额的目标，产品净利润率在 30%，每一笔订单 5 万美元，每个客户一年下单 2 次，正常来说 10 个客户可以完成目标，但是并不能保证每个客户的订单在 5 万美元，也不能保证每个客户下单 2 次，可以把客户数量增加到 15 个，即分摊到每个月开发出 2~3 个新客户，再结合询盘量和询盘质量，以及创业初期留给自己的空窗期，比如 2~3 个月，综合计算看 15 个客户的可能性，如果不可行，回过头去下调利润和销售额。当然如果资金足够，一定要达成这个目标也可以选择增加投入、拓宽客户开发的渠道。一个合理的客户开发计划表能够在前期梳理好销售收入、询盘结构、利润率、返单率等情况，也能如实地统计出潜在客户、不活跃客户的跟踪情况。

客户开发计划表的一个重要作用是可以统计客户来源，比方说 SOHO 的客户获取方式有：谷歌、脸书、照片墙、B2B 平台、贸易情报进出口数据、展会等，在客户开发计划表上将每一个客户的来源记录清楚。长期统计得出的数据，在一定程度上可以反映出行业客户在网络空间里的习惯和偏好。比如没有在谷歌上做过任何推广，但是自己的开发信能够获得一定数量的客户，接下来可以尝试做一些谷歌的广告推广，或者可以考虑对其他搜索引擎增加广告投入。

（三）供应商开发计划表

供应商的开发一直是 SOHO 容易忽视的，原因是 SOHO 对于供应商的选择一般来源于客户的选择，客户看中了哪家或者哪几家供应商的产品，这几家会是 SOHO 主要合作与开发的对象。但是走上了 SOHO 这条路，要充分利用国内供应市场的优势资源，不断开辟新的供应商和产品，让自己在产品的供应和选择上有更多的余地，才不至于在面对客户时因为身份特殊，有时候不得已用优惠和折扣来争取客户下单，而在供应商方面，又因为势单力薄，毫无议价权，拿不到好的采购价，最后只能不断降低利润空间。SOHO 应该转换成这样的思路：国内所有的供应商、货源都可以为自己所用，开发利用得越好，能拿到的价格也就越低。供应商开发计划表旨在统计出开发供应商的计划，统计出每个供应商的实际情况、开发过程以及合作下单过程。

大多数 SOHO 在某一个产品上常合作的固定供应商有 2~3 个，多的为 4~

5 个，计划表里可对每一个供应商的开发时间、开发难度、合作配合度、价格变化频率、沟通难易程度、交期情况、付款条件等做好统计，一来对供应商有一个全面的了解，二来每年可以定期就彼此合作的问题做一些改进建议，三来对于未来供应商更换与否做准备，四来如果未来业务增长迅速，人员规模增加，可能将采购端交给其他人打理，有计划表正好做到无缝衔接，毕竟口头交接描述的信息不会太全面。

（四）样品计划表

样品发布虽然是业务开发流程里的一个环节，但也值得将它单独梳理出来做一个计划表，这个计划表可以根据在业务谈判中发送样品的必要性制定，如果所有订单都是在样品发送以后才确定的，这个计划表基本上可以当作订单计划表。通常样品计划表里要涵盖发样时间、样品个数、样品反馈、发样到下单的间隔时间等。样品的作用一来是向客户展示产品的真实材质、颜色、功能等信息，二来大部分样品费、快递费等是在订单前第一次和客户产生金钱上的交易，这是对客户真实采购意向的最直接判断，所以由样品转化为订单的可能性比没有发送样品的情况要高很多。在业务进入迷茫期时，或者在主动地开发客户需求时，SOHO 可以主动地向客户建议寄送样品以增加客户的购买意向。

样品计划表能直观地反映出客户的意向程度、行业采购需求周期，也能直接反映出哪些供应商的产品比较受客户认可，哪些样品的水平更符合客户的需求等。在陷入空窗期或者迷茫期时可以重点开发这些寄过样品的客户，主动提供更好的优惠条件、付款方式等，这样能极大地提高成单率。

（五）询盘计划表

询盘数量和开发客户的渠道相关，渠道越多，询盘数量也会越多，在制订询盘计划表时可以从客户开发计划进行反推，比方说行业内一般询盘转化成订单的概率为 10%，如果设定下订单的客户数为 15，可以简单地计算要达到目标需要转化 150 个询盘，而分摊到每个月大概有 12 个询盘，如果没有达到数量，要自己主动寻找其他渠道和方法。行业不同，订单的转换率也是不同的，对于有些小众的产品来说，客户基数原本就不大，订单转化率会更高，30%或者 50%都有可能，这种情况下询盘计划的作用就体现出来了，可以清楚地统计出订单成交和丢失的情况，总结原因。如果产品的市场相对单一，比如集中在非洲或者南美几个国家，在做询盘计划时可以把询盘来源国（地区）也加进去，更清晰地确定目标市场。如果在统计和更新的过程中发现询盘计划未完成，可以提高相应区域的广告投放费用，又或者做主动开发时侧重于这些区域。全球市场给了 SOHO 巨大的可能性，但找不到重点也容易让人陷入迷茫，SOHO 的迷茫往往只需要一个指引，特别是对重点市场区域的指引，如果能找准一个市场做定向开发说不定可以打开局面。

计划不是为了设定目标，而是设定一个询盘的基本线，如果没有达到这条线，SOHO 就应该从各个方面去寻找原因，从各个方面去补充询盘资源，如搜索引擎、社交媒体、展会等，只有保证了足够的询盘资源才有可能保证足够的客户基数，从而转化成实际订单。

四、精益求精

SOHO 每天要处理的事情很多，推广、网站、店铺、搜索、社交媒体等都是需要每天做好运营的，每个人的运营水平不同，呈现给客户的专业度、体验度不同，最后会影响到整个创业的成功率和成长性。

精益求精指的是在完成一般性的运营工作以外，要更加地注重细节，更好地捕捉客户的信息，也要更好地去满足客户需求。例如，客户在浏览网站以后是否有快捷的端口发布留言，是否能“智能化”地提示到客户看中的款式，网页内的搜索是否足够精确，产品标签是否能匹配到客户的所求和所想；

在推广方面是否有能力通过数据统计理解客户的长期、短期需求，是否能注意到客户的上线时间、上线时长，且针对客户的这些习惯，是否已经做好了相应的推广方案，是否积累了足够的行业关键词；在谈判过程中是否能通过样册、产品介绍、样品等给客户一种踏实、可靠的印象；在后期的合作过程中是否参与到生产的各个环节保质保量等。

SOHO 可以利用的优势资源并不多，或者说硬件实力并不突出，以硬件作为优势很多时候并不是一个最佳选项，除非工厂有足够的支持。但对于可以利用的各项工具、渠道、平台等要尽量地利用到极致，这是能够弥补硬件缺失的最佳方式，眼光要更加长远地看待问题，精益求精的目的是硬件越来越好，大大地提高公司和产品的可信度。

五、SOHO 的自我包装

SOHO、外贸企业、工厂在面向国外客户时都会有一个自我包装的过程。从人性的角度来看，每个人都是趋优、趋好的，即生意机会更多地眷顾那些表面上看起来风生水起的，而不是整天唉声叹气、看起来摇摇欲坠的。很多时候 SOHO 对于创业这件事会显得不那么自信，原因是单枪匹马已经是既定事实，自己想先试着做出一些业绩来，再想想如何提升形象和自我包装的事情。但其实心理的状态多少会通过外在的某些方式来表达，要知道 SOHO 虽然在形式上是一个人处理很多事情，但是需要承上启下地做好方方面面的沟通，如果在形象打造方面显得不够成熟、专业，无法说服上下游环节，被不断地减少业务谈判的砝码和底气很不划算。例如，客户因为质疑公司实力不会放心地下订单；工厂因为对 SOHO 的实力质疑，该开工的大货没有如期安排，承诺的优惠、付款条件没有兑现。

自我包装缺失的问题，很多时候根源在于 SOHO 内心的障碍，比方说和以前公司的分歧、市场冲突等或者对于创业前景的不确定。这些内心的障碍需要 SOHO 自己去寻找出问题根源、寻求解决方法，如果是利益分歧的问题，双方可以就利益做好沟通，生意场上没有无法解决的利益问题，如果是对创业前景不确定而选择畏手畏脚那应该彻底收起这份不自信，把信心传递到所有和自己利益相关的群体。一个优秀的业务员在业务状态最好的时候一定会对公司、产品充满信心，一旦在心态上犹豫不决、在推广上遮遮掩掩，创业效果就已经打了折扣。同行、竞争者们的公司体系更完善、推广覆盖度更好、团队分工合作更好，因此 SOHO 应该更加努力地去做好形象建设和自我包装才是，也应该同时兼顾在对供应商和对客户的自我包装上的不同应对方式。

（一）网站、店铺装修

在和客户沟通的过程中会发现，很多客户还是很在乎“工厂”“车间”“流水线”这些生产制造端的信息，有些客户认可外贸公司甚至 SOHO 的存在形式，但还是需要看到工厂的信息，想看看真实的生产制造水平和过程。面对这样的工厂倾向，SOHO 可以向工厂收集相应的生产制造图片、视频，包括一些专利产品在征得工厂授权后也可以充实到网站和店铺的内容中。在前期的筹备工作中，如果和工厂有较为深入的沟通，在资金允许的情况下，可以自备拍摄设备对生产流水线、设备、人员等做一些拍摄，或者请专业的拍摄服务公司用无人机制作工厂的鸟瞰图、远景、近景等，给客户身临其境和震撼的感觉，这种视频的冲击感比文字介绍要更有说服力。

科技的发展会给行业带来一些新的气息，这是 SOHO 可以利用的，通过科技手段、新颖的表现形式和渠道制造出自己的优势。如果说工厂的重心在于生产端，SOHO 要想办法将生产的后端宣传、包装和销售做到极致。一般来说，如果在包装和宣传手段上 SOHO 难以超越工厂本身的话，在推广效果和开发效果上也不会占上风，自己的客户开发会趋于边缘化，因为主流客户和市场有更多的机会接近工厂。当然这正好是工厂所期望的，在生产的压力之下，工厂多采取抓大放小的策略，如果 SOHO 正好把非主流市场的客户开发好了，对工厂是一个补充，但后期在该产品类目上的成长性不足。

在采集了视频以后，发布和上传的过程中需要对图片、视频进行处理，如果 SOHO 并不擅长这些图片、视频处理软件的应用，可以外包给第三方公司做相应的编辑和处理，SOHO 在很多地方可以节省成本，但是围绕公司形象展示和产品展示方面最好请专业人员进行处理，一来在处理有些复杂的图片或者视频时，如果不是特别熟练，可能会花很长时间，而专业人员会快很多、处理效率要高很多，二来在很多细节问题上的处理会更加专业。图片和视频处理的技术已经很成熟，相关费用也并不高，SOHO 可以把这些交给专业的人士来做，自己把精力放在更重要的地方。

（二）电话、邮箱

很多 SOHO 会把他们制作的网站发给我看，其中有一个明显的问题是在网站中的联系方式大多是 SOHO 的手机号码，而不是固定电话。可能初衷在于提供移动电话，客户可以 24 小时联系到本人，但是固定电话是一个公司的象征，有一部分客户在询价时会专门打固定电话沟通，更何况仍有一部分优质客户保留传真确认合同的习惯。移动电话在国外有些客户的认识里是偏私人的通信工具，会认为在处理正式的商务事项时联系移动电话是一种不尊重的行为。所以联系方式留有固定电话是基本的条件，不能嫌麻烦，它和 24 小时服务热线不冲突。在制作邮件签名时，如果只显示手机号，也会显得不正式，细心的客户一眼就能发现这其中的差别，在正常谈判过程中这个问题不会很突出，但是到了付款阶段，特别是双方陷入僵持时，这些问题容易被无限放大。

邮箱域名也是 SOHO 容易疏忽和大意的问题，很多 SOHO 认为邮箱只是和客户沟通的工具而已，域名是什么不重要，所以相当一部分 SOHO 的域名还是国内的 126 邮箱域名和 163 邮箱域名，在邮件的发送和接收上这些邮箱完全没问题，但是在国外大部分客户的认知里，邮箱域名应该和网站域名保持一致，即企业邮箱的可信度远比国内公共邮箱高。另一个非常重要的问题是，随着国外的邮箱屏蔽系统越来越严格，公共邮箱被屏蔽的可能性要比企业邮箱高，如果因为邮箱被屏蔽而造成客户无法接收到邮件是非常不划算的。除此以外，从安全性来考虑，企业邮箱的安全性更高，对外贸行业里的钓鱼邮件、木马邮件有更好的识别和屏蔽作用。

（三）公司样册及报价单

直接面向客户且使用频率最多的文件就是公司样册和报价单了。样册用来向客户介绍公司的基本情况和行业、产品信息，作用不言而喻，是很多客户认识和衡量一家公司的参考之一。样册的包装问题主要在于定位是突出产品的丰富，还是强调产品的深度和专业性。通常来说，如果产品属于新兴商品，在全球范围内属于萌芽阶段，样册的制作很简单，侧重于产品的深度，尽量突出产品的专业性，样册偏“工厂属性”会更有利于开发，更容易让客户直接进入对产品本身的讨论上来。而产品较成熟，且以款式、风格、设计见长，这类样册的设计和制作偏“外贸公司”属性，但是也应该有一条产品主线，比如说相同材质、相同功能、相同制造工艺等的产品。像工业、机电等产品就相对比较简单了，样册着重介绍产品本身的工艺、特性即可，不需要太过华丽。样册本身的色调、模块布局、设计风格等都应该符合行业的气质，早期做外贸的很多人想借鉴别人的样册风格，往往会注册国外的邮箱以国外的 IP 地址向同行发送询盘索要样册，目的也是想了解同行对于产品属性的定位，这种方法不提倡，而且每个人对于行业的理解都不相同，只有自己真正吃透了产品，才会有最满意的样册风格。SOHO 必须具备国际化的视野，在和客户的合作中可能了解到客户的设计外包等信息，国外有很多设计公司提供设计服务，在费用较为合理的情况下 SOHO 可以请国外公司提供设计方案或者设计思路。

（四）产品资质文件

出口产品除了符合国家出口的常规标准外，也必须具备全球各个市场的进口硬性资质文件，没有这些资质很难进入相关市场，尤其在欧美地区，有国家或者区域的资质文件都是清关的基本要求，要求很严格。行业不同，这些资质许可也不相同，资质文件、认证证书、测试报告等对于 SOHO 来说是较为尴尬的，因为大部分的认证证书等是由第三方对工厂进行审核才会发布的，随着国外对于产品品质的要求越来越高，审核内容也越来越多，费用也越来越高，有些认证费用高达几十万甚至上百万元人民币，SOHO 没有相应的条件和资金去完成这些报告，且在创业期花费大量的费用在认证上不现实，当然有些认证可以同时申请生产厂家及代理商两种身份，但费用不菲。有些客户没有看到相应的资质文件可能会直接拒绝合作，针对这样的客户，SOHO 可以和工厂合作，灵活地以工厂名义出口，解决资质的问题。一定有人会担心客户会不会就此和工厂直接联系，成为一锤子买卖，大多数工厂把自己应得的那一份利润算得很清楚，只要保证了这部分利润，工厂也愿意积极配合，SOHO 要学会与工厂谈判，保证自己对客户的所有权，强调客户对自己的信任以及自己的决定权。另外，SOHO 对订单的控制权多来自客户的信任，只要客户足够信任自己，即使客户和工厂深度合作也不会影响和自己后续的合作关系。在产品的资质文件方面，并不是所有的订单都会走到必须借助工厂的认证文件这一步，很多情况下客户只是想了解 SOHO 在行业里的专业程度，产品的原材料测试报告、供应商的各类认证报告只是起到让客户对产品的质量放心的作用，所以这一类客户并不会在意报告的抬头，而是更在意报告的内容和结果。所以产品的资质文件和产品图片、视频、详细参数等是同等重要的，是丰富 SOHO 软实力的重要条件，最关键的是 SOHO 如何通过自己的经验进行判断，从而合理、恰当地运用到实际的业务谈判过程中，面对客户的质疑和不信任时，可以敞开心扉向客户介绍自己的优势争取合作。

（五）客户来访接待

在 SOHO 将线上平台、公司形象打造完成以后，有的谨慎或者优质的客户，哪怕是在线上进行完美的沟通以后，也会有验厂、来访等需求，这相当于给 SOHO 出了一个难题，很多情况下 SOHO 在一个城市而工厂在另一个城市，到底是直接在 SOHO 所在城市还是约定在工厂会面成了一个问题，处理得不恰当很容易就此丢失客户。既然来访中国，客户没有去工厂实地走访是不可能安心离开的，即对工厂的探访是回避不了的，所以提前在工厂里安排一个专门的人员接待客户是必要的。SOHO 有两个选择：一是在客户到访前先去工厂准备；二是让客户先来 SOHO 的城市会面，再一起去工厂验厂。无论是哪种情况，和工厂提前打好招呼，由工厂安排一个接待人员可以完美解决对工厂的生疏感问题，将客户关注的重点转移到产品或者生产上来。

大部分人会选择让客户来自己的城市会面，因为这个会面可以加深双方的信任感，而且很多敏感的信息可以在去工厂前谈清楚，比如说产品价格，甚至可以提前签订形式发票（PI），而工厂的角色自然会变成生产者了，客户在工厂里的讨论重心也自然地放在了产品和技术方面的问题上了。创业的起步资金是非常重要的，钱要花在刀刃上，比如平台、宣传册、设计、网站、推广等，客户来访的概率也并不高，为 10%~20%，所以办公室的原则是简和省，这也是很多 SOHO 选择居家办公的原因，特别是对于很多以采购为主的 SOHO，熟悉的客户更在意的是 SOHO 的采购能力和整合国内资源的能力，对办公场所并不会有特别的要求，哪怕客户来访，也可以大方地选择在某个咖啡厅聊聊彼此的近况、来访的行程安排和采购计划，再一起去工厂。

在客户来访时，办公室的存在更能创造面谈的稳定条件。

1. 合租办公室

合租或者共享办公室的好处在于客户来访时可以看到一片欣欣向荣的景象，但是会议室、茶水室等都是共享的，很多时候需要预订，很可能全年没用到几次会议室，但客户来访那几天恰好被其他行业创业者预订导致没有空会议室。大多数国外客户会提前几个月告知来访及准确的到达时间，这样一来 SOHO 可以在客户到来之前选择月租办公室，并提前预订好会议室等场所，最大化地节约成本，提供一个和客户见面谈判相对正式的场所，拥有一间办公室哪怕仅仅是一个工位，也给 SOHO 创造了一个相对敞亮的环境。

2. 独立办公室

SOHO 最希望的应该是租一套独立办公室，因为独立的环境本就是一种自由的象征，更重要的是这个办公室在空间上将生活和工作分隔开，可以自由地解决公司注册地址等问题，在客户来访时可以大方带客户来公司见面。甚至很多时候供应商也会对 SOHO 的实力进行打探，如果有一个独立的办公室，会给和供应商的合作带来很多便利，也让 SOHO 更加有底气。

办公室的必要与否和 SOHO 的资金实力有关，可以依每个人的实际情况做选择，无论是哪种情况，目的是面对客户时 SOHO 是一个完整、成熟公司的形象。

CHAPTER 13

选品与市场

近几年在外贸领域里有两个非常突出的现象：

一是过分地打造爆款，让爆款凝聚所有流量，借此来吸引客户、引领市场。当然除了外贸领域，在所有行业都存在这种现象，比方说打造一个网红作为“IP”（提供价值、影响力等内容的生产和输出者），借此不断地发挥该IP的引流价值，同时也不断地塑造IP，至于这个IP的真实品质到底如何无人去考究，只要IP有流量和热点，哪怕是不好的一面引起关注，也会不遗余力地通过这些热点去放大效应，吸引全民关注，将流量仅仅理解为关注度，这种IP上升得快，坍塌得更快。很多外贸企业也学习这种思路，不断地去打造爆款，不断地放弃原有的产品，进入陌生的领域，称之为求变。究其原因是现在很多行业都处于浮躁的心态，无法静下心来把基础的事情做扎实，过分地追求营销手段、营销策略。造成这种浮躁心态的一个原因是产业链的不断升级，固有思维和传统型产品面临“剧痛”，故采取较为极端的方式去紧跟潮流。本该持续发展10年的产品研发、生产经验被急剧缩短到3年、5年，有些企业根本来不及思考和打磨就走上求生之路，还有一个原因是外部竞争压力不断增加、原材料及人工成本不断上涨导致企业缩短产品研发和尝试的周期，急于将各项投入变现。

二是过于放大产品对于企业生存的作用，认为创业生存能力差、利润率低是产品本身的问题，认为别人的行业风生水起是因为产品选得好，遇上一个好的爆发契机，就赚得盆满钵满。有的人认为电子产品来钱快，于是租借海外仓，往国外大量地运送电子产品，后来发现电子产品虽然火热，但更新换代也很快，大量的商品堆积在海外仓，最后只能甩卖。任何一个行业和产品都历经了无数次的研发、改良、升级、营销、售后，从原材料到成品都凝聚了一大批人的心血，只有亲身经历过的人才明白生产制造中把握每一个环节、工序的必要性和重要性，每一个部件的作用，每一个客户反馈对于产品改良升级的重要性，这是需要花费大量的时间与精力去感受的，这种感受才是未来与客户谈判成败的关键，才是在行业里站稳脚跟的基础。有天赋的外贸人在 3 年时间内可能洞悉一个行业的价格、市场、供应链等，但更换一个行业从零开始时，又需要相当长的一段时间才会对新行业产品的特质有较清晰的认识，原有行业的经验在全新的市场是否起作用是未知数，原有的产品经验对于认识和理解新产品是否有帮助也是未知数。

由此可见，了解选品和市场非常重要。

一、选品

大多数外贸人进入行业时并没有很多主动选择的机会，多带有偶然性，正好碰到了行业的上升期，业务量爆发，走上外贸人生巅峰，这是比较好的情况，也有很多人进入行业正好碰上行业的衰退期，市场占有率相对固定，留给自己的机会越来越少。这种被动选择是伴随着大多数外贸人的，所以真正遇到主动选择的机会，比如 SOHO 面对众多产品时，反倒会不知所措了。就好像很多人说“选择大于努力”，认为人这一生在行业方向上的选择决定了这个人一生的建树。在近二十年的时间里，哪些行业火热，哪些行业冷门，在大数据下并不是什么秘密，不是每个人都会往热门的行业里钻，也不是每个人向热门行业转型就完全行得通。每个行业都可以做得风生水起、有声有色，关键要看是不是适合自己，行业的“气质”是不是与自己完全匹配。就拿外贸来说，很多人对于这个行业的热爱是从对英语的喜爱开始的，可以发挥出语言优势，又可以感受生意人谈判的艺术、商务礼仪、对人性的思考等，最后还能将兴趣爱好变成订单和收入。SOHO 选品也是如此，要找到与个人相符合的特质，不断放大这种特质，才有可能抓住机会。

越是有经验的外贸人，越能清晰地意识到关于产品和行业的问题：任何一个产品的存在都是合理的，没有所谓差的产品，除非产品在不断消耗人类的稀缺资源或者对人类的健康构成威胁。每个产品都有爆发的那一天，只是产品的爆发周期、持续爆发的时间不同，很多人过分追求短期爆发的产品红利，这是还“浮”在产品表面，没有“沉”进去。

我们可以看看很多 SOHO 朋友的创业产品：服装、户外运动类、轴承、宠物用品、美妆产品、3D 打印耗材、假发、卫浴用品、蒸馏机、印花机、打印机、汽车配件、工程机械等。这些产品包含传统产品、日常用品、大众消耗品、机械产品、高科技产品等，所以 SOHO 实际选择创业的产品或者说已经取得不错创业成果的产品，并没有刻意地去追求火热、高端等特点，而是选择最适合自己的。我们从 SOHO 的角度来看看如何选品、如何分析市场。

（一）原有熟悉产品

外贸创业有一句老话叫作“做熟不做生”，意思是创业的产品最好是自己熟悉、擅长的或者是曾经接触过的。原因是在外贸行业从入门到精通会有一段相对漫长的过程，但是只要入门了，接下来很多事情就好办了，你会知道行业里的各种规则、客户市场分布、通关报关手续、客户对产品有哪些诉求、对产品有哪些不满、客户的返单频率、客户的实力等。也正是因为跨越不同行业所要面对的行业思维、产品思维、产品属性、市场习惯变化太大，一旦转变不成功，可能会前功尽弃，所以创业时延续之前的产品成了主流。提到原有产品的延续就不得不提外贸企业这几代老板的做事风格了，做事风格的不同直接影响到外贸 SOHO 对于产品的选择方向。

有的外贸企业老板对于员工创业想法的支持偏多，他们认为有自己的创业想法的这一批人自身素质和能力是扎实的，在公司通常是业绩最优的，如果这些人有了自主创业的想法，这些老板完全能够接受从以前的雇佣到合作的转变，甚至很多大气的外贸企业老板从资金、产品、供应链上会给出支持来鼓励员工创业。这种情况下创业的产品与原公司产品冲突的问题很轻松就解决了，SOHO 没有任何思想包袱，行业思维和习惯都可以延续，带着众多人的支持和厚望，甚至可以再创行业的高峰。这一批外贸 SOHO 可能会受到有格局的老板的影响，把生意一步步做大。

有的外贸企业老板对于员工的自主创业首先想到的是自己的客户流失、目标市场被瓜分、订单减少等较为直接的影响，所以比较抵触排斥，或者说压制员工的创业，认为员工创业可以，但最好不要涉猎原有产品。背后的原因是这一批老板们同时接触外贸与互联网，将外贸生意限定在互联网这个相对固定的框架下，互联网里重视规则、轻视人情关系，他们比较现实地看待人与人之间的雇佣关系、竞争关系等，对人缺乏信任，自然在生意场上很多该放手、该往前冲一步的时候选择了迟疑，错失了机会。所以在这一批外贸企业中成长的外贸 SOHO 的职场生涯里，进入企业就会签署竞业协议、保密协议、业绩分解指标等，一切都以白纸黑字合同为办事准则。很多外贸 SOHO 把这些合同发给我看，合同里面的每一个条款都把企业的利益放在了首位，全然不顾员工的利益，甚至连收款延期了也由业务员承担货款损失，过分地强调损失和让员工承担损失对员工的拼搏冲劲的影响是巨大的。因为企业老板对于人与人之间的信任丧失，对员工也谈不上任何信任。入职就签署竞业协议，让很多原本想从事原有产品的外贸 SOHO 犹豫和迟疑，事实上 90%以上的竞业协议并没有提到竞业补偿金的事宜，单纯只是震慑作用，但多少会影响到对创业产品的选择。对企业而言，对员工限定得越多，越是掣肘企业的发展，企业要想办法解决的问题是释放员工的最大潜能，而不是压制和打压。而这批老板将业绩的颓势完全归结于管理上的缺失、放松等原因，没有解决实质的员工心态问题，强加各种冷漠的关键绩效指标（KPI）考核、末位淘汰之类的做法，最后企业人心涣散、岌岌可危。

在产品选择上，只要 SOHO 认为这个产品未来有前景就应该放心大胆地去做。既然是对外贸易，越开明、越持有开放的心态，收获肯定也越多。我们且不论原有产品是否被前公司支持，先来看看继续做原有产品的原因。

1. 生意思维相同

不同产品的生意思维不相同，就好比很多 SOHO 做机械设备类产品，他们的目标市场集中在第三世界国家，这些国家比较在意价格和性能，这正好是国内一些机械设备类产品的特点。这些机械设备类的售后和服务相对于高端市场的需求就没有那么高了，目标客户群体更在乎这些机械设备能否在短期内给自己创造最大的价值，能否达到和先进设备同等产能、性能的要求等。无论是欧美发达国家还是第三世界国家，国内的出口退税率都是一样的，在退税的利润上没有差别。而对于 SOHO 热衷的快速消费品，这类产品物美价廉，货值不高，利润空间相对狭窄，但它们同样是被众多人看好的产品，这类产品的生意思维是进行大规模生产及使用国内相对廉价的劳动力，获得微薄的利润，大部分产品的出口报价略高于原材料成本加上人工成本，而劳动密集型产品的出口退税率也更低，所以从单笔订单的利润来看不被大部分人看好，但是消费品的特点是生产、销售再到消费的周期很短，同时需求量很大，返单率高，从长远看这些产品订单量和利润会更稳定，不被看好的产品反倒成了利润最有保证的产品。

在深入了解这些产品属性、市场属性、客户属性以后，SOHO 可以结合自己对产品的理解能力、对于产品出口关键环节的认知找到符合自己认知习惯的产品。有一些偏理科思维的 SOHO 最擅长的是理解机械的构造、电路、动力传输等，他们的专长是通过对技术的理解给客户提供最优质的产品介绍和产品方案，有技术门槛的产品未来的成长性更高；而有一部分对于色彩、设计等有敏感性和独到理解的 SOHO 会选择色彩关联度较高的产品，比如服装、礼品、包装等，凭借细微的色彩或者审美的敏感度，最后可能决定了行业的走向和发展趋势。这些个人的理解能力、感知能力、认知能力大多数是在原有产品的开发、销售过程中自我发掘的。

每一种产品都有"亮点"。通过亮点可以快速找到产品销售的突破点，从而不断地促进和扩大销售，而原产品的亮点正好是 SOHO 前期重大突破的关键因素，甚至是 SOHO 决定延续原产品进行深度开发的主要原因，借亮点打开 SOHO 的前期局面，这种情况也比较常见。每个行业和产品都有其内在生存发展的规则、内在的生意思维，而延续原有产品能够帮助 SOHO 在创业初期更好地去运用这些潜在规则和方法获取不错的利润或者规避行业的风险。

2. 供应商分布相同

俗话说，知己知彼，百战百胜，这句话放在创业思维里同样适用，即原有产品的供应商分布基本相同，SOHO 对供应商的生产制造水平、服务能力、运输成本、远期的研发上限水平等都会有一定的判断。每一个 SOHO 都希望在选择产品时看到产品未来的增长力、爆发力，通过对原有供应商的了解，会对未来的创业之路增加信心，这种信心是在前期和供应商合作的过程中获取的，也是在维护国外客户订单的过程中产生的，好的产品自然会有源源不断的返单和客户的赞美做背书。从 SOHO 的角色来看，对内要筛选好可靠的供应商，对外要服务好客户的各项需求。如果在供应端能够驾轻就熟，供应端从产品的质量、交期、价格方面给予 SOHO 稳定的支持，SOHO 会更有底气地去争取国外客户。至少在创业前期，SOHO 还是要依赖供应商、工厂的产品支持的，所以与原有供应商的稳定合作能够在一定程度上解决 SOHO 在供应端的后顾之忧。从当前工厂对 SOHO 的支持态度来看，至少 90% 以上的工厂是大力支持 SOHO 的。新鲜血液是可以带动行业发展的，有的工厂更会全面考虑到 SOHO 与原公司之间的冲突问题，帮助协调和解决。工厂的原则也较为直接简单：谁有订单就为谁生产。

除此以外，筛选、审核、洽谈每个供应商都是需要大量的时间、精力的，良好的合作也是需要通过订单做磨合的，熟悉原有供应商，会在很大程度上避免货物出现质量问题。哪怕相同产品返单，也有可能会在生产环节出现质量问题，更别说新客户对于产品有较为特殊的要求了。SOHO 为了尽可能地争取客户，往往会答应客户在数量、设计、标签、Logo 等方面的附加要求，这些又会增加订单生产的复杂程度，而原有供应商的支持能够帮助 SOHO 在这个阶段开发到看似不可能成功的客户。

3. 客户群体熟悉

销售原有产品意味着熟悉客户群体，对客户群体的熟悉程度能左右订单的走向，外贸里客户的习惯、风格、商务谈判节奏、订单节奏、付款方式等因素都是随着地域的不同而不同的，比方说非洲客户倾向于赊销和货到付款，中东客户更信赖由本国中间人的牵线搭桥促成交易，欧美客户更看重契约精神、公司的声誉和诚信度，日本客户对供应商有非常严格的准入标准以及履行订单时要较为谨慎等。要适应不同地域客户的风格需要实实在在的订单做基础，在客户开发和订单履行过程中去找到最适合客户的开发方法、节奏和底线。做过外贸团队管理的人会发现一个有趣的现象，如果某一个业务人员在某个地区不断地成功开发出当地的客户，会不断地提高该区域该业务人员客户开发的成功率，甚至到后来只要遇到该国家的客户，基本上能100%地开发成功。究其原因是同一个国家的客户对于产品的需求大体上是一致的，比方说价格接受程度、付款周期、谈判的节奏、资质文件等。当该国家的新客户提到相关的问题时，有这个国家客户的成单经验会让业务员胸有成竹地解答，从而提高成单的成功率。所以延续原有产品能够将前面的客户开发经验完全运用到新客户的开发上来。

除此以外，熟悉客户群体意味着在搭建渠道推广时，平台的选择、平台费用的投入、平台推广的方式、推广时间、推广目标市场都和之前是一致的，这样可以在前期节约很多盲目、试探的推广成本和费用。任何渠道和产品的推广都是从广泛推广慢慢过渡到精准推广的，了解客户群体的定位后，可以对最有价值的这一部分客户做专门的推广方案以达到最佳的推广效果。

4. 价格、利润清晰

价格是对产品进行采购时的一个重要的参考因素，从采购习惯来看，价格过高和过低的都不会被买家作为第一采购对象，往往是居中或者中偏上的价格更受买家的青睐。这是因为买家在对产品的各个方面做了解时会判断产品的平均价格水平，然后在这个平均价格范围内去寻找最合适的产品。延续对原有产品的开发，对价格、利润都会有一定的了解，至少知道同类产品的价格水平、利润率等。对于陌生行业，没有一定的行业经验，无法深入理解成本构成，很难在很短时间内把握产品的价格水平和利润率，特别是很难了解产品利润率。SOHO 能够找准创业初期的定价规则，就能快速找到客户开发的突破口。客户开发是一环扣一环的，通过渠道的搭建获取客户询盘以后，在同质化产品众多的市场里如何让客户对新加入者有更多的关注，价格是一个关键的因素，把价格下调到行业平均水平以下，往往能够产生奇效。而 SOHO 前期目标可以从积累客户资源、维持长期订单等方面下功夫，等到客户资源有一定的积累了，订单稳定有保障了，利润自然就看得见了。

每一个产品与行业的发展多少会延续创始人的个性和特点，有着强烈的创始人风格，但行业发展到一定的阶段后，面临不同的发展要求和变化，早期创始人所追求的风格或者产品特有的气质会面临挑战，SOHO 大多是能适应行业发展和时代变化的人，在原有产品的开发上能够找出顺应产品发展的新方向来，这种新的思路和方向才是一个行业健康发展的基石，否则行业会缺乏活性，潜力无法得到释放，行业走到最后会面临绝境，所以在原有产品的开拓上，支持 SOHO 创业的才是聪明者。

（二）新产品

也有很多 SOHO 在选品上倾向于新的产品，可能是原有产品的市场受限、行业受限、供货端受限、产品成熟度较高等。抛开与原公司的纷扰，大多是因为看不到行业未来的爆发增长。原有产品的弊端在开发过程中暴露无遗，久而久之产品劣势会不断放大，故而索性选择新产品。

了解一个新产品的思路、出口流程、开发渠道、客户谈判等对于外贸 SOHO 来说不会有太大问题，所以换一个新产品的难度也不会太大，但面对外贸的万千产品，找到一个好的产品作为切入点非常重要，一般有以下几种选品思路。

1. 小众产品

很多人会选择小众产品，但并不知道为什么选择小众产品、什么样的产品可以称为小众、怎样的小众产品会爆发和增长等。

小众产品并不是指无人问津、剑走偏锋、另辟蹊径的产品，而是有特定的用户群体或固定的消费人群的产品。大众产品被所有人熟悉，有大批的成熟企业和竞争者，在这个生存压力下，SOHO 的发展空间很窄，但是小众产品却给创业初期的 SOHO 提供了无限可能。我们来举例解释什么样的产品才是小众产品。

（1）进口

前几年我们有一个计划是从国外进口火花塞，俗称火嘴，它的作用是把高压导线（火嘴线）送来的脉冲高压电放出，击穿火花塞两电极间的空气，产生电火花以引燃汽缸内的混合气体。而它因材料的不同大概会在汽车行驶 3 万千米、6 万千米或者 8 万千米后需要进行更换，所以从某个程度上来看它也属于快速消耗品，只是相对来说较为小众，但当时的初期预计进口额为每月 500 万~800 万欧元。相对于整车来说，这刚好符合一个初创公司对于产品、订单金额等方面的选择——产品小众，用途简单明确，对技术有一定的要求但并非遥不可及，市场人群、用户群体定位明确，推广起来也有针对性。

国际贸易里的进口生意同样考验选品，一直以来有人问我进口奶粉、燕窝、矿石、生鲜产品等生意如何，由于国内的产业链几乎覆盖了所有行业，大部分进口产品都会选择相对高端、国内相对稀缺的产品与国内形成互补。但除了选品外，进口更加考验国内的清关能力、资金储备能力、外汇购买能力、销售渠道和渠道打造能力，这与出口不相同。虽然进口的关键与出口不相同，但是在创业选品的思路上摒弃掉大众商品，转向有潜力、有一定技术壁垒、能把控供应链等小众产品的选品角度是完全值得借鉴的，一旦找准了目标客户和市场，肯定会帮助 SOHO 在初期打下不错的基础。

（2）出口

我们来看看出口选品的案例：

“Chris，你好，有个问题想请教你，有一个欧洲的客户给我发邮件说，现在困难重重，希望公司在欧洲市场具有唯一有竞争力，所以不希望我们和其他欧洲客户建立关系。我该怎么回复他？我们之前谈过的一个客户 A 是他的客户，而我们也为这个客户 A 提供过产品。他想了解一下情况，问我们什么时候为他的客户提供过产品，提供的什么样的产品，并希望在欧洲市场他们是唯一的也是最核心的企业，不希望我们为其他欧洲客户供货。这个客户挺大的，他们公司全系列的产品都在我们公司做，他们有‘狩猎季节’。”

“狩猎”对于大部分人来说是陌生的，这类产品也是很少有人能想到的，足够小众。当我知道这位朋友的产品是弓箭且客户的意思是寻求独家代理时，内心为他感到高兴，说明客户对产品的品质、未来的合作和订单量都很有信心。这位朋友并没有外贸经验，在一步步维护客户的过程中也可以了解好产品、熟悉出口流程、找客户、做代理。弓箭这个产品虽然小众，但从客户寻找独家代理的意图和单笔订单金额来看是非常适合创业阶段的产品。

在整个 SOHO 创业的过程中，唯一与运气有关的事情也许就在选品上了，产品恰好遇上了一个爆发期，开发能力、资金能力的弱势也许并不会特别明显，而是顺利度过创业初期，走向成熟稳定期，再在后期的经营过程中找到合适的人，一步步变好。所以即使一部分 SOHO 的朋友最后失败了，也并非完全是自己的能力问题，比方说涉及芯片的产品，当你把所有精力、物力、财力都投放到某一个产品上，但这个产品的芯片供应出问题了，即供货端出现问题了，创业之路马上会变得举步维艰。其实任何一个危机在爆发之前已经释放过足够的信号了，只是有些人对危机视而不见或者是没有意识到后果的严重性。

2. 热销产品

小众产品比较考验心态，原因是它们有可能在一段时间内并没有太多的人关注，又或者是相对冷门，有一定的空窗期，而对于 SOHO 来说，空窗期越长对心态的影响越大，创业前的雄心壮志有可能在一次次的空欢喜中荡然无存，甚至会怀疑人生。所以创业选择热销产品主打的就是一个心理战，客户对热销产品的关注是远高于其他产品的，如果产品一直都有人询价、报价、要求发样品，SOHO 对产品的信任会不断提升，这种信任感会贯穿到整个业务开发的过程中。大部分 SOHO 在主导着一件从没有经历过的事情时，对未来是有短暂茫然的，也没有人告知自己坚持的意义和未来产品的前途，这种心态是很难熬的，如果产品比较热门，询价、报价等有序地往前推进，哪怕订单遥遥无期，也会让 SOHO 有一个相对正常的心理状态，这种心理状态会不断增强创业的信心，哪怕这种信心是盲目的，也会帮助 SOHO 从职场心态慢慢过渡到一切由自己做主的创业心态。

在和很多非常成熟的外贸企业老板沟通时，会发现有很多老板的创业初期并不艰难曲折，相反运气挺好的，一击即中。好的、成功的经历越多，看待事情越发积极、热情和主动，也更有信心。所以热门产品对于 SOHO 来说并非毫无出路，并不是一定要选择从最艰难的模式着手就是最有成就感的，减少负面和消极情绪，将个人的信心倾注到公司的产品和文化里也是不错的选择。

这些年一直被问得最多的是哪个产品火热，其实没有哪一个产品会一直火爆和热销下去，都会在进入爆发期以后慢慢进入冷静期，所以并没有绝对的热销产品，即使当前是热销产品，过几年以后随着竞争者加入、行业透明、市场趋于饱和以后，需求也会明显下降。而如果作为创业选品的思路，应该紧跟几个关键点：室内娱乐、运动健身、户外（野外）娱乐，原因是这几个关键点的背后是增加身体素质，朝着这个方向去思考，可以想象产品订单都是爆满的。

除了阶段性的热销产品以外，还有部分持续热销产品，比如包装材料、美容仪器等。从市场行情来看，目前比较火热的有 3D 打印、激光切割机、破碎机等，几年前这几类产品其实并不热销，只是随着技术革新、用户的接受程度提高，慢慢被推广和应用。有一些企业的目光永远盯着热门产品，每年那么多的展会，哪个展会火热，观展人数多，哪个产品就有“钱”途，今年该产品热销，明年新的企业就会像雨后春笋般地出现，目的就是在热销产品上分一杯羹。有一类人可能凭借资金优势等会存活下来，绝大部分人因为抓不住行业的核心而被市场淘汰。相比之下，线上产品的火热现象一般会滞后于线下，可能是出于对知识产权的保护，也可能是想保持足够的市场占有率。所以热销产品的选择最好通过自己对行业和产品的理解、对需求市场的清晰认识分析得来。

3. 科技产品

科技产品指的是科技含量高、对人类的发展有推进作用的产品，或最大可能性释放生产力的产品。满足这几个条件的高科技产品其实并不多。

4. 原产品的相关细分产品

原产品的相关细分产品指的是在当前熟悉、热门的大类产品下的细分领域里发掘出某一个产品，大多数人在开发客户时会收到客户关于类似产品、细分产品的询价，只是大多数询盘超出了当前的供应链范围而被婉拒，这些细分领域产品有可能在未来的某一个时间段迎来爆发。

挑选细分产品的思维可以借鉴 360 杀毒软件当初的创业思路。在早期的中国互联网，百度、阿里巴巴、腾讯三分天下，这三者按照功能划分就是搜索引擎、电子商务平台和社交软件，正好是当前外贸开发客户的三大重要渠道，当时它们所接触的行业范围很广，关注的或者视为对手的互联网公司都小有名气，至少展示在电脑屏幕的居中页面里，很少想到位于电脑桌面右下角的不起眼的杀毒软件在未来能有什么爆发式的增长，更没有想到 360 杀毒软件免费以后取代付费软件成了每台电脑里的必备软件，而 360 杀毒软件作为电脑安全的守门员，需要每一个软件提供数据进行报备，到最后演变成为电脑在 360 杀毒软件与 QQ 两者中只能选择其一。一边是电脑的安全，一边是社交软件，使用户陷入两难的境地，所有人开始意识到 360 杀毒软件成了不可或缺的软件，重要性不亚于 QQ。随着互联网的发展，特别是在线支付的快速发展，网络安全变得更为重要，360 杀毒软件的安全防护变得越来越重要，其涉及的领域也越来越广泛。无独有偶，搜狗也是以同样的思维从位于电脑右下角的输入法一步步做成浏览器，它对于细分领域的选择是基于用户对于输入法的需求，只要做到输入法类别第一，所有人就都离不开它。在借鉴互联网思维回到实际的产品以后，每一个人应该都有了细分领域的概念。这里就有一个对于细分领域未来爆发可能性的分析：3D 打印机当前比较火热，我们可以对未来的打印行业做一些预判，比如未来 3D 打印机是否可以解决模具制造的精度问题，是否可以完全取代传统的模具制造工艺，如果认为可以，我们的细分领域可能就在于打印机本身，更多的是横向地考虑模具的种类问题。反之，如果我们判断未来的精度无法克服，有技术上难以逾越的问题，我们就可以将细分领域的方向放在打印耗材上，无论以后产品用于工业、商业还是实验室，耗材的需求都是会一步步增加的。

细分领域做得好的创业公司是很多的，他们起初并没有对行业进行慎重的考虑和分析，只是出于对产品行业、技术、工艺、材质的理解，单纯地认为某个细分产品在未来会大放异彩，所以提前投入该行业积累口碑和人气，等时机一到，迎接大丰收。

5. 有稳定、优势货源的产品

经常有人问："Chris，我家里开工厂，但是我感觉这个产品出口没有什么前途，并不高端，想换一个产品出口"，"我亲戚家开工厂，但一直没有做出口，我想把学的英语发挥出来，帮助亲戚做好出口"，"我亲戚家的工厂是做筷子的，前些年有一两个日本大客户一直在购买，工厂可以维持运营，因为某些原因客户减量导致了空产，现在想多开发客户和渠道"。

稳定的货源是产品供货渠道、品质、交期、价格等的有效保证，这些因素是决定谈判成败的关键。一个有经验的外贸人对于客户开发成功与否会有自己的判断，拿不下客户的原因是产品质量问题、供货问题、价格问题还是市场准入问题等都心知肚明。而相比这些问题，最棘手的问题是明知道这些问题的存在但没有办法让公司有效地解决这些问题，从而走向 SOHO。有稳定的货源，不管是来自自家工厂还是亲戚家工厂等，这在一定程度上解决了供货端的问题，会极大地提高谈判的成功率。大多数人所担心的是产品是否适合出口、是否在海外受欢迎、该怎么获取更多客户等，只要是国家允许生产的产品基本上在海外都能找到对应的市场，所以产品高端与否并不影响产品的销售和潜力。除了有家族企业等稳定货源的情况以外，还有一种情况就是原公司支持员工创业而主动提供货源，甚至平台、推广渠道等都可以完全沿用原来的，这也是一种相对稳定的货源情况，但其稳定性会小于前者或者说受限的可能性要大于前者，因为对于工厂的政策、产品线调整等决策性的问题，作为创业者只能选择接受而无法参与决策，即使工厂支持并提供稳定的货源，员工创业还是以合作的方式进行。这里正好有一个案例：

“我业务能力突出，不适应公司的氛围，又不舍得现在的客户，由于产品是公司的品牌，想自己做，不要底薪，只要提成，有没有比较好的办法?”

提问者对公司产品、自己的业务能力都非常有信心，所以在注册公司、入股原公司、选品、公司品牌、客户这几个方面一直无法做决定，最后和公司讨论的结果是：公司不付工资，以原公司名义出口，利润对半分，公司无平台支援。从表面来看这个方案对于提问者来说非常好了，因为老客户的担忧全解决了，提问者仍然以原公司名义出口，老客户非常信任提问者，也许以后一年下几个大单，底薪可以忽略不计了，再加上提问者自己的业务开发能力强，情况只能更好。但作为创业者来说，眼光要放得更长远，以下几个问题到后面可能会愈演愈烈。

（1）新老客户的归属问题没有解决，以后会是一个巨大的隐患。

（2）如果以原公司的名义自己做的话，没有拿到应该有的支持（客户归属不清的情况下）。

（3）目前可能行业处于一个稳定上升的趋势，但对于她的产品来说，总有市场趋于饱和的那一天。接下来利润空间变窄以后，可能分歧和问题就来了。

（4）竞争同行的加入，有可能扰乱市场，那个时候的压力会很大，但自己要承担所有的支出。

（5）和原公司产生客户冲突等其他问题。

很多 SOHO 在创业时可能会感性大于理性，毕竟初衷是相信付出与回报成正比，也认为只要付出就能有所得，且在客户开发中不断地印证这一点。但在这种情况下，哪怕客户想支持我们创业，但价格和渠道得不到保障，客户最后还是会与工厂直接合作，相当于 SOHO 自己的努力只是在为工厂开发客户，后期的一切都得不到保证。所以这样的货源看似稳定，一旦发生变化，所有事情就变得被动。倒不如理性对待，双方以合作的方式将利益、客户、市场等谈清楚。

供货稳定本身就是一种优势，SOHO 能够在供应链端有稳定的保障，已经解决掉了大问题。而优势货源的范畴更广，比方说某个工厂通过了欧盟的一项认定标准、美国某体系认证，这些认证需要花费大量的时间、人力、物力、财力等，本身就给创业者的市场推广和客户开发带来了行业竞争力；又比如工厂合作的客户是行业巨头，甚至行业标准都由该巨头制定，那么该工厂的全球知名客户也是开发客户的背书，客户对产品的信任感会无限增加；又比如工厂攻克了某项技术难关，解决了行业内的一大难题，申请了专利，在一段时间内形成了技术壁垒，这无疑是吸引客户的最佳方式之一；又比如工厂成功制作了一套模具，而其他工厂无法复制或者工艺达不到等。低价格对于某些国家和地区是一种优势，但是在国际贸易里，价格并不是最重要的优势，反而产品品质、公司信任度、技术革新等方面才是开发和维系长久客户的关键。

二、分析市场

外贸开发面向全球市场，这是毋庸置疑的，但 SOHO 创业首要解决的是生存，而一个新兴的创业型外贸模式必须是“优势+优势”。找到当前的优势产品以后，再找准该产品的优势市场，即该产品在全球最受欢迎的市场，只有这样才能解决首要的生存问题。生存问题一旦解决，以外贸客户与市场的高黏度特性，再去开发其他市场就更有保障，创业就是水到渠成了。每个人对产品理想市场的理解都不一样，有些人认为自己擅长开发的国家就是优质市场，原因可能是在该国家正好碰到一个不错的客户，对这个或者这些客户的印象非常好，于是对这个市场有偏爱。如果我们回过头去看在各个国家开发成功的客户案例，就会发现每个国家都有优质的客户，这些客户带着真实的购买需求，每个问题都带着强烈的购买意向，购买过程虽然煎熬但结果是快乐的。所以在创业以前最好能接触到多个国家的客户，了解他们的商务习惯与风格，以便更快地找准产品的市场。

对市场的定位更不能戴着有色眼镜，这样会错过机会。不能因为个例而否定了整个市场，哪怕一个国家的大部分客户都给人斤斤计较的感觉，但一定会存在优质客户。外贸经验除了成功经验，也包含失败经验，上当受骗以后，才知道在以后遇到类似的情况时怎样在不伤害客户感情的前提下尽量做到保证自己的利益。记住国际贸易的本质是全世界要生存、要发展、要资源，所以从这个意义上来看，每个市场都有机会，只要认定了方向就该勇往直前。

除了凭借自己对不同市场的了解、个人经验以外，如何快速地找准市场？

（一）分析数据

记得曾经有一位创业者向我电话咨询了好久，他向我讲述创业的经历、经营的产品、开发技巧、推广营销等，我发现一个很明显的问题是他的所有决策，如产品的选择、对市场的把握，全凭自己的经验。选择创业的初衷也是客户的信任和支持，缺少主动去寻找、分析数据的能力和经验，导致很多决策的失误，比方说对产品历年来的采购旺季、淡季，产品的需求变化，产品爆发期，产品的供应商分布情况，自建网站访问量，产品市场分布等都了解得非常模糊。在自己的领域里投入太久了，对外部的变化和趋势缺乏敏感度，也会错失良机。这里介绍一种判断产品市场的数据分析工具——谷歌趋势（Google Trends）。

谷歌趋势即在谷歌这个搜索平台里的搜索趋势，谷歌趋势的使用方法也很简单，即在谷歌趋势的网站去查找产品关键词，会显示产品近十几年来在谷歌搜索平台上被搜索、讨论、收录的热度。我们知道谷歌作为全球第一搜索引擎，其收录的信息质量、搜索形成的数据库、真实性都是可以信赖的，最重要的是时间跨度所对应的产品热度足以反映出产品的各个阶段，产品是处在成长期、爆发期还是衰退期一目了然。要知道产品的每个阶段对应的开发方式不同，谈判的方式也不同，这些数据也可以作为选品参考，如果产品已经步入了相对衰退的时期，热度曲线已经明显开始下落，我们就要想一想，产品在未来是否会有再次上升的可能性。

除了产品历年来的热度趋势图以外，谷歌趋势对市场定位的帮助也很明显，谷歌搜索引擎会将产品或者关键词的搜索热度按照全球各个国家（地区）进行划分，并用不同的颜色区分出热力值，热力值越高，产品在该国（地区）的搜索热度越高，也可以简单地认定产品在该国（地区）的需求程度越高。

（二）分析同行

有一些朋友创业选择的产品是日常用品，产品种类繁多，大多情况是客户需要什么产品，自己对应去采购再安排出货，这种模式下的客户黏性不够，总担心哪天别人有了更低的价格，客户就转向他人购买了。至于客户转向其他人的产品是什么、价格是多少、其他供应商的利润空间大概有多少、自己的自建网站的访问量有多少，很多人都不是很清楚。对自己的能力有信心也好、对自己的产品有信心也好，并不妨碍花时间去了解和分析同行，哪怕同行和自己产生了最直接的竞争关系，他们的信息或者是产品方向的转变都可以帮助自己制定更为准确的战略。拿市场定位来说，即使我们不知道同行的广告重点推广的国家和区域有哪些，是如何进行市场定位的，但仅仅看到他们的网站里包含了英语、法语、西班牙语、德语这 4 种语言，我们在做市场定位时就完全可以把这几个语系的国家考虑进去。如果机缘巧合找到了同行公司的产品目录册，里面除了英语以外，也标注了法语，那么法语系国家也是该同行最重要的市场之一。分析同行除了其自建网站以外，该公司在社交媒体里的账号所关注的各个目标市场、公司情况也是可以参考和借鉴的。

三、SOHO 创业初期的市场选择

全球市场很大，每个目标市场都有其特有的商务风格、生意习惯或者潜在风险，除了产品选择以外，也要考究出口目标市场的行情，比如目标市场每年从中国采购的金额，是贸易顺差还是逆差，中国与目标市场国家（地区）的国际关系，目标市场国家（地区）的付款方式、购汇便利程度、汇率等，每个因素都可能会影响到目标市场的采购意向。

中国对某个国家（地区）的贸易顺差或者逆差随着国际贸易的发展会变得越来越透明，毕竟已经有很多国家（地区）的海关系统与中国对接成功了。对某一个国家（地区）的贸易逆差只能说明该国家（地区）出口到中国的金额大于从中国进口的金额，并不能说明 SOHO 所开发的产品在该国家（地区）毫无市场，但能证明中国与该国家（地区）的国际贸易关系较为密切，而国际关系直接影响双方的双边合作与投资，比如，中国向南美某个国家投资百亿美元，接下来该国应该会出台鼓励从中国进口商品的政策：税收减免、外汇政策放松，甚至是使用人民币结算。

每个目标市场的付款方式是紧跟国家外汇政策的，有些相对比较宽松，而有些外汇管制或者外汇收紧，在付款方式上坚持信用证、赊销、货到付款等方式，每一个方式都会影响到 SOHO 前期的资金压力和额外的支出成本，如果客户的资金实力较为雄厚也无妨，一旦其出现资金紧张，势必会牵连到卖家。除此以外，起步阶段选择的市场应该尽量避免涉及未来可能爆发战争的区域，一旦有了战争的迹象，资金、物流、信息都会相应地被隔断，所以目标市场的政权稳定同样是选择市场的重要因素。

在综合考虑外部环境、政策等因素，结合不同目标市场的经济发展情况、生意诚信度、未来国际贸易的增长可能性，我们以下面 4 个市场方向作为最初创业的市场较为稳妥。

（一）南美

从南美人的风格、对世界和生活的认知来看，他们大多追求的是自由，在他们的理解里，工作是为了生活和享受，这样的生活态度注定了很多商品不会选择自给自足，而是选择从国外进行采购，中国无疑是最全面、性价比最高的采购来源地。所以商品进口的种类覆盖得很广，有生活必需用品，基础开发所需机械设备，也有卫浴、建材等产品。南美人虽然在生活方面自由散漫，但是对诚信生意是比较重视的，很少恶意违约，这种诚信和那种在法律框架、规则下形成的诚信习惯从本质上是有区别的，他们大多数人是从内心认为生意的基础就是诚信。

除此以外，中国近几年在南美各国都有不同程度的投资，与之签订了双边自由贸易协定，落实了部分国家的人民币结算，让双边的贸易更加便利畅通。国际关系的密切保证了未来创业大环境的稳定。大部分国家不用过于担心收款、结汇的问题。对产品的需求程度、国际关系、贸易政策及国际结算都不会有太大的问题，这个市场值得开发。

（二）美国

美国对外出口的多集中在高精尖的产品，或者偏向于服务贸易，对日常用品、消耗品、劳动密集型产品都偏向于从其他生产制造国家进口，这是由国情决定的。如果以易货贸易的思维去看待这种国际分工，每一个高精尖产品的出口换来的是多个日常用品的进口，原因是技术密集型产品的价值远高于劳动密集型产品。在这种因为国情而自然形成的分工下，中国国内的产品类型如原材料、日常用品等，正好可以补充美国在这些基础物资方面的不足，所以与美国市场的匹配度是很高的。

市场匹配度、诚信不是问题，剩下的就是理解美国对于生意的认识和对中国商品的态度了。中国国内商品的出口价格，哪怕加上一部分利润及海运、通关等成本，在当地的售价也还是完全可以接受的，只是每个商品都有其完整的产业链，作为SOHO创业的我们需要找到一个被忽视的产品向进行突破。

（三）欧洲

从进出口的体量来说，当前欧盟每年和中国的进出口总额约为5550亿欧元，而美国和中国的进出口总额约为5860亿美元。从出口市场的成熟度来说，欧盟、美国都较为成熟，进出口数据可以直接反映双方的国际贸易关系及依存度。所以无论是美国也好，欧洲也好，都是外贸SOHO值得开发的市场，但是从外贸开发的整体难易程度来看，欧洲在大部分产品上应该略难于美国。

抛开欧洲各国的产品认证和准入的问题，究其深度原因，一部分原因是外贸人历来对于欧洲市场的开发都是非常重视的，所以竞争程度稍显激烈，而欧洲国家对于中国商品的制造水平、供应链水平、价格水平都较为了解，所以可选择性也较多，在开发上会有难于美国市场的感觉；另一部分原因是，大多数欧洲客户对于商务的认识是“理性大于感情”，一切以白纸黑字的合同为准，只要发生任何问题或纠纷，买卖双方的感情放一旁，先从利益保障出发。这种商务风格和习惯当然也是国内供应商比较偏爱的，原因是只要按照客户的要求将货物安全地送达客户手中，不用担心其他任何事情，特别是付款问题。

对于国际贸易的长期合作来说，出现一些问题是不可避免的，也就是说最理想的状态是在双方约定的合同基础上，有一定的缓和空间，就好比国际贸易里的“溢短装条款”，允许交货数量存在一定的增减，这种合作方式最舒服，特别是对于SOHO来说，在前期对于供应商的把控、产品理解、生产工艺理解和熟悉还没有把握时，双方能够有谈判的空间，出了问题有可商量的余地还是很有必要的。从这方面来看，欧洲市场的客户整体在可商量性上比其他几个市场要难一些。

（四）非洲

非洲市场一直是很多人比较容易忽视的市场，原因是所有人都认为该市场只看中价格，没有什么实力客户，再加上大多数人认为非洲发展比较落后，消费能力较弱。但财富的分配基本上是符合二八定律的，哪怕在非洲80%的人没有什么消费能力，也至少有20%的人有不错的购买力。

早期在开发非洲客户的时候大家总是很谨慎，特别是在通过开发信开发客户的时候，客户回复开发信了也会发愁，原因是即使通过邮件的IP地址查到客户的发件来源也无法保证客户靠谱。但还是会有一些蛛丝马迹可查的，例如邮件结尾处的“sent from my Blackberry”（发自我的黑莓手机），要知道早期智能手机在国内还没有普及，如果从邮件里得到客户用黑莓手机的信息，成单率基本上可以达到90%。原因有：在非洲能用得上黑莓手机的人不多，且能用黑莓手机发邮件的人文化素质不低。

在非洲市场确实有一部分客户非常在意价格，只要谁价格低，他们马上找谁购买，但也有一部分客户追求的是品质，会理解价格战的生意不会长久。所以仍然有一部分外贸企业在处理非洲订单时会发现，为了解决海运时间长的问题，他们不惜花巨额资金进行货物的空运。在开发非洲市场时，我们不能戴着有色眼镜去考察客户，也不能先入为主地为客户考虑省钱，而是要像对待其他国家客户那样尊重每一个潜在客户，这样一定会有优质的客户找上门的。

除了消费能力以外，另一个让很多创业者踌躇犹豫的是非洲对于付款方式的要求，因为国内有一部分企业是外派人员到非洲当地进行市场开发，以赊销的形式先发货，等非洲客户销售完成回款以后收款，有的企业甚至直接在当地开店。但产品的属性不同，付款方式也不同，生意场上没有一成不变的规定或者习惯。我们能发现越来越多的非洲客户的英文水平更好了，彼此的沟通也越来越顺畅了，所以我们大可以期待未来的非洲市场会越来越好。

CHAPTER 14

推广案例

大部分 SOHO 的主要问题在于推广没有做好，导致询盘量不够，无法将自己的客户开发能力发挥出来，或者是没有机会走到正常可持续的客户开发流程，这是非常可惜的。很多人搭建推广渠道的问题在于不知道怎么思考，怎么结合自己的产品选择合适的推广平台，做好稳定持续的询盘获取。我们通过实际的案例来讲解推广的思路，看看在面对实际的情况时怎么去做突破，打开局面。

一、某生产制造型企业外贸重启推广案例

（一）企业基本情况

公司背景：国内该行业排名前 7 位的生产制造商。

企业性质：国有控股企业。

员工人数：500 人，其中工人 400 多人，行政、销售、市场部门等 60 人。

行业经验：几十年 D 产品生产制造经验，D 产品为小众工业产品。

国际贸易基本情况：2012 年以前以北美市场为主，2017 年以后以东南亚

市场为主。2012 年以前 80%的产品出口，20%的产品在国内市场销售；2017 年以后外销很少，主要以维护老客户为主，所有推广平台都尝试过了。

产品属性：工业配件产品，客户为大型生产制造型企业；有 3 条生产线，生产的是 100%原始设计制造商（ODM）模式产品；产品价格水平较高。

各渠道、平台使用经验：阿里巴巴 10 年，无具体记录；中国制造网（Made-in-China）5 年，无具体记录；谷歌推广过 1 年多，获取 1~2 个客户；SEO1 年，无有效客户；官网 1 年后关停；参加展会 1~2 年 1 次，每次获取 2~3 个客户。

2012 年以前该企业的内外销由一个销售总监全权负责，随着 2012 年该核心人物离职自立门户，企业一直找不到合适的人把业务"抓"起来，业务一落千丈，自此由外销改为主攻国内市场，内销占比 90%以上。外销的客户从 2017 年开始重启开发，企业陆续地将以前的老客户开发回来以后维护住了，但订单非常有限。这家企业属于老牌企业，在业内有一定的知名度，但是价格水平较高，所以哪怕积累了很多客户，大多数买卖是一次性的，企业的服务能力跟不上，导致合作过一次以后客户丢失，生产能力和管理水平处于行业中等水平，导致订单的履行中经常存在这样或那样的问题，如收款以后忘、漏发货，发错货，货物达不到客户标准等，最后客户一个个丢失。国内市场的订单积压导致国外市场不受重视，老客户每年都有丢失，新客户基本上没有任何的精力去开发。但国内市场总有饱和的那一天，放弃国外市场的这几年里，竞争同行不断地挖掘客户，正好把企业丢失的客户都收入囊中。

（二）分析过程

从产品的属性上来说，恰好跟 SOHO 潜力产品很类似，产品本身较为小众，目标客户类型并不是传统外贸里的商超、连锁等零售商或者进口商，而是相对比较专业、目标性较强的生产型企业。在 2012 年以前以欧美市场为主说明其产品质量是受认可的，国际上也有其他国家生产类似产品，但产品质量参差不齐，所以在考虑市场、价格时除了考虑国内竞争者的品质和价格以外，也要了解国外高端产品的相关信息。

虽然是一家几百人的制造型企业，跟 SOHO 的规模和工作性质完全不一样，但是因为公司发展过程中发生的一些变化导致当前的国际贸易业务几乎需要从头再来，在重新全面开展国际贸易前所面临的市场推广问题跟 SOHO 很类似，需要搭建一个符合产品特性的获取客户渠道。虽然有零散的客户，但也只是几个黏性很强的老客户，产品符合“小而美”的特性，又由于多为 ODM 产品，所以在最开始并不适合直接做品牌推广，要做好推广首先要知己知彼。

该企业虽然做了 10 年的阿里巴巴和 5 年的中国制造网，但使用效果已经无从考证了，于是我找到各个平台的客户经理，希望他们出具一份同行分析报告。他们做了一份详尽的报告，这份报告里包含这些信息：行业前 10 和普通同行的销售效果及投入，同行平均广告投入，买家来源分布，同行店铺参考，等等。从同行们的投入和询盘比来看，在平台上的推广效果一般，和另一份行业协会报告的数据有一定的出入，不是平台的数据不准确，而是很多不错的企业并没有选择平台推广方式，更多地走线下展会渠道。但是从各个 B2B 平台对比的数据来看，平台是能收获实际且有价值的询盘的，关键在于是否要花重金挤进行业前十获取更多的流量。

在 2017 年以后尝试过自建网站、网站搜索引擎、谷歌推广一年多，将网站运营外包给第三方，询盘效果不理想。谷歌数据报告见表 14-1。

表 14-1 谷歌数据报告表

推广月份	点击次数	展示次数	点击率（%）	平均点击费用（元）	总费用（元）	平均排名提升	转化次数	每次转化费用（元）	转化率（%）
第一个月	74	2662	2. 78	4. 02	297. 48	2. 49	0	0	0
第二个月	101	4935	2. 05	3. 02	305. 02	2. 31	0	0	0

续表

推广月份	点击次数	展示次数	点击率（%）	平均点击费用（元）	总费用（元）	平均排名提升	转化次数	每次转化费用（元）	转化率（%）
第三个月	190	8770	2.17	3.16	600.4	2.40	0	0	0
第四个月	86	6087	1.41	3.5	301	2.42	3	100.46	3.49
第五个月	99	4855	2.04	3.33	329.67	2.28	5	65.86	5.05
第六个月	86	5581	1.54	3.61	310.46	2.23	5	62.14	5.81
第七个月	74	1882	3.93	3.64	269.36	1.63	4	67.37	5.41
第八个月	63	1956	3.18	3.15	198.45	1.57	6	33.12	9.52
第九个月	56	1413	3.96	3.00	168	1.48	4	42.04	7.14
第十个月	54	1289	4.19	2.98	160.92	1.58	5	32.18	9.26
第十一个月	93	2856	3.26	3.42	318.06	1.71	2	159.07	2.15
第十二个月	98	3347	2.93	3.60	352.8	1.89	16	22.07	16.33
第十三个月	83	3330	2.49	4.21	349.43	2.03	7	49.88	8.43
第十四个月（以下略）	94	3297	2.85	3.71	348.74	1.93	1	348.69	1.06
总计	1809	72451	2.50	3.56	6440.04（月均费用222.31）	1.89	97	66.29	5.38

部分谷歌目标市场报告见表14-2。

表14-2　部分谷歌目标市场报告表

目标市场	点击次数	展示次数	点击率（%）	平均点击费用（元）	总费用（元）	平均排名提升	转化次数	每次转化费用（元）	转化率（%）
阿根廷	5	299	1.967	4.966	23.931	1.964	0	0	0.900
澳大利亚	49	6292	0.978	5.929	259.908	2.923	1	259.98	2.904
奥地利	3	174	1.972	4.938	13.915	1.944	0	0	0.900

续表

目标市场	点击次数	展示次数	点击率（%）	平均点击费用（元）	总费用（元）	平均排名提升	转化次数	每次转化费用（元）	转化率（%）
巴西	25	978	2. 956	7. 907	176. 971	1. 922	0	0	0. 900
保加利亚	2	144	1. 939	2. 938	4. 977	1. 916	1	4. 987	50. 900
加拿大	88	6984	1. 927	5. 930	466. 000	2. 922	5	93. 92	5. 968
英国	13	1086	1. 920	4. 903	52. 935	1. 925	0	0	0. 900
法国	19	1416	1. 934	4. 924	80. 962	1. 975	0	0	0. 900
德国	28	2314	1. 921	3. 992	109. 972	1. 99	1	109. 97	3. 957
希腊	10	246	4. 907	4. 948	44. 977	1. 962	0	0	0. 900
中国香港地区	27	625	4. 932	4. 971	127. 908	1. 952	2	63. 95	7. 941

有一些第三方运营公司在帮助企业做谷歌推广时所抽取的佣金是广告总投入的一定比例，意思是与公司的利益捆绑在一起，但这背后其实是有一些问题的，如果企业没有一个懂运营和推广的人，第三方公司完全可以控制投入和花费，给企业造成不必要的开支。比方说在广告的点击费用上，有一部分推广方案是用来引流的，可能用的是行业大词，所产生的流量和曝光是很大的，相应的费用也会很高，但是实际由这个大词引进来的流量并没有很好的转化率，特别是小众产品，以热门词引流进来却没有很好的询盘反馈就是这个原因。于是第三方运营公司可以在行业大词上做出很多的推广方案再绑定到该企业某一个具体的产品上，这就会给企业网站带来很高的曝光量和点击量，但是当访问者看到网站里所展示的产品和他当前所需产品关联性不大时就会结束这次浏览。当企业问到发生这种情况的原因时，运营公司可以理直气壮地把原因归结于产品本身：网站的曝光量很多、点击量很高，但最后实际的询盘很少，原因在于产品本身。如果企业或个人对运营和推广不懂，

这种答复很容易蒙混过关，但其实这种运营只停留在了表面。

从该企业谷歌推广所保存的数据来看，曝光量不错，但点击量就差了很多，最后询盘量就更少了，再结合推广所使用的关键词，就很容易看出这种情况产生的原因：一是运营公司为了强调自己的运营能力过分关注曝光量而忽略了曝光后面访客的真实需求和产品是否匹配这一点；二是运营公司对产品的理解只停留在表面，无法深入产品的某些特性，在做推广方案时错过了放大产品特性的机会，也即推广方案其实可以加入更加符合行业搜索习惯的词，带有明显的行业标签，但运营人员和国外客户并没有直接的联系和沟通所以无法获取这种行业标签，导致花费居高不下却迟迟无法获取行业内的询盘；三是客户点开产品链接以后在官网里失去了信心，可能是官网有较为明显的疏忽和漏洞导致客户虽然点击了却没有发布询盘。在做推广与运营时，各项数据是非常重要的，但是如果不考虑实际效果，要想达到这些数据指标也并不是难事，除了可以通过热门词引流这种方法增加曝光量和点击量以外，做出询盘数量也不是难事，所以最关键的因素是要从产品出发，把产品的特性和市场充分挖掘出来，得到的数据才是真正有价值的数据。

（三）拟订推广方案

综合考虑产品特性、目标市场和产品成熟度，比较适合该企业的推广方案或者说平台选择应该是以下这样的。

1. 阿里巴巴：基础会员+“按效果付费”广告

重新启动阿里巴巴有 3 个方面的原因。第一个原因是既然企业之前开通过阿里巴巴账号，行业里的客户特别是大客户对公司名是有印象的，甚至是和公司合作过的，所以重新开通账号这个动作是向这些潜在的老客户释放出企业开始重整外贸的这个信号。对运营有一定的经验和基础的人，知道在这个平台里有很多客户是会反复地查看行业内供应商的信息的，所以阿里巴巴账号的开通是为了获取这一部分行业客户的合作机会。由于是重新开启平台，前期投入大不会有太高的权重，所以成为基础会员加上一定的“按效果付费”（Pay For Performance，PFP）广告就足够了。第二个原因从同行的平均获取流量和询盘的信息来看，平台是能够获取一部分询盘的，重启阿里巴巴并不仅仅为了老客户回归，也是为迎接新客户做好准备，毕竟所有的投入都是为了询盘和订单。第三个原因是企业重启外贸需要组建团队，没有一个专业的外贸团队，哪怕企业把前期搭建好的平台做好了，后续的客户开发、订单维护都无法跟上，相当于前功尽弃，通过对平台的运用和操作、询盘等让外贸团队步入正轨。

2. 中国制造网：基础会员

中国制造网在工业产品的推广上有一定的优势，在订单的数量和金额上相对会比阿里巴巴更好，所以该平台除了让老客户回归，还可以挖掘出更多行业内优质的客户，对于成熟期的产品来说，产品自身的质量水平也是一种竞争力，这种竞争力可以为推广加分，所以在第一年不需要做较大投入，成为基础会员就可以了。

3. 谷歌推广：重新启动并制订好特定方案

从企业保留下来的谷歌推广数据来看，谷歌推广的方式对于该产品来说应该是行之有效的，原因是产品小众，能通过关键词把推广的范围缩小，以最低的投入获取最优质的询盘，另外一个原因是如果搜索引擎营销广告推广合理，每一个询盘最后都有机会转化成订单。产品较为成熟，并不意味着在谷歌推广里不起任何作用，成熟的产品也会推陈出新，每一次材料的变革都会迎来一次爆发。

在理论分析以后，需要一些数据做支撑，谷歌推广同样是可以通过竞争同行来做效果验证的，把产品关键词输入谷歌，可以看到行业内某实力相当的企业正在做推广，该企业除了谷歌竞价推广以外，还有油管（YouTube）平台等的广告推广。乍一看，同行已经全方位地进行搜索引擎推广了，如果客户一直在谷歌里搜索的是同行 B 的信息，有一天新的参与者 A 进来，90%的客户都会选择看一看，这相当于 A 在借 B 引流，和在参加行业展会时，有一些新加入企业会打听并选择行业里名气最大的企业周边的展位来吸引流量一个道理。所以一个优秀的推广或者运营人员，是一定要有生意思维，要有竞争、合作的头脑，在自己优势并不明显时，学会借力打力，而不是不计成本、不计后果地一条路走到底。

4. 官网及社交媒体

如果从长远来看，外贸企业最终的渠道都会回归到自己的自建官网，有一个成熟的运营团队对官网进行优化、运营和推广，所以企业打算重启外贸就应该把官网的搭建放在重要的位置，所以除了平台、搜索引擎等线上推广渠道以外，也应该打磨好这个网站。在前文有介绍网站是推广闭环的一个重要环节，只有网站自身达到了一定的水平，才有可能把推广顺利地引流到官网上。网站的效果并不是立竿见影的，需要有持续、稳定的运营计划才会出效果，所以重启外贸并不是带着“试试看”的想法做做尝试，不是行得通就继续投入，行不通就壮士断腕、丢车保帅，而是要有一个长期、稳定的规划。

官网这个渠道打通以后，社交媒体的推广和运营就显得比较容易了，只是对于成熟期的产品，社交媒体在短期内不会有太显著的推广效果，再加上工业产品的属性，这和网站的运营是相同的道理，都是用心打磨以后慢慢出效果。

虽然上面的案例是企业的推广运营方法，但企业面临的问题和 SOHO 大致是一样的，只是企业在资金上相对充裕，人员安排上选择更多而已。外贸企业要考虑生意的长久就必须要考虑人员的稳定性，而考虑人员的稳定性就必须考虑询盘的效果和持续性，这对推广运营及投入产出节奏的要求比 SOHO 的要快。如果 SOHO 面临企业当前的这个情况，在综合考虑 SOHO 的资金情况、长期运营压力、人员等因素，可以考虑从“自建网站+谷歌推广+社交媒体”几个渠道开始，会更加适合 SOHO 的精力和能力。

二、推广策略优化及初期人员招聘案例

SOHO 个人精力有限，随着外贸环境及 SOHO 生存空间的变化，是继续单兵作战还是增加人员保持竞争力，成为每个人 SOHO 生存和发展需要考虑的问题。一位创业不久的朋友所做的产品是工具类，他将优劣势、目标等做了整理如下，我们可以结合这个实际的案例来看看创业中遇到的问题该如何优化和解决。

（一）情况分析

1. 优势

国内市场行情熟悉，价格区间熟悉；议价能力高；单兵作战灵活度高；有“一带一路”政策红利；操作灵活；产品算小众，市场竞争者不多。

2. 劣势

产品国际市场行情基本熟悉但不深入；公司正常化运作后，开发渠道过于单一；无自建网站，品牌化路程受阻；产品目前主打市场为东南亚、中东、“一带一路”共建国家（地区）等，这些国家（地区）基建项目多，但总体上比较看中价格；团队培养和成长难度大，产品过于小众、人员留不住；团队管理经验不足，无法形成良好的业务模式；团队的长期发展不行；客户资源保护能力弱。

3. 目标

分批次 3 年实现 500 万美元销量。第一年销售 50 万美元，第二年销售 150 万美元，第三年销售 300 万美元，第三年的 300 万美元中预计 2~3 个大客户能占到 200 万美元，剩下的 100 万美元由中小客户完成。

4. 面临的问题

与该创业者沟通下来，了解到产品的需求较为稳定，当年的订单较上一年有一些增长，原因可能是“一带一路”政策带动当地产业，从而对该产品有进口需求，只是订单金额一般。这位创业者的困扰是当前订单相对稳定，想扩大订单规模，也需要搭建团队逐步实现成熟化运营，所以迫切希望在渠道方面能有突破。

（二）行业数据分析

表 14-3 是在产品关键词下查找到的行业采购前列的买家交易次数、金额、数量等信息，可以看一看该产品该年的出货情况。

表 14-3 产品进口商数据

进口商	交易次数	金额（美元）	数量（件数）	重量（千克）	销量（箱数）
A	272	51, 136, 790. 00	19944	11567252	608. 75
B	137	30, 686, 907. 00	1090	3672408	292. 97
C	211	27, 402, 650. 00	16943	5404204	321. 35
D	56	5, 097, 109. 00	2100	1711185	168. 12
E	37	2, 046, 017. 00	647	307722	32. 59
F	64	1, 161, 898. 00	86	438053	59. 18
G	26	1, 135, 933. 00	393	397738	24. 33
H	45	1, 119, 783. 00	4403	482080	30. 69
I	44	938, 189. 00	273	204749	16. 48
J	22	648, 038. 00	108	174414	16. 27
K	17	645, 561. 00	153	83645	4. 87
L	15	507, 489. 00	98	141973	7. 42
M	20	45, 196. 00	74	68671	4. 45
N	8	433, 026. 00	3649	53843	2. 92
O	21	388, 466. 00	1718	104921	9. 3

续表

进口商	交易次数	金额（美元）	数量（件数）	重量（千克）	销量（箱数）
P	20	370, 389. 00	98	88617	11. 67
Q	13	370, 389. 00	96	145194	11. 04
R	5	320，649. 00	73	42970	5. 86
S	20	276, 582. 00	380	71292	14. 97
T	18	261, 179. 00	114	42370	2. 86

通过谷歌趋势查找该产品在这些年来的搜索情况，搜索行业关键词 A 和关键词 B，从搜索热度值来看，相对来说近几年的搜索指数较为稳定，稍微有增长的趋势，见图 14-1。

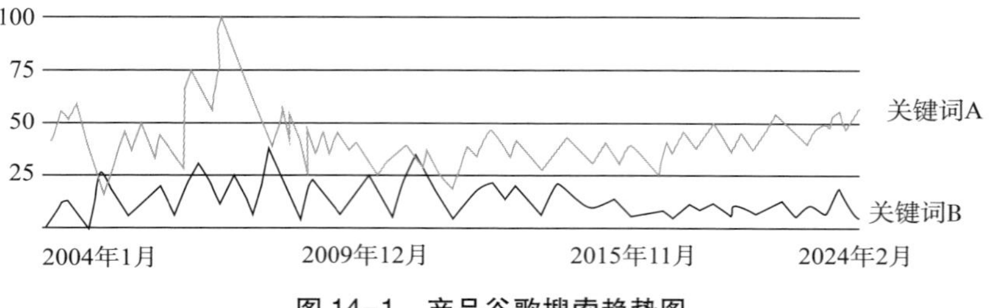

图 14-1　产品谷歌搜索趋势图

图 14-2 是搜索该产品的热度图，可以看看产品市场的分布。

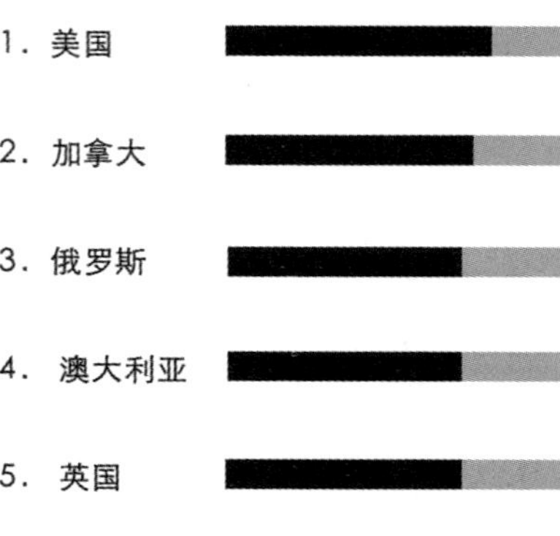

图 14-2　产品谷歌热度图

从表 14-3 可以看出，客户购买 1000 万美元产品的情况是存在的，所以未来的目标应该是寻找到 1~2 个大客户维护好，作为公司发展壮大的基础。单个客户年采购量大概在 50 万美元。

（三）优化方案

1. 产品

在阿里巴巴平台里能接到订单，也有订单丢失，找出在平台里丢失订单的原因，到底是产品价格问题、产品质量问题，还是自身的谈判能力问题等，寻找解决办法，并将这些问题进行梳理和归档，以便新的人员进来以后可以参考。

再在此基础上去开拓新的产品种类对产品进行细化，至少罗列出 2~3 个销量好、质量好、价格好的产品，让外界有一个印象是这家公司是专门做该工具产品的。在供应商管理上，虽然国内市场比较清晰，有众多供应商供选择，但需要对供应商进行总结和归纳，如在产品价格、图片上是不是完整清晰，产品型号适用性和兼容性等问题是否解决，因为报价、产品介绍、产品知识都是必须项，一旦后期人员补充进来，发现一切信息都没有或是模糊的，他们在工作中会遇到阻力。

2. 渠道

公司正常运营以后最大的问题是开发渠道的拓展，仅阿里巴巴网站的询盘和流量可能在大部分时间是达不到要求的，人员被招聘进来以后没有足够的询盘数量，公司难以形成正常和规范的运营，这就需要有额外的拓展方式，所以建议除了阿里巴巴以外，要自建一个英文网站。自建网站是必需的，建站越早，对于积累网站权重和未来的开发、品牌化发展都有好处。自建网站会增加更多的推广可能性，比如可以做谷歌推广、可以搜索引擎优化、注册 B2B 平台、社交网站等。人员被招聘进来后可以最大化地围绕网站进行推广，形成良好的日常工作习惯，让工作内容更充实。有了英文网站后，工作人员可以通过谷歌开发信、社交媒体、B2B 平台等去寻找客户，这可以作为日常工作内容进行量化。

3. 人员

因为创业者已经有了稳定的订单，且客户还在不断地返单，充分说明该产品还有很大的市场空间，但是公司规模还不大。创业者自身没有足够的团队管理经验，所以亟须针对人员招聘、员工职能、初期的人员构成等各方面进行优化，前期要做的准备是：

（1）人员招聘：确定好招聘信息，前期人数 2~3 人，最好是新手和老手的组合，由业务经验的老手带着新手进行开发。

（2）人员分工：有业务经验者的重点在开发新客户上，并注意公司网站的宣传和推广，在业务技巧上带新人，新人通过使用阿里巴巴平台、开发谷歌等开始熟悉外贸流程，并培养开发客户的感觉，积累经验。由于人手不足，可以在 2 个人中培养一个人负责公司接待等行政事宜，另一个人负责网络推广事宜，后期团队规模扩大以后可以相应独当一面。管理者前期由自己担任，后期从 2 个人中提拔出业务能力较为突出的做管理者。团队管理者应时刻关注每个人的疑惑和想要克服的问题，并及时给出可行的建议。

（3）对人员进行产品培训和考核：入职初期对员工进行产品知识培训，从生产工艺、材质、用途、兼容性、客户的需求等着手，培训与考核的作用是让员工深入学习产品，并能解决基本的产品问题。在试用期过后，可以安排员工到合作稳定的供应商进行深度培训。

（4）工作职责、工作流程制定：因为前期创业者有过成功的开发经验，所以建议将订单从询盘—报价—下单—付款—单证—退税—维护等帮新人做一个流程上的梳理。具体的，如询盘获取后怎么报产品价格和运费，怎么寄送样品，怎么付款，客户下单后单证、报关怎么操作等，这些对于创业者来说难度不大，放在产品培训后。

工作职责方面，前期的重心是团结整个团队和让团队尽快熟悉产品，新人和老人不做区别对待，但要让他们意识到主要的工作内容就是开发。一段时间后，对开发过程中的疑问、流程问题等进行汇总和优化，提出问题并解决好，最重要的是找到在哪个地方容易丢失订单。这个阶段是决定团队未来成长性的关键阶段，一旦开发工作完全铺展开，各种问题会接踵而至，如何在发现问题以后及时采取措施解决考验着创业者的能力。对每天的工作内容可以尝试采用日报或周报的形式进行了解，但注意适度，主要是为了培养良好的工作习惯。人员熟悉工作内容后，对其每天的工作进行量化指导，比如阿里巴巴更新了多少个产品，有多少个报价请求（RFQ），做了多少个主动开发、发了多少封开发信、注册了多少个 B2B 平台等。

（5）团队氛围。该创业者最担心的是人员稳定性的问题，原因是产品过于小众，担心留不住人。其实人才的去留与产品的小众无关，与产品的前途和市场潜力有关，对于该产品来说，在平台上一直收到有意向的询盘，这是产品潜力的表现。所以并不需要太担心产品的小众问题，而是要通过获客渠道的拓展、询盘数量的增加来增强信心和团队稳定性。另外团队的领导者要善于调节成员的情绪和心理辅导，不能等到成员完全丧失信心以后再做补救，要及时发现负面情绪产生的原因，正面和积极地解决。创始人自己的人格魅力是留住人才的重要因素，在创业过程中能够把创业者的个人品质展示出来，是有利于团队的团结和稳定的，大多数团队成员的不稳定是从领导者身上看不到未来开始的。在团队建设方面，要注重提高团队凝聚力，这也可以提高公司认可度。

（四）公司选址

外贸创业选择大城市还是小城市这个问题上，如果在 10 年前，大城市比如北京、上海、广州、深圳等优势比较明显，那是因为国外客户认识的中国城市大部分是这几个，不太熟悉中国的中西部城市。最近这几年，越来越多城市的工厂被列入了客户考察的范围，原因是中国的制造能力和生产能力普遍被认可了，从采购的视角来看，城市与城市之间的差异不大了。但从创业者方面来看，小城市创业成本会低很多：不用支付高昂的房租，生活成本低，等等。唯一需要考虑的是出货时国内的运输成本及客户对于国内运输成本和时间的接受度，一般沿海地区的费用较低，但整体而言，国内运输成本不会是太大的阻碍。

创业的城市除了沿海城市以外，相对于其他城市而言，合肥、郑州、武汉等都是不错的选择，都是客户比较了解的城市。